农产品质量追溯

——以茶叶为例

姚明谨　主编

中国农业大学出版社
·北京·

内 容 简 介

本书以农业部农垦农产品质量追溯系统为基础，以茶叶产品为例，介绍建立农产品质量追溯的流程和追溯系统操作技术，使读者知晓农产品质量追溯相关理论和系统操作，掌握农产品质量追溯信息采集与报送，规范茶叶生产、加工和销售各环节生产档案的记录和管理，注重追溯系统操作技能训练。

根据我国目前农垦农产品质量安全追溯项目建设企业对追溯人才岗位需求特点，结合高职院校人才培养目标，以行动为导向，按照农垦农产品质量安全追溯体系项目建设工作的先后顺序安排内容。全书共分为8个章节，分别是农产品质量追溯概述、茶叶质量追溯、追溯系统安装与初始化、追溯信息采集、追溯信息汇总和上报、查询子系统、监管子系统以及常见问题及解答。第一、二章内容后面设计有相应的素质题和知识题。第三至第七章内容主要在计算机上操作实训，让学习者全面掌握农产品质量追溯系统操作常识，第八章是系统操作过程常见问题的解决方法。全书内容结合企业生产实际，操作性强，既可作为高职院校农科专业学生学习教材，也可作为农产品追溯企业追溯技术人员培训和学习参考资料。

图书在版编目(CIP)数据

农产品质量追溯：以茶叶为例/姚明谨主编. —北京：中国农业大学出版社，2017.1
ISBN 978-7-5655-1735-8

Ⅰ.①农…　Ⅱ.①姚…　Ⅲ.①农产品-质量管理-安全管理-研究-中国　Ⅳ.①F326.5

中国版本图书馆CIP数据核字(2016)第278197号

书　　名　农产品质量追溯——以茶叶为例
作　　者　姚明谨　主编

策划编辑　姚慧敏　　**责任编辑**　韩元凤
封面设计　郑　川　　**责任校对**　王晓凤
出版发行　中国农业大学出版社
社　　址　北京市海淀区圆明园西路2号　　**邮政编码**　100193
电　　话　发行部 010-62818525,8625　　读者服务部 010-62732336
　　　　　编辑部 010-62732617,2618　　出　版　部 010-62733440
网　　址　http://www.cau.edu.cn/caup　　**E-mail** cbsszs @ cau.edu.cn
经　　销　新华书店
印　　刷　涿州市星河印刷有限公司
版　　次　2017年1月第1版　　2017年1月第1次印刷
规　　格　787×1 092　　16开本　　12印张　　290千字
定　　价　26.00元

编写人员

主　编　姚明谨（广西职业技术学院）

副主编　韩学军（中国农垦经济发展中心）
　　　　　葛慧东（中国农垦经济发展中心）

参　编　（排名不分先后）
　　　　　覃　婵（广西农垦局）
　　　　　唐永宁（广西农垦茶叶集团）
　　　　　陈永森（农业部亚热带果品蔬菜质量监督检验测试中心）
　　　　　古能平（广西职业技术学院）
　　　　　马　蕊（广西职业技术学院）
　　　　　曾　敏（广西职业技术学院）
　　　　　邓朝辉（广西职业技术学院）

前　言

食品是人类生存和发展的最根本的物质条件。食品的质量安全关系到每一个人的切身利益，直接影响着人们的生活质量和生命安全。“民以食为天，食以安为先”，食品安全中最重要就是农产品的质量安全，不仅关系到人民群众的身体健康和生命安全，而且关系到企业的经济利益，影响到农产品的国内外竞争力，关系到农民、农村、农业的可持续发展。近年来，由于农业投入品的不合理使用、市场准入制度的不健全、市场的监管不到位，造成有毒有害物质超标的农产品流入市场，人畜中毒事件时有发生；在国际市场上，我国出口的农产品及加工品因农（兽）药残留超标被拒收、扣留、退货、索赔、终止合同、停止贸易交往的现象也经常出现。因此，提高农产品质量安全水平，不仅是保障城乡居民消费安全，促进农业结构调整、农民增收和农业可持续发展的需要，也是提高我国农产品国际竞争力、整顿和规范市场经济秩序的需要。

建立从产地到销地、从农田到餐桌的农产品质量追溯体系，对农产品的生产、加工、贮存、运输、销售等生产环节及责任主体进行安全管理和监控，抓好源头治理，加强投入品管理和农业面源污染防治，强化过程监控，严把“农田到餐桌”的每一道防线，实现农产品质量可追溯化管理，不仅是提高农产品质量安全保障的有效措施，也是新时期农产品质量安全管理发展的必然趋势。

2002 年，按照农业部“无公害食品行动计划”要求，农业部农垦局制定了“农垦无公害食品行动”，明确提出要“建立农产品质量追溯制度”。2004 年 3 月，农业部农垦局启动了“农垦无公害农产品质量追溯系统”试点工作，充分发挥全国农垦系统自身组织化、规模化、标准化和产业化等方面的优势，截至 2014 年末，农垦系统已经在全国 28 省（自治区）356 个单位开展了农垦农产品质量追溯系统建设工作。可追溯农产品种类已覆盖大米、小麦、蔬菜、水果、茶叶、畜肉、禽肉、禽蛋、牛奶、水产品、葡萄酒、水果罐头、种子等农产品；种植业产品可追溯规模达 605 万亩、养殖业产品可追溯规模达 6 921 万头（只）、水产品可追溯规模达 56.6 万亩。建立了一套完整的制度体系和农产品质量追溯系统；具备了统一的农垦追溯数据库、追溯标识和信息查询平台，为追溯系统工作的顺利完成提供了强有力的保障。推出了一批在国内外市场品牌信誉度高、安全保障能力强、社会影响力大的可追溯产品。为我国全面推行农产品质量安全追溯制度提供了很好的示范和借鉴。

本书以农业部农垦农产品追溯系统为基础，以茶叶产品为例，介绍建立农产品质量追溯的流程和追溯系统操作技术，使读者知晓农产品质量追溯相关理论和系统操作，掌握农产品质量追溯信息采集、报送及生产档案的管理等知识，注重追溯系统操作技能训练。

本书根据我国目前农垦农产品质量安全追溯项目建设企业对追溯人才岗位需求特点，结合高职院校的人才培养目标，以行动为导向，根据农产品质量安全追溯体系项目建设工作的先后顺序安排内容。包括农产品质量追溯制度及系统软件概述、茶叶追溯体系实施、追溯系统的安装与初始化、追溯信息采集、追溯信息汇总和上报、信息查询、监管子系统等。

本教材编写得到农业部农垦局、中国农垦经济发展中心、广西农垦局的大力支持。由广西职业技术学院姚明谨执笔主编，中国农垦经济发展中心葛慧东、韩学军担任副主编，农业部亚热带果品蔬菜质量监督检验测试中心陈永森、广西农垦局覃婵、广西职业技术学院茶叶专业老师均参与并提出了宝贵意见，在此深表谢意。由于作者在知识、经验、体会与认知、水平等方面的局限性，必定会存在许多不足之处，敬请批评指正。

编　者

2016 年 8 月

目　录

第一章　农产品质量追溯概述

学习目标

通过本章学习，使学生了解农产品质量追溯的产生和发展，掌握农产品质量追溯的意义和作用；认识农产品质量追溯系统构架；熟悉掌握农产品质量追溯专有名词含义。

追溯，亦叫“追遡”。基本意思指逆流向江河的源头走，后引申为追求事物的根源，探寻本质或源泉，比喻探索事物的由来本末。在韦伯斯字典中，追溯是指对某一活动或进程的历史进行跟踪或详细分析的能力。国际标准化组织（ISO）提出来了更为严格的定义：追溯是跟踪和溯源动植物食品和饲料产品的生产和流通的各个环节的能力，具有跟踪和溯源双向性的特点。

第一节　农产品质量追溯制度的产生与发展

农产品质量追溯简单来说，就是对农产品的生产、加工、销售等各环节，按照相应的质量标准进行严格管理，详细记录各工作环节的相关信息，并把信息录入定制好的电脑系统，利用编码技术，把农产品生产流程的各个中间码串联起来，形成一组能供监管部门和消费者查询的产品身份代码，实现产品质量顺可追、逆可溯的开放式生产管理过程。完成农产品从田间到市场全过程的安全追溯，实现农产品生产有记录、信息可查询、流向可跟踪、质量可追溯、责任可追究的安全保障目标。其本质要求是记录、传递农产品在生产、加工、流通各环节的相关质量安全信息，对农产品实行身份标识，实现从农田到餐桌的全过程可追溯信息化管理。消费者可通过短信、电话语音、网络、条形码、二维码等方式进行查询，了解农产品在生产、加工、物流、仓储、销售等过程中的信息，放心选择使用。因此，农产品质量追溯的含义是运用现代信息、通信、条形码标识等技术，跟踪和溯源农产品在生产、加工、流通各个阶段所处位置、责任主体及质量安全信息；是信息与生产、质量、管理的有机结合。

一、国外农产品质量追溯制度的产生与发展

农产品质量安全管理实行追溯是从 20 世纪 80 年代英国的疯牛病事件后逐渐发展起来的，最早由法国等部分欧盟国家提出来，世界各国为了保障食品质量安全，纷纷采取措施防止相关问题再次出现。目前，全世界已有多个国家和地区相继建立相应的追溯体系，对农产品质量安全生产过程进行严格地监控、跟踪与溯源。

1. 产生

1985 年 4 月，英国肯特郡发现第一例有记录的疯牛病。经美国农业部科学家研究，于 1986 年 11 月正式确认该头疯牛所感染的是牛海绵状脑病(BSE)，且追查出感染的来源可能是饲料。1990 年英国政府为追查疯牛病病因，追溯调查研究引发疯牛病的病源，而发展出追溯制度的雏形。1996 年，英国、瑞士、爱尔兰等国第二次出现疯牛病危机，欧盟由于无法否定疯牛病对人类感染的可能性，决定引用追溯制度，应对疯牛病。

2. 发展

欧盟最早应用农产品质量可追溯系统，尤其是活牛和牛肉制品的可追溯系统，并把农产品质量可追溯系统纳入到法律的框架下，2000 年 1 月，欧盟发表了《食品安全白皮书》，该法案提出来一个根本性改革，就是以控制“从农田到餐桌”全过程为基础，明确所有相关生产经营者的责任，2002 年 1 月欧盟颁布了 178/2002 号法令，规定每一个农产品企业对其生产加工销售过程中所使用的原料、辅料及相关材料提供保证措施和数据，确保其安全性和可追溯性，法令要求，自 2005 年 1 月 1 日起在欧盟范围内销售的所有肉类食品都能够进行跟踪与追溯，否则不允许上市销售。

在北美洲，9·11 事件之后，美国通过“生物反恐法案”规定，从 2003 年起，输美的生鲜食品必须提供能够在 4 小时之内回溯的产品档案信息，否则有权就地销毁，在美国，农产品质量可追溯系统主要是企业自愿建立，政府只起到推动和促进作用。加拿大自 2001 年开始实施“食品召回计划”，其实质就是食品追溯制度。

随着日本国内发生一系列的食品安全事件，致使日本消费者对于食品安全丧失信心，要求明确食品生产、流通等各阶段责任主体的呼声日益高涨，从 2001 年 3 月开始引入欧盟的“食品可追溯制度”，在 2005 年建立优良农产品认证制度，对进入日本市场的农产品进行“身份”认证。在农产品质量可追溯系统应用方面，日本人不仅制定了相应的法规，而且在零售阶段，大部分超市已经安装了产品可追溯终端，供消费者查询。巴西从 2004 年开始对肉牛实施强制性生长记录，实行从出生到餐桌的生产情况监控。

二、国内农产品质量追溯制度现状

我国对农产品质量追溯的研究始于 2002 年，为全面提高我国农产品质量安全水平，保证广大人民群众的身体健康，增强农产品在国际上的市场竞争能力，在农业部“无公害食品行动计划”的指导下，一些部门、企业和行业开展了农产品质量安全追溯研究，并建立了各自的农产品质量追溯系统。由于没有统一的追溯软件、追溯标识和信息查询平台，也没有统一的国家数据库，整体而言，我国的农产品质量追溯仍处于碎片化状态。

在众多的农产品质量追溯系统中，农垦农产品质量追溯系统是目前我国运行得比较稳定、完善的农产品追溯系统。2004 年 3 月，农业部农垦局启动了“农垦无公害农产品质量追溯系统”试点工作，充分发挥全国农垦系统自身组织化、规模化、标准化和产业化等方面的优势，截至 2014 年末，农垦系统已经在全国 28 省(自治区)356 个单位开展了农垦农产品质量追溯系统建设工作。可追溯农产品种类已覆盖大米、小麦、蔬菜、水果、茶叶、畜肉、禽肉、禽蛋、牛奶、水产品、葡萄酒、水果罐头、种子等农产品；种植业产品可追溯规模达 605 万亩、养殖业产品可追溯规模达 6 921 万头(只)、水产品可追溯规模达 56.6 万亩。形成了以项目工作组牵头、省级主管部门配合、质检中心服务、项目建设单位实施的“四位一体”的工作体系；建立了一套完整的制度体系和农产品质量追溯系统；具备了统一的农垦追溯数据库、追溯标识和信息查询平台，为追溯系统工作的顺利完成提供了强有力的保障。

第二节　农产品质量追溯的意义和作用

一、农产品质量追溯的意义

随着我国工业化时代的快速发展，大量的农药、肥料和生产调节剂等在农产品生产中的频繁使用，造成食品安全事故时有发生，严重危害着消费者的生活质量和生命安全，食品安全中最重要的是与人们生活息息相关的农产品的质量安全，为确保农产品质量安全，必须从其生产的源头上抓起。

农产品可追溯管理及其系统的建立，其追溯源数据的收集包含整个生产链的全过程，从原材料的产地信息、到产品的加工过程、到终端用户的各个环节的信息。农产品实施可追溯管理，能够为消费者提供准确而详细的有关农产品的信息，在实践中，“可追溯性 ”指的是对农产品供应体系中产品构成与流向的信息必须实现顺可追、逆可溯。

建立农产品质量追溯制度，从源头上对农产品的生产、加工、贮存、运输、销售等生产环节及责任主体进行安全管理和监控，其参与主体不仅包括企业，而且还包括农产品原料生产者、销售者、政府部门和消费者。因此，建立农产品质量追溯制度，不仅是提高农产品质量安全保障的有效措施，也是新时期农产品质量安全管理发展的必然趋势。

(1)开展农产品质量追溯是政府对农产品安全进行实时监控、增加国家食品安全综合能力和提高政府公信力的重要手段。农产品质量追溯就是要充分运用计算机技术、通信技术、条码技术等现代化手段，开发建设农产品质量追溯信息系统，并以此为支撑，规范信息记录，强化资源整合与信息共享，实现农产品物流与信息流有机结合，形成全程化、动态化、精准化农产品质量安全网络监管体系，有效跟踪溯源农产品质量相关要素和责任主体，产品一旦出现质量问题，通过追溯系统能迅速界定责任，维护消费者利益。

(2)农产品质量追溯是消费者获得食品安全相关信息，解决信息不对称问题的有效途径。农产品质量追溯要求在农产品生产和流通的每个环节都有翔实、规范的产品信息记录，农产品生产流程中每一个相对独立的生产环节都要产生中间码。多个生产环节中间码的顺序衔接形成农产品生产过程的数字链，最终形成农产品的追溯码。通过数字链上唯一对应的代码，消费者对产品生产过程质量安全信息可进行查询与监控，迎合消费者的需求，满足消费者的知情权，做到明明白白消费。

(3)农产品质量追溯是应对发达国家设置的技术壁垒，促进农产品出口的必然要求。我国农产品要面对国际市场，特别是要占据一定的市场份额，随着世界各国农产品质量安全控制体系的完善，国际市场对我国农产品的质量要求日益苛刻，只有对出口农产品强制实行可追溯制度，才能扭转我国农产品信誉低的形象，恢复国际消费者对我国农产品的消费信心，扩大我国农产品国际市场份额。

(4)建立农产品质量追溯制度，有助于企业塑造良好的品牌形象，提高农产品的市场竞争力，扩大产品市场份额。农产品质量追溯制度要求企业将产品的质量安全落实到每个量化批次或每个个体，增强员工们的质量意识和责任意识，强化企业的标准化管理，促进农产品质量提升。

二、农产品质量追溯的作用

通过建立农产品质量追溯，记录农产品每个批次(个体)在生产、加工、流通各个环节的质量安全信息，并赋予其身份标识，对农产品形成全程化、动态化、精准化农产品质量安全网络监管体系，有效跟踪农产品质量安全相关要素和责任主体，完成农产品从田间到市场全过程的安全追溯，实现农产品生产有记录、信息可查询、流向可跟踪、质量可追溯、责任可追究的安全保障目标。农产品质量追溯制度的作用表现在：一是有利于政府对农产品质量安全实行动态监管，一旦农产品出现质量问题，通过追溯系统能迅速界定责任，维护消费者利益。二是有利于满足消费者对质量安全的心理期盼。可追溯农产品的生产信息透明、质量有保障，消费者通过包装标识，能够查找到责任主体，感受到来自生产者的责任与承诺，满足消费者的心理期盼，刺激消费者的购买行为。三是有利于企业落实责任、提高企业管理效益。农产品质量追溯制度将质量安全落实到每个量化批次或每个个体，通过信息流与实物流的紧密结合，跟踪追溯产品质量，强化过程责任管理，提高企业的管理效益。

第三节　农产品质量追溯系统

农产品质量追溯系统就是运用计算机、网络通信、数字化物流管理等先进技术，把农产品从生产源头到市场销售整个链条上的任何一个环节，通过规范信息记录和传递，强化资源整合与信息共享，实现农产品物流与信息流有机结合，在农产品质量安全追溯系统中每个环节都要承担承接信息、记录信息、传递信息、身份标识 4 项任务，形成开放式、全程化、动态化农产品质量安全可追溯体系，最终实现农产品质量安全可追溯。

一、农产品质量追溯系统组成

以我国农垦经济开发中心开发的农垦农产品质量追溯系统为例。该质量追溯系统软件由 5 部分组成：定制子系统、信息采集子系统、企业汇总子系统、查询子系统、监管子系统(图 1-1)。

1. 定制子系统

定制子系统是农垦农产品质量追溯系统软件的核心部分。其功能是根据企业的生产过程和农产品质量追溯的需要，确定投入品管理模式，设置每个环节或岗位承接信息、记录信息和传递信息的具体内容和技术实现方式，建立适应企业生产管理特点的农产品质量追溯采集子系统。

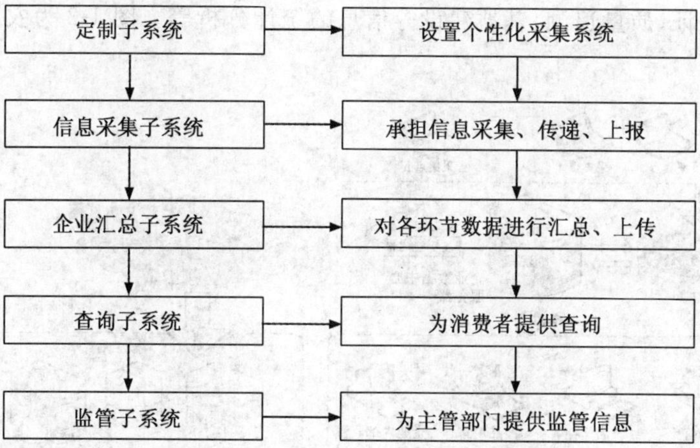

图 1-1　农垦农产品质量追溯系统

2.信息采集子系统

信息采集子系统的界面和功能,完全由定制系统决定。主要功能包括 4 部分:一是字典初始化。录入投入品、从业者、场所、设施等基础信息。二是依据企业采集点分布和职责,设置信息录入人员权限。三是依据定义的信息采集内容和格式,运行相关组件进行信息记录、承接和传递。四是数据上报。用于各信息采集点通过网络、磁盘、IC 卡、射频卡等方式向企业数据中心上报数据等功能。

3.企业汇总子系统

企业汇总子系统的核心任务是对各信息采集点上报的数据进行汇总、形成完整追溯链,并通过网络向农业部农垦农产品质量追溯数据中心上传数据,同时为企业主管部门提供内控功能的软件系统。内控功能包括 3 部分:一是对各采集点的追溯信息进行监管;二是以追溯编码为依据,对产品质量安全情况进行全程跟踪分析;三是可以根据企业个性化需求,开发专用功能,满足企业个性化管理需要等,例如产品产量的统计、计件工资的核算等,此部分内控功能也可以通过监管子系统来实现。

4.查询子系统

通过中国农垦经济发展中心建立的农业部农垦农产品质量追溯数据中心为公众提供产品质量安全信息查询功能的软件系统。它包括短信、语音、网络 3 种查询方式。

查询子系统的运行不需企业干预,只要企业能及时把产品质量追溯信息上传农业部数据中心,查询系统会根据公众提供的追溯码自动产生查询信息并反馈。

5.监管子系统

监管子系统(即农垦农产品质量监管综合平台)的使用者为追溯项目主管部门、项目承担单位和项目创建单位,其核心功能是通过互联网对追溯产品生产情况进行网上实时监管。功能分为 3 部分:一是信息填报。主要用于项目创建单位网上信息填报,填报内容涵盖农业标准化、产品认证、投入品使用等质量安全相关信息。二是动态监管。主要用于项目主管部门、质量监控部门、项目承担单位和项目创建单位对本辖区内纳入系统管理的农产品质量安全情况进行动态监管,并及时反馈意见或要求等。三是统计分析。主要用于对纳入系统的农产品的产品认证、质量追溯、基地建设等信息的统计分析等。图 1-2 为农垦农产品质量追溯系统结构图。

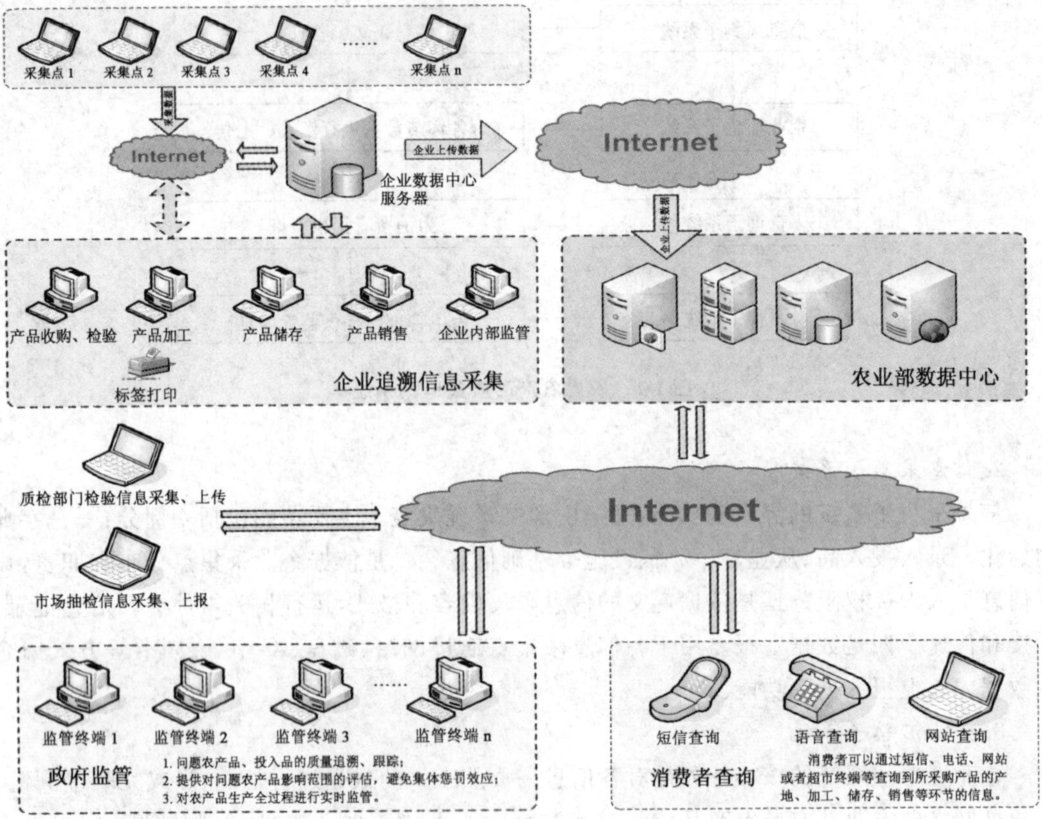

图 1-2　农垦农产品质量追溯系统结构图

二、农产品质量追溯系统软件专有名词

(1)追溯单元　是指在农产品种植(养殖)等源头环节,实行唯一标识管理的生产区域或产品簇集。是农产品生产、加工、流通过程中不再细分的管理对象。追溯单元可以直接采用实物标示来标识,也可以采用生产者或责任主体来标识。例如:一个养猪场如果能够对每头猪都佩戴唯一耳标,实行个体管理,则追溯单元就是猪个体;一个茶叶企业如果每个种植户都能完整记录生产档案,则种植户即可作为追溯单元;一个大米生产企业如果每个地块都有独立的生产档案记录,则地块即可作为追溯单元。

(2)组件　组件是软件系统中完成质量追溯信息采集任务的最小功能模块。也可以说是系统中信息采集功能按钮。按照用途可划分为 3 类:一是农产品移送到下一环节时的信息处理,即传递信息,包括:去向组件、出库组件、运输组件;二是农产品场所、位置维持不变时的信息处理,即记录信息,包括:初始组件、信息采集组件、检验/检疫组件、质量检测组件;三是接收上一环节农产品时的信息处理,即承接信息,包括:来源组件、入库组件、连接组件。

例如:茶叶产品追溯系统中包括茶叶鲜叶采摘、鲜叶进厂、茶叶加工、产品入库、出库销售等实物发生移动的信息处理;茶树修剪、茶树施肥、茶树施药等场所不变时的信息记录;也包括鲜叶接收时的信息处理。如种植环节的施肥,可命名为"施肥记录"组件。通常情况下,传递信息与承接信息相互对应。

(3)生产环节　指在农产品生产加工流通过程中农产品物态场所相对稳定、责任主体相对固定的一个生产时期,环节由一个或多个组件构成。例如:茶叶产品可分为茶园种植、初制加工、精制加工3个独立环节。猪肉产品可以分为繁育、养殖、屠宰销售3个相互独立的生产环节。生猪的繁育生产环节包括小猪出生、哺乳、保育、仔猪出栏4个组件,饲养生产环节包括仔猪进养殖场、小猪饲养、小猪转大猪、育肥、出栏5个组件,屠宰销售生产环节包括待宰、屠宰、分割、包装、入库、出库销售6个组件。

(4)生产过程　是指按照农产品生产特点,由一组生产环节组成的相互关联的过程。例如茶叶产品的生产过程由茶园种植、初制加工、精制加工等3个环节组成;猪肉产品的生产过程由繁育、养殖、屠宰3个生产环节组成。

(5)追溯流程　软件系统中的追溯流程是依据农产品生产工艺而对各种组件按时间先后进行排序,形成追溯链条,建立追溯信息流与农产品物流的一一对应关系。

(6)追溯精度　指一件独立包装的上市农产品从市场回溯到种植(养殖)环节所能界定的产品范围或管理对象。追溯精度与追溯单元既紧密相关,意义又有所不同。追溯单元通常比追溯精度更精细一些,但也可以一致。以猪肉为例,在养殖环节,企业对每一头猪都佩戴耳标,实行个体管理,追溯单元为猪的个体,屠宰分割环节,如果能对每一头猪进行单独分割包装,上市的猪肉产品追溯精度就是猪的个体,追溯精度与追溯单元完全一致;如果屠宰分割环节无法对每头猪单独包装,只能按照养猪场的养殖批次进行独立包装,则该企业的猪肉产品追溯精度为养殖场的养殖批次,追溯单元仍然是猪的个体。如果农场以每一个体茶农种植的茶叶为单位进行管理,追溯单元即为茶农,在茶叶加工和包装环节仍以茶农为单位分别单独包装上市,那么追溯精度为茶农。如果在茶鲜叶收购环节、加工环节,虽要把当天收购的茶叶进行统一分级、加工、包装,但不能把每一个茶农生产的茶叶区分出来,那么追溯精度只能达到批次。

(7)追溯深度　是指农产品从源头生产到市场流通整个链条中能够有效跟踪产品质量安全信息的末端环节。追溯深度的基本要求是企业销售产品时要记录经销商或分销商信息,终极目标是能够延伸到直接面向消费者的零售环节。通常,一个企业的产品会因多元化市场策略使追溯深度呈现多样化。例如,一家大米生产企业有可能部分产品实行订单生产,追溯深度达到初级分销,部分产品通过企业的专卖店进行销售,追溯深度达到零售环节。

(8)前期记录　是指在未建立追溯单元之前、由多个追溯单元共享的相关农事记录,而并非企业生产管理中的原始生产档案记录。例如,在大米生产过程中,把地块作为追溯单元,假如企业在插秧之前实行集中育秧,则育秧过程中的有关农事记录在软件中就作为前期记录进行处理。一条前期记录可以对应多个追溯单元,并通过关联设置,使追溯系统能够逆向溯源到前期记录。

基本练习题

素质题

结合我国食品质量安全现状谈谈建立农产品质量安全追溯制度的意义和作用。

知识题

1. 农产品质量追溯的意义和作用是什么？

2. 什么是农产品质量追溯、追溯单元、追溯精度、追溯流程、追溯深度？

3. 农产品质量追溯系统由哪些子系统组成，各子系统的功能如何？

第二章　茶叶质量追溯

学习目标

通过本章学习，使学生了解农产品质量追溯项目实施过程中的实施原则、实施内容与要求；掌握企业农产品质量追溯流程；熟练掌握追溯体系实施的编码方法、信息采集、信息管理、追溯标识的设计和质量安全处理等相关理论知识；完善茶叶企业生产记录基础表格。

第一节　茶叶质量追溯实施原则与要求

茶叶质量追溯是运用现代信息、通信、条形码标识等技术，跟踪和溯源茶叶在生产、加工、流通各个阶段所处位置、责任主体及质量安全信息。根据《农产品质量安全追溯操作规程　通则》和《农产品质量安全追溯操作规程　茶叶》追溯标准，茶叶企业在进行茶叶质量安全追溯体系建设时，要遵循以下实施原则和要求。

一、实施原则

1.合法性原则

遵循国家法律、法规和相关标准的要求。产品质量和标准严格遵循国家相关标准要求。获得三品一标基地认证的茶叶基地，茶叶产品的生产和质量，必须按相应的标准执行，达到相应的质量水平。例如，获得绿色食品认证的茶园基地，其茶园灌溉水、农药、肥料等投入品的使用均按绿色食品标准进行生产。

2.完整性原则

追溯信息应覆盖茶叶生产、加工、流通等全过程；信息内容体现本环节操作时间、地点、责任主体、产品批次、质量安全等。整个生产流程的每个工作环节信息都要有详细、完整的记录，产品追溯流程与生产流程保持一致(表 2-1)。

3.对应性原则

代码化管理是农产品质量追溯系统能够顺利追根溯源的关键，对农产品追溯过程中各相关单元进行一一对应的代码化管理，确保农产品质量追溯信息与产品的唯一对应。如工作人员代码、品种代码、产品代码、基地代码、追溯源代码等都是一一对应的，并且是唯一的(表 2-2)。

4.高效性原则

充分运用网络技术、通信技术、条码技术等，建立高效、精准、快捷的农产品质量追溯系统。农产品生产的每个环节的信息都必须及时做好记录，并通过网络录入上传。

表 2-1 信息采集记录流程表

生产环节	记录内容	记录方式	传递方式	责任人
茶园种植	肥料名称、基地名称、使用面积、使用量、农药名称、登记号、生产批号、倍数、防治对象、安全间隔区	由茶场场长负责文字记录和电脑录入	ADSL	各基地负责人
鲜叶采摘	品种、基地、采摘方法、交收时间、鲜叶量、采摘负责人、鲜叶验收人	由茶场场长负责文字记录和电脑录入	ADSL	各基地负责人
初制加工	毛茶批次号、加工日期、品种、基地、鲜叶量、毛茶量	由初制组负责文字记录和电脑录入	ADSL	加工厂长
精制加工	批次号、加工数量、加工时间、原料组成、数量、烘焙时间和温度	由精制组负责信息记录和电脑录入	ADSL	加工厂长
包装	批次号、产品名称、包装重量、级别、包装材料、包装规格、数量	由包装组负责信息记录和电脑录入	局域网通过ADSL 传输	加工厂长
贮藏	批次号、进出库数量、库存数量、仓库号	由仓管负责信息记录和电脑录入	局域网通过ADSL 传输	仓管
销售	批次号、产品代码、产品名称、规格、单位、数量	由销售部负责信息记录和电脑录入	局域网通过ADSL 传输	销售部主管

表 2-2 人员基本情况表

编号	所属部门	人员姓名	主要职责	联系电话	备注
01	基地一				
0101		王家模	基地管理负责人	0417-7724081	
0102		武勇	农户	0417-7724065	
02	基地二				
0201		关学胜	基地管理负责人	13019857104	
0202		徐齐	农户	0417-7724183	
0203		刘流	农户	0417-7724170	
06	加工部				
0601		徐爽	加工环节管理	0417-7690586	
07	销售部				
0701		汤振强	销售环节管理	0417-7690588	

二、实施要求

企业建立农产品质量安全追溯制度，也是企业进行规范化、标准化、精细化管理的过程，为确保农产品质量追溯制度的顺利实施，建立农产品质量安全追溯体系的企业（组织或机构），应完成以下工作要求，这是建立农产品质量追溯制度的前提。

(1)依据农产品质量追溯标准及农产品质量追溯操作规程，茶叶企业在追溯系统实施前，先制订茶叶产品质量追溯实施方案，明确追溯产品、追溯目标、追溯深度、实施内容、实施进度、保障措施、责任主体等内容。

(2)在产业链各实施主体间建立农产品质量追溯系统协调机制,明确责任主体在各环节记录信息的责任、义务和具体要求。

(3)由指定部门或人员负责农产品质量追溯系统各环节的组织、实施与监控,承担信息的记录、核实、上报、发布等工作。

(4)配置必要的计算机、网络设备、标签打印设备、条码读写设备及相关软件等。

(5)建立农产品质量安全追溯制度。包括《质量追溯工作制度》,明确各部门职责分工、工作程序和奖惩机制等;《追溯信息系统运行制度》,明确追溯信息系统各岗位操作要求,包括数据采集、上报、备份和标签的使用等;《设备使用维护制度》,设备登记管理、使用记录和维护记录等;《质量安全应急预案》,结合追溯系统制定应急体系、应急处置、后续处理等,还要进行应急方案演练情况记录。

第二节 茶叶质量追溯流程

为确保茶叶质量追溯工作有组织、有机构、有措施、有制度、有步骤、有成效地开展,茶叶企业(组织或机构)需要制定茶叶质量追溯实施方案,根据企业的基本情况及追溯产品的生产布局,明确生产流程,梳理追溯流程,确定追溯目标、追溯深度、实施内容、实施进度、保障措施、责任主体等内容。

一、茶叶生产流程

茶叶类别众多,生产工艺流程区别很大,不同类型的茶叶生产工艺不同,即使是同一类茶叶因要求不同,生产工艺也有区别。以常规绿茶生产工艺(鲜叶、杀青、揉捻、干燥、销售)流程(图 2-1)为例,介绍可追溯茶叶产品生产链流向与信息记录系统的配合(图 2-2)。

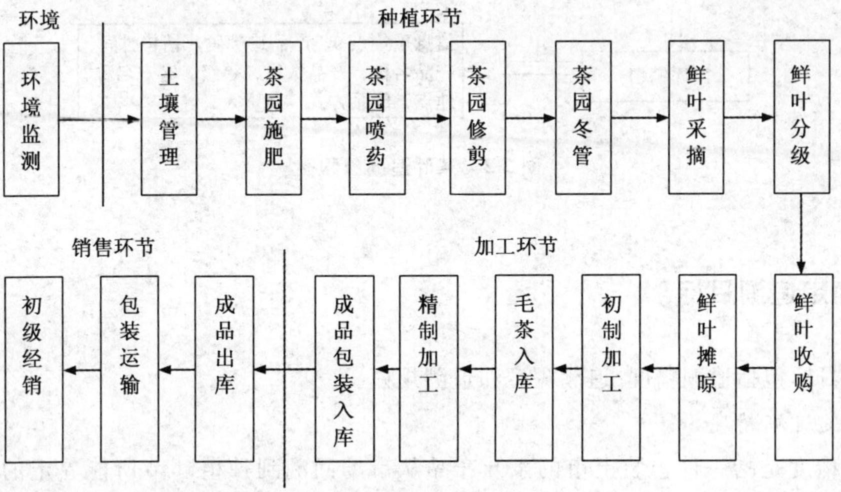

图 2-1 绿茶生产流程

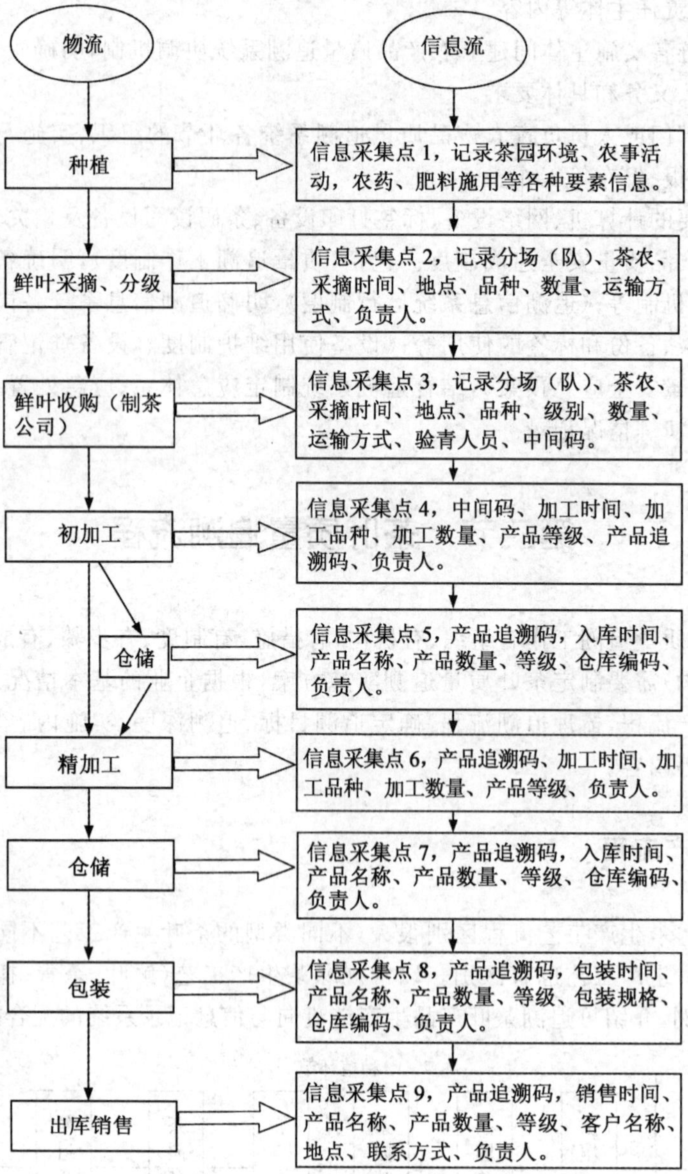
物流
信息流
种植
信息采集点1，记录茶园环境、农事活动，农药、肥料施用等各种要素信息。
鲜叶采摘、分级
信息采集点2，记录分场（队）、茶农、采摘时间、地点、品种、数量、运输方式、负责人。
鲜叶收购（制茶公司）
信息采集点3，记录分场（队）、茶农、采摘时间、地点、品种、级别、数量、运输方式、验青人员、中间码。
初加工
信息采集点4，中间码、加工时间、加工品种、加工数量、产品等级、产品追溯码、负责人。
仓储
信息采集点5，产品追溯码，入库时间、产品名称、产品数量、等级、仓库编码、负责人。
精加工
信息采集点6，产品追溯码、加工时间、加工品种、加工数量、产品等级、负责人。
仓储
信息采集点7，产品追溯码，入库时间、产品名称、产品数量、等级、仓库编码、负责人。
包装
信息采集点8，产品追溯码，包装时间、产品名称、产品数量、等级、包装规格、仓库编码、负责人。
出库销售
信息采集点9，产品追溯码，销售时间、产品名称、产品数量、等级、客户名称、地点、联系方式、负责人。

图 2-2 茶叶追溯流程图

二、确定追溯目标

追溯目标包括追溯精度、追溯深度和追溯规模。

1. 确定追溯精度

追溯精度是指一件包装上市的茶叶产品从市场回溯到种植环节所能界定的产品范围或管理对象。不同类企业的产品追溯精度不同，即使是同类企业由于产品档次不同，追溯精度也有可能不同，一般情况下，高端产品追溯精度较高，普通或低端的产品追溯精度较低。如果一个企业把每一地块的茶青都独立生产、加工打标上市，其追溯精度为地块；如果把当天收购的所有地块的茶叶进行统一分级、加工、包装，不能把每一个茶农或地块生产的茶叶区分出来，那么追溯精度只能达到批次。因此，追溯精度要根据企业生产实际来确定。

2. 确定追溯深度

追溯深度是指茶叶产品从源头生产到市场流通整个链条中能够有效跟踪产品质量安全信息的末端环节。追溯深度的基本要求是企业销售产品时要记录经销商或分销商信息，终极目标是能够延伸到直接面向消费者的零售环节。对于采用连锁店和零售方式销售的茶叶，其深度可到达消费者；有中间商参与的其追溯深度一般为初级经销商。

3. 确定追溯规模

追溯规模一般是指企业追溯产品的生产规模。为确保追溯产品的质量，根据追溯标签管理规定要求，追溯系统打印的标签数×包装规格＝追溯规模。

三、确定信息采集点

信息采集点是指承担记录和上传追溯茶叶产品生产、加工、运输、贮存、销售等信息的地点，包括环节信息采集点和要素信息采集点。信息采集点设置要根据企业的生产布局和追溯信息流程进行合理安排，要符合完整性和高效性的实施原则，每个采集点的追溯设施配置要满足该点的信息采集或信息上传需求。

（一）合理设置信息采集点的方法

（1）在茶叶质量追溯的各个环节设置信息采集点。采集环节信息、责任信息（时间、地点、责任人）和要素信息。例如，茶叶生产的质量追溯环节包括分场（负责茶叶的种植和采摘）、农场（负责鲜叶收购、分级）、制茶公司（负责茶叶加工、包装、贮运、检验）。这 3 个环节均与质量追溯相关，均应设置一个或多个信息采集点。

（2）依据追溯精度保留或合并多个信息采集点。例如，一茶叶公司有 1 个制茶厂，下属 2 个农场，每个农场有 10 个分场。当追溯精度为农场时，则设置 5 个环节信息采集点，分别是 1 个制茶厂、2 个农场、2 个分场组（每个农场有 10 个分场）。当追溯精度为分场时，则设置 23 个环节信息采集点，分别是 1 个制茶厂、2 个农场、20 个分场。如果茶叶拼配时需要将分场的茶叶混合包装，则应将几个分场合并成一个信息采集点。

（3）要素信息采集点的设置根据工艺段对质量安全的重要性来定。如制茶厂在加工环节中有烘干、检验、贮运等工艺段，与茶叶产品质量有关，最好要设置要素信息采集点。

（4）若一个工艺段同时可设为环节信息采集点和要素信息采集点，则设一个信息采集点。

另外，在设置信息采集点时还要注意：与质量无关的工艺段不设信息采集点；每个信息采集点必须有责任信息（时间、地点、责任人）；一台电脑可用于多个信息采集点；信息采集点的设置必须覆盖本环节有关产品质量安全的信息（表 2-3）。

表 2-3　信息采集点布局与设施配置情况

编码	采集点	设施配置	备注
01	大明山农场(分场组一)	电脑 1 台	果园生产作业、采收信息记录及传递信息
02	青山农场(分场组二)	电脑 1 台	
03	北坡农场(分场组三)	电脑 1 台	
04	李家湾农场(分场组四)	电脑 1 台	
06	公司制茶厂	电脑 1 台 标签打印机 1 台	记录产品加工、包装等信息和信息传递;标签制作
07	公司成品库	电脑 1 台 条码扫描器 1 台	记录成品出入库、销售等信息并传递
08	质检部		记录产品水分、杂质等信息
09	销售部		记录客户、销售地点、销售量、运输车辆
10	公司总部	电脑 1 台	数据收集、整理、汇总、上报

(二)关键控制点的设置

关键控制点(CCP)是指在生产链中的某一点,通过有针对性的科学管理或技术手段进行控制后,就可以防止、消除食品安全危害或将其减少到可接受水平。目前茶叶质量安全隐患主要是化学性危害和生物性危害 2 种。化学性危害主要指违禁药物、农药残留、肥料、添加剂和重金属等;生物性危害主要是霉菌、生物毒素、致病微生物和寄生虫等。

1. 关键控制点设置的 3 个原则

(1)设置在与安全有关的工序段,不设在具体的危害安全项目上。关键控制点设置在产品链可能存在某种危害的某个工序段上,在这里危害能被控制。如种植环节的关键点设置在投入品管理和使用工序段上,因为这个工序段有可能出现农药、肥料等危害,并且这些工序段上可能存在的危害能被控制。不设在具体的农药、肥料等危害安全项目上。

(2)设置在工艺或工序条件不稳定的工序段。如在茶叶加工环节烘干工序段,有可能受烘干温度影响,茶叶含水量过高,造成保存过程中霉变。

(3)设置的安全危害项目必须是企业可控的。设置的这个关键控制点的安全危害项目应能提供该项工序段上危害监控项目名称、临界值、监测方法、控制措施、纠偏措施、效果核查、信息记录 7 个要素。如果该工序段上没有危害监控项目的临界值,或可采取的监控方法(工艺技术控制措施、监测方法)或控制措施,那么这个工序段就不是关键控制点。

2. 关键控制点设置的注意事项

(1)仅与感官、品质、分级有关的工序段不设。如茶青分级、茶叶色选、水果的果径筛选等。

(2)仅与环节信息有关的工序段不设。如地块编码、茶叶加工点编码(可作为信息采集点,不作为关键控制点)。

(3)同一个安全项目涉及多个工序段,则每个工序段都要设。如茶叶重金属项目,应设在环境监测、成品检测工序段;大米霉变项目,应设在稻谷仓储检验、收购检验、大米成品存储检验 3 个工序段。

(4)有“三品一标”产地环境监测评价合格报告(6 年内有效),且周围又无新增污染源,则可不设。

(5)企业不可控的项目不设。

四、信息采集内容和方式

(一)信息采集内容

信息采集内容包括产地、生产、加工、包装、储运、销售、检验等环节与质量安全有关的内容。如产地信息包括产地代码、产地环境监测情况、种植者档案等;生产信息包括品种、投入品、日常管理、采摘信息等。每个环节与产品质量有关的内容信息都要进行记录和采集。设计好农产品信息采集记录流程表,明确各生产环节要记录的基本信息、基本内容、记录方式和信息传递方式等(表 2-4)。

表 2-4　各环节信息采集记录流程表

生产流程		记录内容	记录方式	信息传递方式
基本信息		茶园编号、种植品种、茶园生产者		
种植环节	田间管理	主要的生产技术措施和作业情况记录	按时间顺序、通过纸质文本和电脑录入方式,记录从作业开始到结束各关键点信息	农户纸质记录,基地负责人统一跟踪管理,用笔记本录入,通过总部局域网传递至公司数据中心
	农药施用	施用时间、农药名称、生产厂家、生产批号、采购地点、采购时间、施用量、施用方式、施用目的、责任人		
	肥料施用	施用时间、肥料名称、生产厂家、生产批号、采购地点、采购时间、施用量、施用方式、施用目的、责任人		
	鲜叶采收	分场(队)、茶农、采摘时间、地点、品种、级别、数量、运输方式、验青人员		
加工环节	鲜叶收购	分场(队)、茶农、采摘时间、地点、品种、级别、数量、运输方式、验青人员、产品中间码	纸质文本和电脑录入记录	通过公司局域网将数据直接传至公司数据中心
	产品初、精加工	产品中间码、加工时间、加工品种、加工数量、产品等级情况、产品追溯码、入库情况、责任人		
	包装	产品追溯码、成品茶级别和数量、包装批次、包装材料、包装规格、包装数量、包装人员		
销售环节	运输及销售	产品追溯码、销售日期、销售数量、客户名称、配送单位、运输车牌号码		

(二)信息采集方式

信息采集方式包括纸质和计算机录入。信息记录应真实、准确、及时、完整、持久、易于识别和检索。

1. 纸质信息记录

纸质信息记录是追溯系统最原始的信息资料，也叫作追溯源信息，它是计算机信息录入的前提和基础。纸质信息记录的内容，首先要求真实、全面，与生产活动一致。真实性体现在对于与产品质量关系重大的投入品记录，不能少记录、乱记录或者不记录；记录的人员和记录的时间要真实。全面性是指所有该记录的信息包括环节信息、要素信息和责任信息等都要进行全面记录，否则会造成追溯的中断或者追溯不到预想的效果（详细企业基础信息及生产信息记录纸质表格的设计见茶叶实训案例）。再次是要求规范、及时。纸质记录的规范性表现在记录表格的设计要科学、合理；各项内容不重复，不遗漏；记录内容要清晰、持久。及时性表现在产品生产流程中各环节信息都要进行及时记录。

2. 计算机录入

对于纸质记录的各项追溯材料，要录入到计算机，在上传追溯码前应具备所有纸质和电子记录，追溯产品投放市场前应具备所有纸质和电子记录。录入既要及时也要准确，可追溯产品的物流与信息流要保持一致，各环节信息记录与生产活动保持同步，上一环节结束时，该环节所记录的信息应及时准确地传递到下一环节。

五、信息管理

对于采集的信息要进行归类、分析、汇总，保持信息的真实性。应建立信息管理制度，对于整理后的信息，要及时进行存储和备份，纸质记录要及时归档，电子记录最好每 2 周备份一次，信息存储期与追溯产品保质期一致；保持期不足 2 年的，追溯信息至少要保存 2 年。各生产环节间信息通过纸质记录或网络等形式及时进行传递，当上一环节操作结束时，应及时将信息传输到下一环节。企业中心处理器汇总各环节信息后传输到追溯系统。

六、常用字典及编码设置

（一）常用字典

农产品质量追溯系统的字典实际上是对企业的生产设施、场所、人员、产品、投入品等与农产品质量安全相关的要素进行分类和分级，实行代码化和规范化管理，简化信息采集操作。由于企业生产的产品和生产流程不同，因此企业的系统字典要根据各自的实际情况来设置。常用字典有生产基地字典（表 2-5）、产品字典（表 2-6）、生产者字典、投入品字典（农药字典、肥料字典、饲料字典、兽药字典）、人员字典、加工厂字典、仓库字典、客户字典等。

表 2-5 生产基地字典

基地编码	基地名称	种植品种	种植面积	负责人	联系电话	备注
01	北园基地	桂职 1 号	260 亩	邓肯		
02	南园基地	金宣	300 亩	刘邦		

表 2-6 产品字典

产品编码	产品名称	备注
01	绿茶	
0101	毛尖	
02	红茶	
0201	红条茶	

(二)编码设置

农产品质量追溯系统全程使用代码表示各类业务数据,实现业务流程管理代码化。因此必须对农产品生产、加工、流通等过程的每个环节进行严格编码,并建立相应环节追溯单元编码档案。编码采用分级编制方式,每一级表示某业务数据,下一级编码表示该大类下细化的业务数据,编码级数不能超过 5 级,长度不能超过 12 位。

1. 种植环节

种植环节的编码包括:产地编码、地块编码、种植者编码、采摘者或采摘批次编码。

产地编码:按 NY/T1761 的规定执行。

地块编码:以种植时间、种植品种、生产措施相对一致的地理区域为一单位地块,按排列顺序编码,并建立编码地块档案。编码地块档案至少包括区域、面积、产地环境等信息(表 2-7)。

表 2-7 地块编码表

地块编号	地块名称	面积	种植品种	负责人	备注
01	明阳茶场	40 亩			
0101	北园基地王海传		金宣、福云 6 号、云抗 10 号		
0102	南园基地陆镇才		乌牛早、桂绿 1 号		
02	北圩茶场	200 亩			
0201	平山基地张迁		金宣、金牡丹		
0202	高山基地陈家兴		福云 6 号、云抗 10 号		

种植者编码:生产、管理相对统一的种植户或种植组统称为种植者,对种植者进行编码并建立种植者档案。种植者编码档案至少包括姓名、种植区域、种植面积、种植品种等信息。

采摘者或采摘批次编码:对采摘者或采摘批次进行编码,并建立采摘者或采摘批次编码档案,其内容至少包括姓名、采摘区域、采摘面积、采摘品种、采摘数量、采摘标准等信息。

2. 鲜叶收购和加工环节

鲜叶收购和加工环节包括:收购批次编码、加工厂编码、生产线编码、产品编码、包装规格编码、产品储存仓库编码、负责人编码等。

鲜叶收购批次编码:建立鲜叶收购编码档案,内容至少包括分场(队)、茶农、采摘时间、地点、采摘方式、品种、级别、数量、运输方式、负责人等信息。

加工环节编码：建立加工批次编码档案，内容至少包括鲜叶品种、鲜叶数量、生产线、产品名称、产品数量、产品等级、负责人等。

包装批次编码：建立包装批次编码档案，内容至少包括产品等级、规格、检验结果等信息。

3. 储运环节

储运环节编码包括：储存设施编码、储存批次编码、运输设施编码、运输批次编码等。

储存设施编码：对储存设施按照位置进行编码，并建立储存设施编码档案。内容至少包括位置、通风防潮状况、卫生条件等信息。

储存批次编码：对储存批次进行编码，并建立储存批次编码档案，内容至少包括温度和湿度等信息。

运输设施编码：对运输设施按照位置、牌号等进行编码，并建立运输设施编码档案，内容包括卫生条件、车辆类型、牌号等信息。

运输批次编码：对运输批次进行编码，并建立运输批次编码档案，内容包括该运输产品来自的储存设施、包装批次或逐件记录、运输起止地点、运输设施等。

4. 销售环节

对销售环节进行编码，建立销售环节编码档案，内容包括销售时间、客户名称、产品追溯码、产品名称、等级、数量、运输单位、运输车辆等信息。

七、追溯码和追溯标识设计

(一)追溯码结构

追溯码是产品实现溯源的依据，追溯码上每一位数字都代表相应的含义，其结构是企业代码 4 位，产品简码 2 位、打码系统日期 6 位，校验码 1 位。除固定编码外，自定义编码部分数字的位数和含义由企业根据本企业实际情况自行设计，追溯码的编码结构见表 2-8。

表 2-8　追溯号编码结构

编码类型	固定编码(4 位)	自定义编码(? 位)			固定编码(1 位)
位数	××××	××××…	××	××××××	×
含义	企业代码		产品(包装)	包装日期	校验码

(二)追溯标识

农产品经过生产、加工、包装等过程后形成最终产品时应同时形成追溯标识，它是质量追溯信息的载体或查询媒介。目前市场上常用的追溯标识有条码标识、喷码标识和射频卡标识 3 种。

1. 条码及二维码标识

条码标识是粘在产品外包装上的纸质标识(图 2-3)，标识上印有可追溯条码和相关的文字信息。广泛适用于茶叶、水果、蔬菜等产品的外包装，目前大多数单位都使用条码标识，它具有单位成本低、标识明显等特点。

图 2-3　条码

2. 喷码标识

喷码标识就是把产品的追溯码直接喷在产品的外包装上的标识方法。这种方法主要用于流水线生产的产品，如鸡蛋、牛奶、罐头、酒类(图 2-4)等，采用喷码标识操作简单，效率高，但标识设备较贵，后期耗材费用高，标识不明显。

图 2-4　喷码标识

3. 射频卡标识

射频卡是目前比较先进的 FRID 设备。把标识放置在产品的包装内，标识内有追溯码信息及文字信息，需要专门的读取设备才能识别。主要用于高附加值的产品，如高档茶叶、高档酒等(图 2-5)。

追溯标识的内容包括农产品追溯码、信息查询渠道、追溯标志等。标识的形式可根据产品包装特点进行选择，有不干胶纸制标签、锁扣标签、捆扎标签等，其规格大小由企业自行决定。

一般标识（5 cm×5 cm）	塑胶薄卡	活动侦测专用（内件振动设计）

粘贴式，成本最低，耐用性差	巡检专用，可印刷辅助资讯供人员辨识，耐用性较佳	主动式信号发射，可用于人员活动侦测

钮扣形式	钥匙圈形式	金属专用

体积较小且耐用性佳，方便建置于空间狭小的作业环境	方便携带，主要应用在人员出入门禁管理	金属设备专用，可防止信号受金属材料干扰

图 2-5　射频卡标识

八、追溯产品查询结果

1. 短信、语音(70 个字)

> 您查询的是××××公司生产的×××牌××
> 种植:××××
> 加工日期:××××

2. 网上查询信息

> 查询内容:
> 您查询的是××××公司生产的×××牌××
> 种植基地:××××
> 加工企业:××××公司
> 加工日期:××××
> 产品检验合格,请放心食用!
> 公司简介及宣传图片:

九、质量安全问题处置

农产品生产、加工、流通各环节企业(组织或机构)应对上一环节提供的产品进行验收、对追溯信息进行核实,如发现问题,按相关规定对该批次产品采取召回或销毁等措施。

当农产品出现质量问题时,企业可根据追溯体系,迅速界定产品涉及范围,提供相关记录,确认追溯深度,确定农产品质量问题发生的地点、时间、追溯单元和责任主体,为问题处理提供依据(详见监管子系统)。

第三节　茶叶产品质量追溯系统实施案例

一、企业基本情况

福建幸福茶业集团有限公司是一家集茶叶绿色基地建设、茶叶精制加工、科技开发、内外销并举的大型茶叶企业,为国内农业产业化国家级重点龙头企业。公司通过了ISO14001:2000环境体系和HACCP、GAP体系认证,茶叶产品获得有机食品和绿色食品认证,"幸福"商标获得"中国名牌农产品"称号。

(一)组织管理机构设置

公司设有质量部(下设品管办、收购办、基地办)、生产部(下设仓储组、设备组、生产车间)、行政部(下设人力资源办、总务办)、财务部、销售部(下设出口部、内销部)、研发部等,下属2个茶场(茶叶基地)和2个加工厂。追溯项目组织管理机构见图2-6。

(二)公司生产布局情况

公司茶园面积10 000亩,年产茶叶2 000多t,本案例只涉及内销的茶叶,即2个基地和1个加工厂。公司生产布局见图2-7。

二、追溯目标及质量追溯流程概述

(一)追溯目标

追溯规模:4 000亩茶园,200 t乌龙茶;

追溯精度:基地;

追溯深度:经销商。

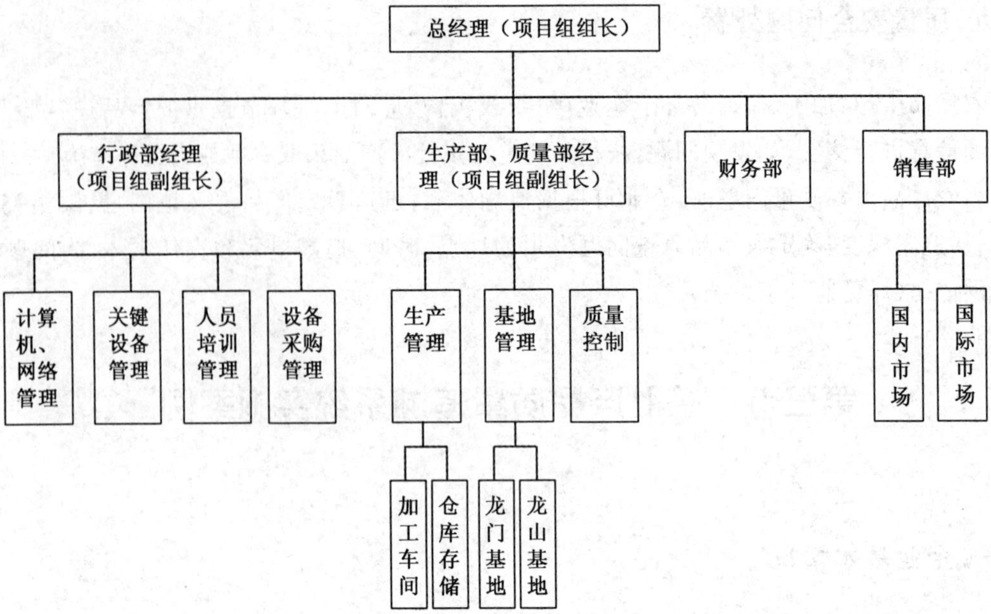

图 2-6　项目组织机构设置图

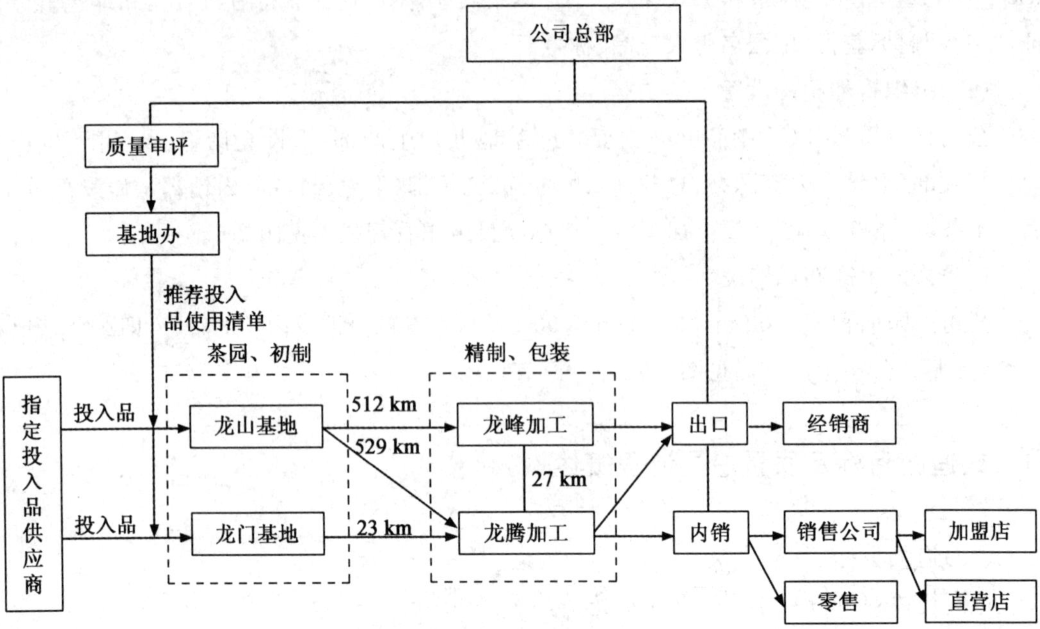

图 2-7　公司生产布局图

(二)生产流程(图 2-8)

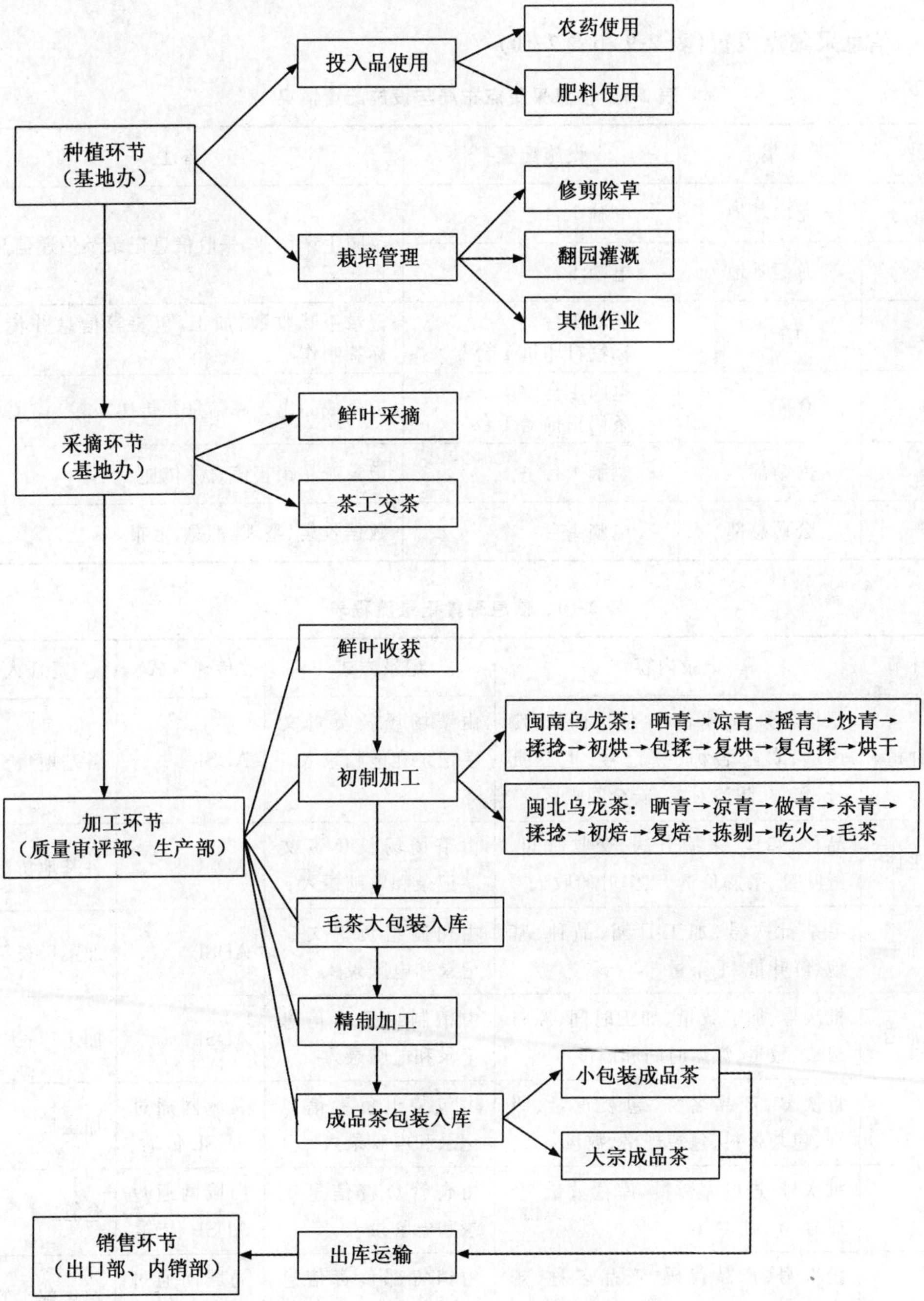

图 2-8　生产流程示意图

三、信息采集点、关键控制点设置

(一)信息采集点设置(表 2-9 和表 2-10)

表 2-9　信息采集点布局与设施配置情况

编码	采集点	设施配置	备注
01	龙山基地	电脑 1 台	茶园生产作业、采收信息记录及传递信息
02	龙门基地	电脑 1 台	
03	加工厂	电脑 1 台 标签打印机 1 台	记录茶叶收购、加工、包装等信息并传递；标签制作
04	仓库	电脑 1 台 条码扫描器 1 台	记录成品出入库信息并传递
05	内销部	电脑 1 台	记录产品销售信息并传递
06	公司总部	电脑 1 台	数据收集、整理、汇总、上报

表 2-10　信息采集记录流程表

生产环节	记录内容	记录方式	传递方式	责任人
茶园种植	肥料名称、基地名称、使用面积、使用量、农药名称、登记号、生产批号、倍数、防治对象、安全间隔区	由茶场场长负责文字记录和电脑录入	ADSL	各基地负责人
鲜叶采摘	品种、基地、采摘方法、交收时间、鲜叶量、采摘负责人、鲜叶验收人	由茶场场长负责文字记录和电脑录入	ADSL	各基地负责人
初制加工	毛茶批次号、加工日期、品种、基地、鲜叶量、毛茶量	由初制组负责文字记录和电脑录入	ADSL	加工厂长
精制加工	批次号、加工数量、加工时间、原料组成、数量、烘焙时间和温度	由精制组负责信息记录和电脑录入	ADSL	加工厂长
包装	批次号、产品名称、包装重量、级别、包装材料、包装规格、数量	由包装组负责信息记录和电脑录入	局域网通过 ADSL 传输	加工厂长
储藏	批次号、进出库数量、库存数量、仓库号	由仓管负责信息记录和电脑录入	局域网通过 ADSL 传输	仓管
销售	批次号、产品代码、产品名称、规格、单位、数量	由销售部负责信息记录和电脑录入	局域网通过 ADSL 传输	销售部主管

(二)关键控制点

1. 种植环节

基地办负责整个茶场基地的田间管理和生产作业计划，各基地生产队具体负责茶园生产管理，"四统一管理模式"——统一农资采购供应、统一田间作业、统一生产技术规程、统一农事记录。由各基地负责人根据农场制订的生产技术规程和作业计划，督促茶工及时开展田间封园、修剪、施肥、病虫害防治等各项工作，组织农业投入品的统一购入和供应，检查各项技术措施落实情况。

2. 鲜叶收购

茶青当日采摘当日加工，收购鲜叶时要求加工厂准确记录鲜叶采摘基地和采摘日期、等级、重量等关键信息，分基地单独摊放及加工。

3. 初制、精制加工

做好经初制加工后毛茶的编号、数量和生产日期等信息记录，根据要求拼配不同来源的茶叶，做好拼配茶叶的编号、数量等相关记录。

4. 包装仓储

精制后的茶叶产生追溯码，分装后按照批次分库存放，以免混合，准确记录干茶出入库相关信息。

5. 产品销售

干茶出库时，通过扫描产品追溯码，由仓库保管员输入经销商信息、产品出库信息及运输车辆信息，实现产品信息的完整上传。

四、基础数据整理

基础数据整理(表 2-11 至表 2-20)

企业注册码：9909

表 2-11　追溯项目组织机构及生产布局基本情况表

序号	部门(基地)名称	主要职责	所处地点	负责人	联系电话	备注
1	行政部	经理	福建省安溪县龙门镇	周一一	0595-23025311	
2	质量审评部	经理	福建省安溪县龙门镇	谢成	0595-23024315	
3	基地办	基地监管	福建省安溪县龙门镇	王兵	0595-23026515	
4	龙腾加工厂	厂长	福建省安溪县龙腾镇	王文	0595-23417698	
5	烘焙组	组长	福建省安溪县龙腾镇	林虎	0595-23417693	
6	小包装组	组长	福建省安溪县龙腾镇	林丽	0595-23417695	
7	仓储组	仓管	福建省安溪县龙腾镇	刘先	0595-23417697	
8	销售部	销售	福建省安溪县龙腾镇	张丽真	0595-23417699	
9	龙门茶场	茶场场长	福建省安溪县龙门镇	王振	13405678882	
10	龙山茶场	茶场场长	福建省建瓯市	胡阳	13326493826	

表 2-12　种植品种情况表

序号	种植产品类别	种植品种名称	备注
1	乌龙茶	铁观音	
2	乌龙茶	黄金桂	
3	乌龙茶	色种	

表 2-13　采集点分布情况表

序号	采集点名称	是否连成局域网	采集点信息记录员	联系电话	备注
1	质量审评部	是	谢成	0595-23024315	
2	基地办	是	王兵	0595-23026515	
3	龙门茶场	否	王振	13405678882	
4	龙山茶场	否	胡阳	13326493826	
5	龙腾加工厂	是	王文	0595-23417698	
6	小包装组	是	林丽	0595-23417695	
7	仓库	是	刘先	0595-23417697	
8	销售部	是	张丽真	0595-23417699	

表 2-14　肥料基本情况表

序号	商品名	通用名	生产商名称	生产许可证号	规格及等级	养分含量	肥料执行标准编号	经销商名称	备注
1	生物有机肥	生物有机肥	广东佛山金葵子科技有限公司		40 kg/包	有效活菌数≥0.2 亿/g，有机质≥25.0%，腐殖酸≥10%	NY 884—2004	安溪利安生物有机肥经销部	
2	茶叶专用肥	茶叶专用肥	环球天然有机肥(漳州)有限公司		40 kg/包	有机质≥37%，N、P、K≥7%		漳州环球天然有机肥漳州有限公司	
3	有机肥		福建圣农集团	无	25 kg、一级	6.80%	无	金土地农资公司	

表 2-15 农药基本情况表

序号	商品名	通用名	生产商名称	生产许可证号	农药登记证号	生产批准文号	农药执行标准编号	防治对象	有效成分及含量	推荐使用剂量	产品有效期	安全间隔期	包装规格	经销商名称	备注
1	石硫合剂	石硫合剂	湖北太极生化有限公司		LS20053344	HNP4203-A1510	Q/TJ02—2008	红蜘蛛	45%石硫合剂结晶	720～900 mg/hm^2	2年	非生产季节使用	400 g/包	安溪县农资公司第一经营部	
2	吡虫啉	吡虫啉	东方润博农化（山东）有限公司	无	LS20021660	HNP37116-A1658	HG3671—2004	刺吸式口器害虫	10%可湿性粉剂、25%悬浮剂、20%可溶性液剂、80%水分散粒剂	1～2 g有效成分/亩	2年	21 d	10 g×50袋×6包	加尤县得快农资经营部	
3	绿灵	绿灵	盐城利民农化有限公司	XK13-200-00100	LS94304	803118006	HG2612—1994	棉花棉铃虫	20%灭多威乳油	有效成分75～150 g/hm^2	2年	5～10 d	250 mL×20瓶	青海县恩威农资店	
4	安瑞克	安瑞克	山东邹平农药有限公司	无	LS20060944	HNP37102-A7252	Q/ZNY08—2005	小绿叶蝉、茶蓟马、茶毛虫	25 g/L联苯菊酯EC	1 500～2 000倍	2年	7 d	250 mg×20瓶	陈春乡农资站	

表 2-16　仓库基本情况表

序号	仓库名称	仓库容量	仓储条件	管理员	联系电话	备注
1	毛茶仓库	成品 1 000 t	按商检要求设计	龚香	0599-5203563	
2	成品仓库	成品 3 000 t	按商检要求设计	曾云	0599-3865780	

表 2-17　加工线基本情况表

序号	加工线名称	负责人	联系电话	备注
1	闽南乌龙茶初制生产线	王振	13405678882	
2	精制生产线	林虎	0595-23417693	

表 2-18　产品包装情况表

序号	产品类别	产品品牌	包装形式	包装物材质	包装物规格	包装产品净重	备注
1	毛茶	幸福	袋装	麻袋	20 kg/袋	20 kg	
2	铁观音	幸福	纸盒包装	纸质	250 g/盒	250 g	

表 2-19　产品等级情况表

序号	产品等级	备注
1	特级	
2	一级	
3	二级	

表 2-20　人员基本情况表

序号	所属部门	人员姓名	主要职责	联系电话	备注
01	龙门茶场	王振	茶场场长	13405678882	
0101	龙门茶场大丘片基地	谢红			
0102	龙门茶场番平后基地	李英			
0103	龙门茶场场对面基地	刘小			
0104	龙门茶场困牛埔基地	陈军			
02	龙山茶场	胡阳	茶场场长	13326493826	
0201	龙山茶场白水源基地	叶金			
0202	龙山茶场墩上基地	林珠			
0203	龙山茶场水帘洞基地	王全			
0204	龙山茶场牛栏坑基地	林德			
03	龙腾加工厂	王文	厂长	0595-23417698	
04	烘焙组	林虎	组长	0595-23417693	
05	小包装组	林丽	组长	0595-23417695	
06	仓储组	刘先	仓管	0595-23417697	
07	内销部	张丽真	销售	0595-23417699	

五、信息记录表格

记录表一　茶叶种植环节生产记录

基地名称：龙门茶场大丘片基地　　　　基地编号：0101

基地负责人：谢红

品种：铁观音　　　面积：200 亩

环境监测数据	空气(日平均 mg/m³)				土壤(mg/kg)							水分	监测单位
	总悬浮颗粒物(TSP)	二氧化硫(SO_2)	二氧化氮(NO_2)	氟化物(F)	pH	镉	总汞	总砷	铅	铬	铜	pH	福建质检中心
	0.119	0.001	0.014		4.3	0.048	0.21	3.8	4.3	54	41	5.6	李明波

种植环节生产记录

作业名称	作业日期	投入品名称	投入品生产厂家	投入品批次号	投入品采购地点	投入品采购时间	投入品施用量	施用方式	投入品施用目的
茶园修剪	2009.2.15							刻芽促梢	
病虫害防治	2009.2.24	吡虫啉	东方润博农化(山东)有限公司	20081103	安溪县农资公司第一经营部	2009.6.3	0.5 kg/亩	喷施	防治刺吸式口器害虫
除草	2009.3.21								
病虫害防治	2009.3.22	石硫合剂	湖北太极生化有限公司	20081009	安溪县农资公司第一经营部	2009.7.1	0.5 kg/亩	喷施	防治红蜘蛛
施肥	2009.4.2	生物有机肥	广东佛山金葵子科技有限公司	20081113	安溪县农资公司第一经营部	2009.7.5	80 kg/亩	穴施	增加肥力
施肥	2009.5.24	生物有机肥	广东佛山金葵子科技有限公司	20081124	安溪县农资公司第一经营部	2009.7.7	80 kg/亩	穴施	增加肥力

记录表二　茶叶种植环节生产记录

基地名称：龙门茶场番平后基地　　　　基地编号：0102

基地负责人：李英

品种：铁观音　　　面积：300 亩

环境监测数据	空气（日平均 mg/m^3）				土壤（mg/kg）							水分	监测单位
	总悬浮颗粒物（TSP）	二氧化硫（SO_2）	二氧化氮（NO_2）	氟化物（F）	pH	镉	总汞	总砷	铅	铬	铜	pH	福建质检中心
	0.126	0.001	0.016		4.4	0.045	0.20	3.8	4.2	53	40	5.7	李明波

种植环节生产记录

作业名称	作业日期	投入品名称	投入品生产厂家	投入品批次号	投入品采购地点	投入品采购时间	投入品施用量	施用方式	投入品施用目的
茶园修剪	2009.2.15							刻芽促梢	
病虫害防治	2009.2.24	吡虫啉	东方润博农化（山东）有限公司	20081103	安溪县农资公司第一经营部	2009.6.3	0.5 kg/亩	喷施	防治刺吸式口器害虫
除草	2009.3.21								
病虫害防治	2009.3.22	石硫合剂	湖北太极生化有限公司	20081009	安溪县农资公司第一经营部	2009.7.1	0.5 kg/亩	喷施	防治红蜘蛛
施肥	2009.4.2	生物有机肥	广东佛山金葵子科技有限公司	20081113	安溪县农资公司第一经营部	2009.7.5	80 kg/亩	穴施	增加肥力
施肥	2009.5.24	生物有机肥	广东佛山金葵子科技有限公司	20081124	安溪县农资公司第一经营部	2009.7.7	80 kg/亩	穴施	增加肥力

记录表三　鲜叶采收记录表

茶场名称	基地编码	采摘日期	采摘品种	采摘方法	鲜叶量(kg)	采摘负责人	等级	鲜叶批次号	验收人	备注
龙门茶场	0101	2009.9.15	铁观音	手工采摘	300	谢红	一级	0101090915	王振	
龙门茶场	0102	2009.9.16	铁观音	手工采摘	1 000	李英	一级	0102090916	王振	

记录表四　初制加工记录表

鲜叶批次号	加工日期	加工品种	加工线编码	加工线名称	加工环境	等级	鲜叶重量(kg)	毛茶重量(kg)	毛茶批次号	责任人	备注
0101090915	2009.9.15	铁观音	1	闽南乌龙茶初制生产线	正常	一级	600	300	0101090915	王文	
0102090916	2009.9.16	铁观音	1	闽南乌龙茶初制生产线	正常	一级	1 000	500	0102090916	王文	

记录表五　毛茶入库记录表

毛茶批次号	入库日期	产品名称	毛茶重量(kg)	包装规格(kg)	入库数量(袋)	仓库编码	等级	仓库环境	库管员	备注
0101090915	2009.9.15	铁观音	300	20	15	1	一级	正常	龚香	
0102090916	2009.9.16	铁观音	500	20	25	1	一级	正常	龚香	

记录表六　毛茶出库记录表

毛茶批次号	出库日期	产品名称	毛茶重量(kg)	包装规格(kg)	出库数量(袋)	仓库编码	等级	库管员	备注
0101090915	2009.9.15	铁观音	200	20	10	1	一级	龚香	
0102090916	2009.9.16	铁观音	400	20	20	1	一级	龚香	

记录表七　精制加工记录表

毛茶批次号	毛茶重量（kg）	加工日期	加工品种	加工线编码	加工线名称	加工环境	重量（kg）	件数（20 盒/件）	包装规格	等级	产品追溯码	责任人	备注
0101090915	200	2009.9.23	铁观音	2	精制生产线	正常	200	40	250 g/盒	一级	9909010909236	王文	
0102090916	400	2009.9.23	铁观音	2	精制生产线	正常	400	80	250 g/盒	一级			

记录表八　成品茶入库记录表

产品追溯码	入库日期	仓库编码	仓库名称	产品名称	重量（kg）	件数（20 盒/件）	包装规格	仓库环境	库管员	备注
9909010909236	2009.09.23	2	成品仓库	铁观音	600	120	250 g/盒	正常	曾云	

记录表九　产品销售记录表

产品追溯码	销售日期	销售品种	重量（kg）	件数	客户名称	配送单位	车牌号码	负责人	备注
9909010909236	2009.10.31	铁观音	400	80	深圳明福茶叶批发商	福建顺达配货公司	福 A28787	张丽真	

基本练习题

素质题

根据农产品质量追溯项目建设要求，模拟某一企业追溯业务流程。

知识题

1. 建立农产品质量安全追溯体系应遵循哪些原则？
2. 建立农产品质量安全追溯体系的企业（组织或机构）应符合哪些要求？
3. 编码、信息采集点、关键控制点的设置方法有哪些？
4. 如何设计追溯编码、追溯标识、语音查询结果？
5. 企业基础数据整理表格和记录表格有哪些？

第三章　追溯系统安装与初始化

学习目标

通过本章知识学习，使学生熟练掌握农产品质量追溯系统服务器数据库安装、数据文件的附加和分离；掌握系统操作员权限分配、字典初始化、追溯单元初始化、采集点分配、标签打印设备安装及配置等系统基本操作实践技术。

第一节　追溯系统安装

一、SQL 2000 数据库安装

由于农垦农产品质量追溯软件需要数据库管理系统的支持，因此，需要查看电脑上是否已经安装有数据库管理系统，目前系统主要使用的是微软公司的 SQL 2000 数据库管理系统及以上版本。SQL Server 2000 数据库包括 4 个版本：企业版（SQL Server 2000 Enterprise）、个人版、标准版、开发版。通常使用的是 SQL Server 2000 企业版。

打开安装光盘或安装 U 盘，找到“数据库软件”目录（如果是压缩包文件，请先复制到本地电脑硬盘后，然后再解压；也可以自行下载或从 QQ 追溯工作群共享文件获取压缩包），双击“AUTORUN”或“SETUP”，如图 3-1 所示。

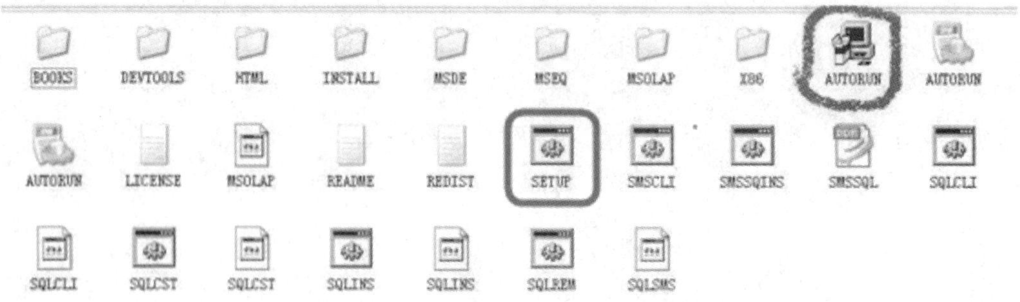

图 3-1　SQL 2000 数据库安装 1

出现提示框。选择“安装 SQL Server 2000 组件”，出现下一个页面后，选择“安装数据库服务器”，如图 3-2 所示。

点击“下一步”，然后选择“本地计算机”进行安装，如图 3-3 所示。

图 3-2　SQL 2000 数据库安装 2

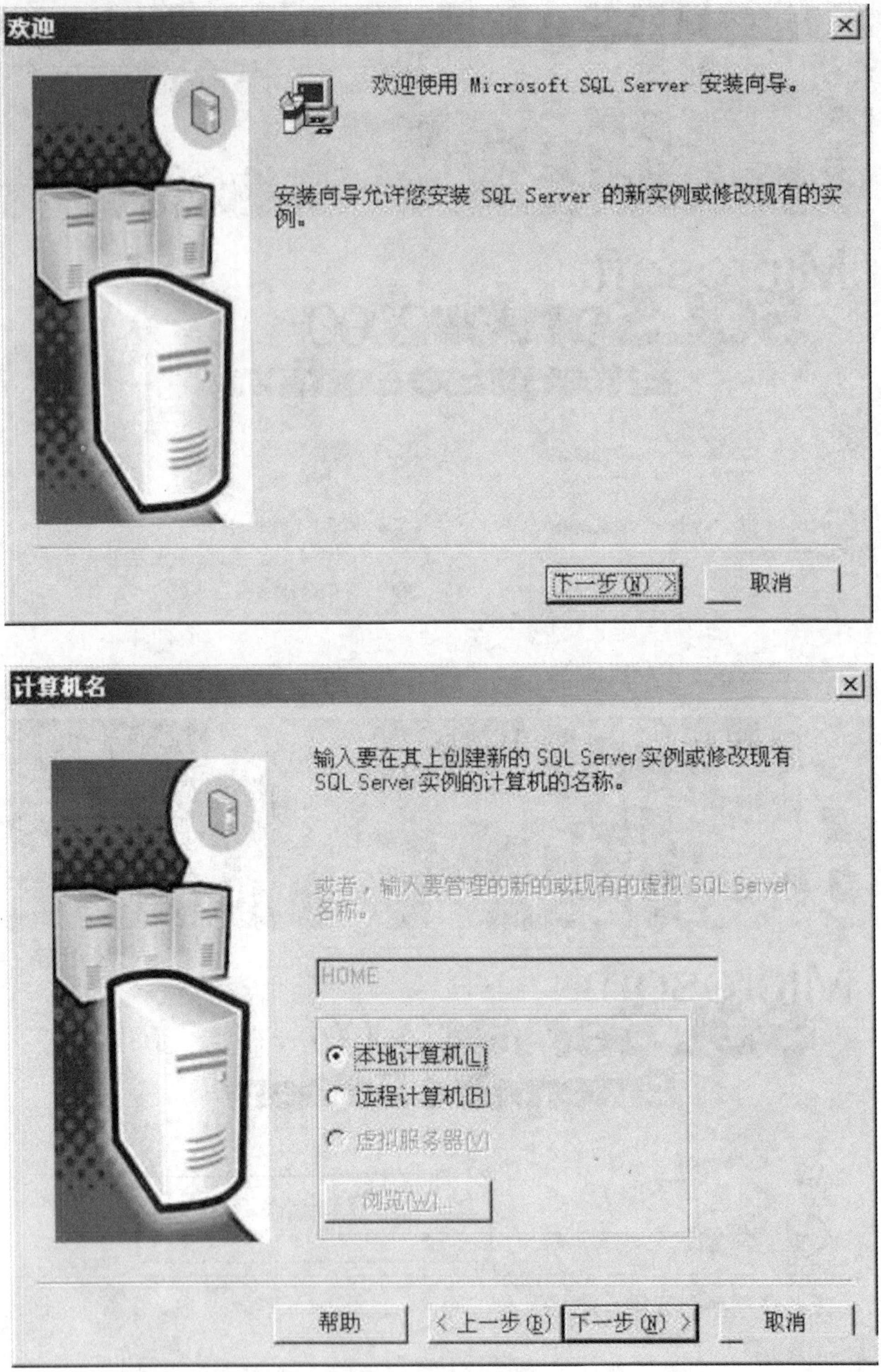
欢迎
欢迎使用 Microsoft SQL Server 安装向导。
安装向导允许您安装 SQL Server 的新实例或修改现有的实例。
下一步(N) >
取消
计算机名
输入要在其上创建新的 SQL Server 实例或修改现有 SQL Server 实例的计算机的名称。
或者，输入要管理的新的或现有的虚拟 SQL Server 名称。
HOME
本地计算机(L)
远程计算机(R)
虚拟服务器(V)
浏览(W)...
帮助
< 上一步(B)
下一步(N) >
取消

图 3-3　SQL 2000 数据库安装 3

点击“下一步”，如果出现图 3-4 界面，请登录 QQ 追溯工作群共享文件获取 clean. exe 文件或者从安装盘中复制该文件，运行后即可清除相关注册表项。

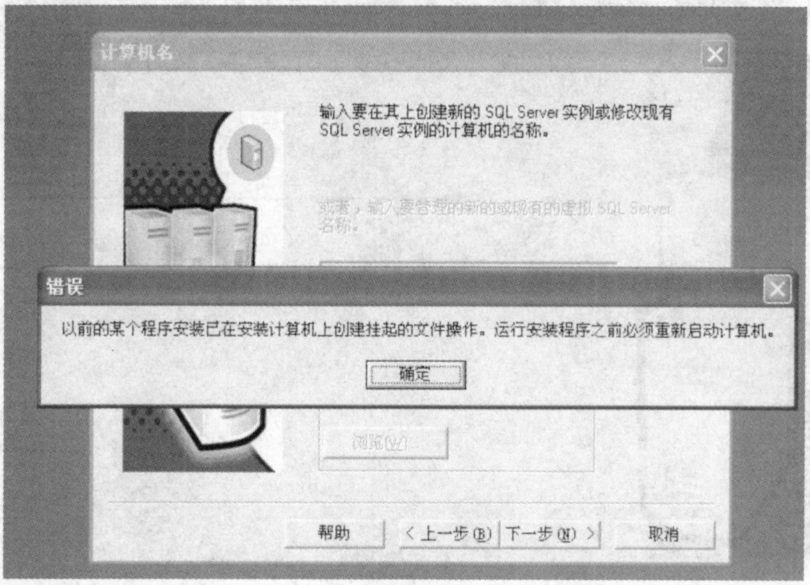
计算机名
输入要在其上创建新的 SQL Server 实例或修改现有 SQL Server 实例的计算机的名称。
或者，输入要管理的新的或现有的虚拟 SQL Server 名称。
错误
以前的某个程序安装已在安装计算机上创建挂起的文件操作。运行安装程序之前必须重新启动计算机。
确定
浏览(V)...
帮助
< 上一步(B)
下一步(N) >
取消

图 3-4　SQL 2000 数据库安装 4

在“安装选择”窗口，选择“创建新的 SQL Server 实例”。对于初次安装的用户，应选用这一安装模式，不需要使用“高级选项”进行安装。“高级选项”中的内容均可在安装完成后进行调整，如图 3-5 所示。

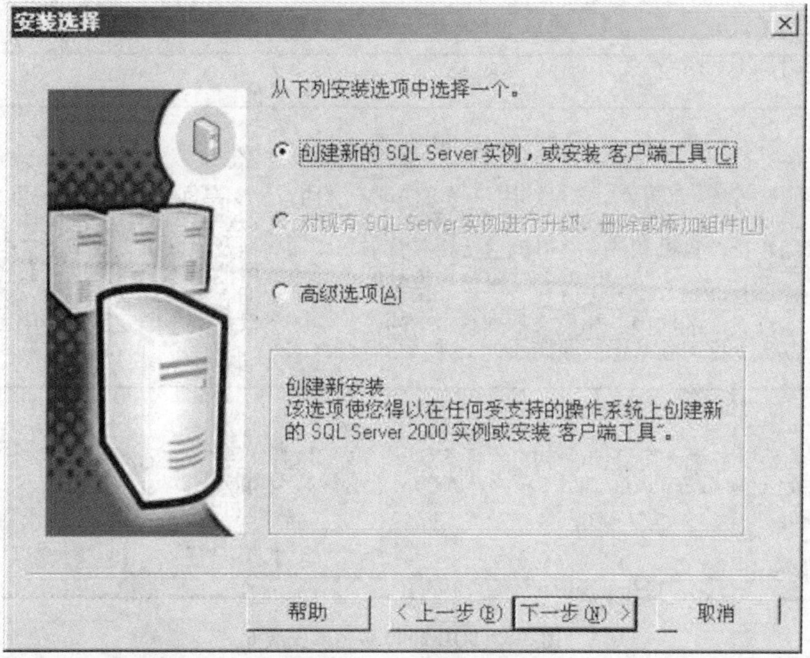
安装选择
从下列安装选项中选择一个。
创建新的 SQL Server 实例，或安装"客户端工具"(C)
对现有 SQL Server 实例进行升级、删除或添加组件(U)
高级选项(A)
创建新安装
该选项使您得以在任何受支持的操作系统上创建新的 SQL Server 2000 实例或安装"客户端工具"。
帮助
< 上一步(B)
下一步(N) >
取消

图 3-5　SQL 2000 数据库安装 5

在“用户信息”窗口，输入用户信息，并接受软件许可证协议，如图 3-6 所示。

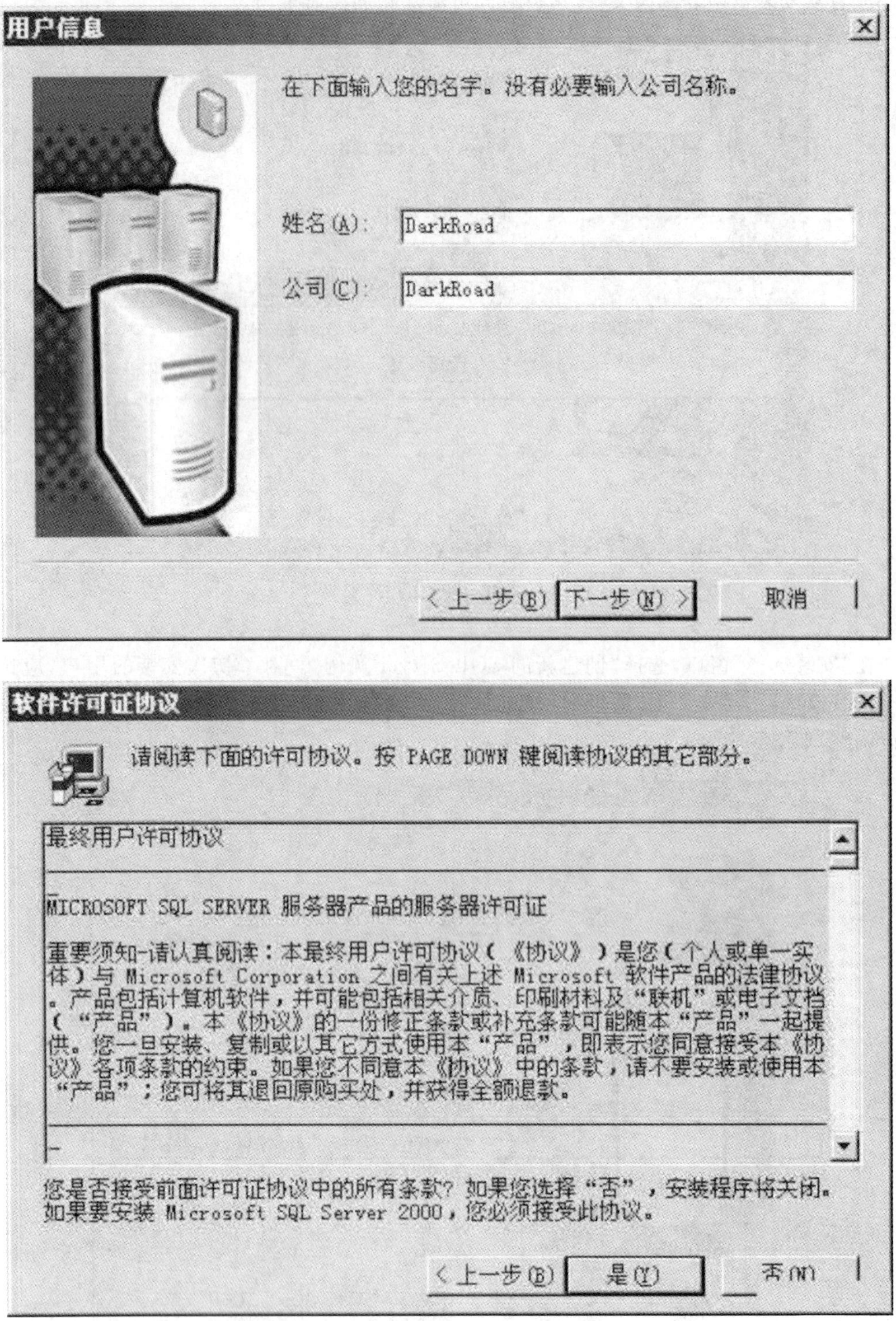
用户信息
在下面输入您的名字。没有必要输入公司名称。
姓名(A):
DarkRoad
公司(C):
DarkRoad
< 上一步(B)
下一步(N) >
取消
软件许可证协议
请阅读下面的许可协议。按 PAGE DOWN 键阅读协议的其它部分。
最终用户许可协议
MICROSOFT SQL SERVER 服务器产品的服务器许可证
重要须知-请认真阅读：本最终用户许可协议（《协议》）是您（个人或单一实体）与 Microsoft Corporation 之间有关上述 Microsoft 软件产品的法律协议。产品包括计算机软件，并可能包括相关介质、印刷材料及“联机”或电子文档（“产品”）。本《协议》的一份修正条款或补充条款可能随本“产品”一起提供。您一旦安装、复制或以其它方式使用本“产品”，即表示您同意接受本《协议》各项条款的约束。如果您不同意本《协议》中的条款，请不要安装或使用本“产品”；您可将其退回原购买处，并获得全额退款。
您是否接受前面许可证协议中的所有条款？如果您选择“否”，安装程序将关闭。如果要安装 Microsoft SQL Server 2000，您必须接受此协议。
< 上一步(B)
是(Y)
否(N)

图 3-6　SQL 2000 数据库安装 6

在“安装定义”窗口，选择“服务器和客户端工具”选项进行安装，如图 3-7 所示。

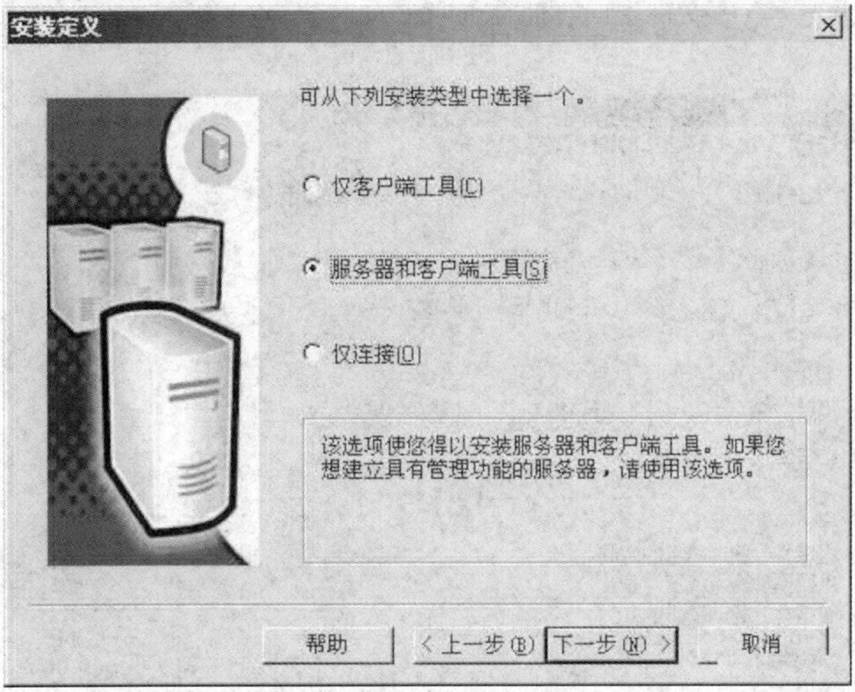
安装定义
可从下列安装类型中选择一个。
仅客户端工具(C)
服务器和客户端工具(S)
仅连接(O)
该选项使您得以安装服务器和客户端工具。如果您想建立具有管理功能的服务器，请使用该选项。
帮助
< 上一步(B)
下一步(N) >
取消

图 3-7　SQL 2000 数据库安装 7

在“实例名”窗口，选择“默认”实例名称，如图 3-8 所示。

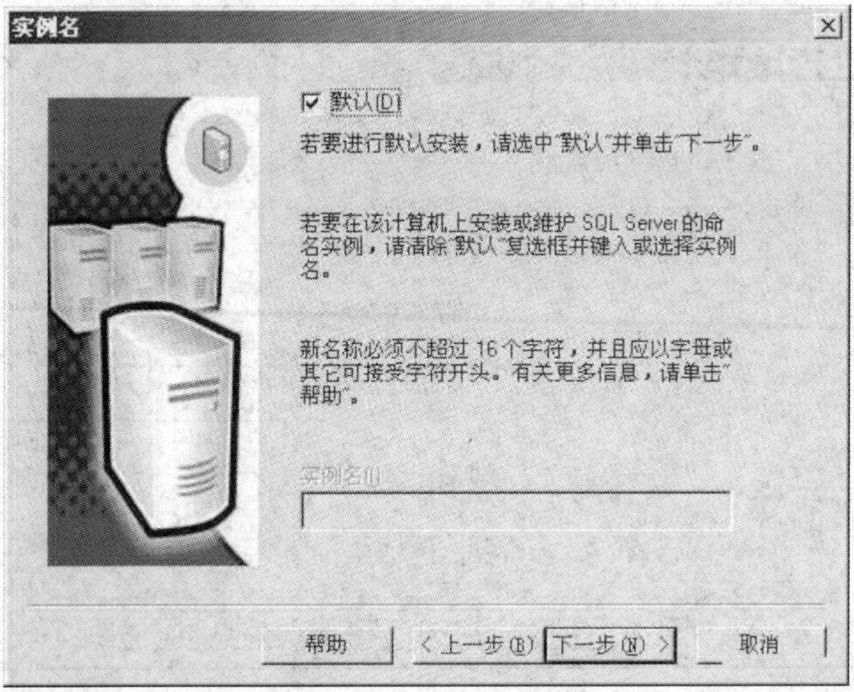
实例名
默认(D)
若要进行默认安装，请选中"默认"并单击"下一步"。
若要在该计算机上安装或维护 SQL Server的命名实例，请清除"默认"复选框并键入或选择实例名。
新名称必须不超过 16 个字符，并且应以字母或其它可接受字符开头。有关更多信息，请单击"帮助"。
实例名(I)
帮助
< 上一步(B)
下一步(N) >
取消

图 3-8　SQL 2000 数据库安装 8

在“安装类型”窗口，选择“典型”安装选项，并指定“目的文件夹”。程序和数据文件的默认安装位置都是 C:\Program Files\Microsoft SQL Server\。也可选择安装在 D 盘，如图 3-9 所示。

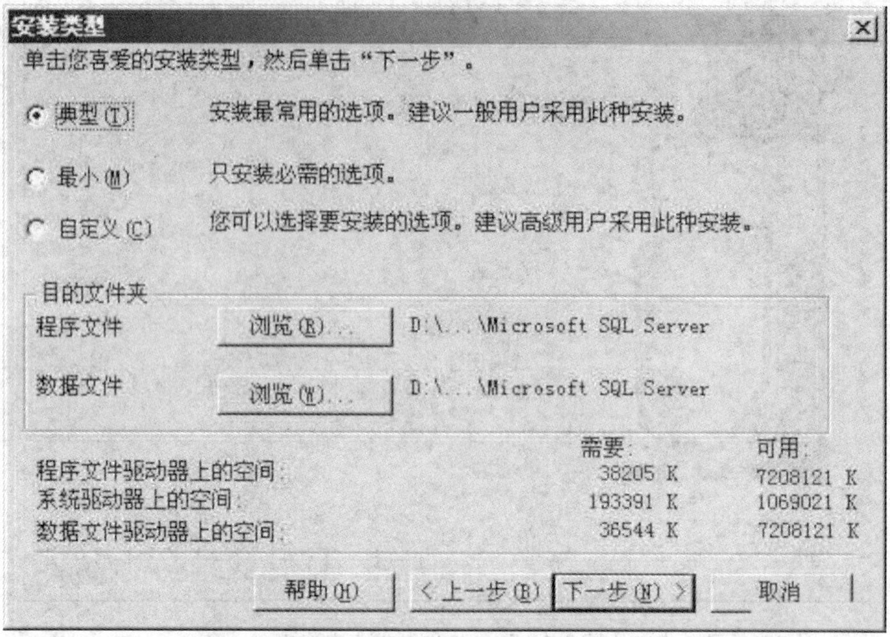

图 3-9　SQL 2000 数据库安装 9

在“服务账户”窗口，请选择“对每个服务使用同一账户”的选项。在“服务设置”处，选择“使用本地系统账户”，如图 3-10 所示。

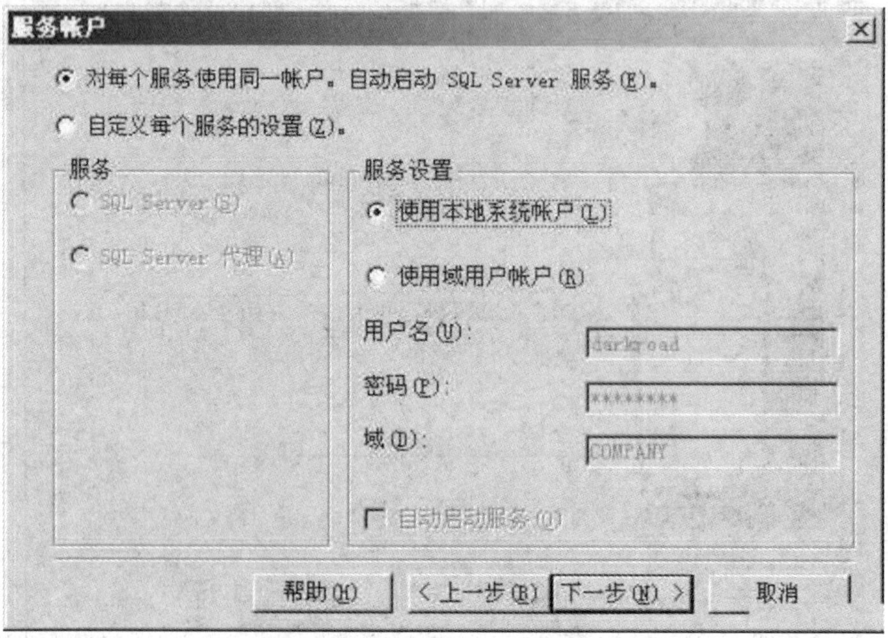

图 3-10　SQL 2000 数据库安装 10

在“身份验证模式”窗口，请选择“混合模式”选项，并设置管理员 sa 账号的密码，一般建议为“sa”或你指定的任意密码。千万保管好该密码！如图 3-11 所示。

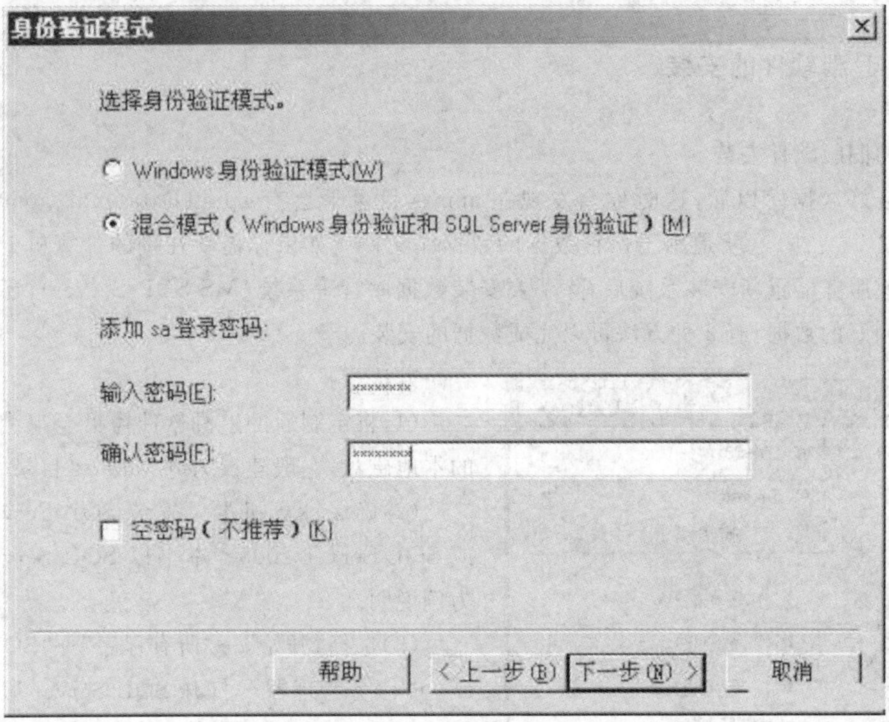

图 3-11　SQL 2000 数据库安装 11

然后就是约 10 min 的安装时间，安装完毕后，出现图 3-12 界面。

图 3-12　SQL 2000 数据库安装 12

以上安装完成后，如果有局域网，建议打上 SQL 2000 SP4 补丁。补丁安装步骤基本同上。

二、追溯软件的安装

(一)旧版软件安装

安装好数据库以后，这时你会发现在 apmts 目录下会有 apmtsData. mdf、apmtsData_log. ldf 2 个文件，这就是用于保存数据的数据库文件。如果你需要在别的计算机上安装追溯系统或服务器重新安装系统后，除了要安装数据库管理系统(MS SQL Server)，还要安装一套定制好的数据，有 2 种方法可以完成数据的安装。

图 3-13 SQL Server 服务管理器

方法一：

(1)将定制后的追溯软件拷贝至追溯服务器的本地磁盘，一般建议为 d:\apmts 目录。

(2)确保计算机上已安装 SQL Server 2000 或 SQL Server 2005。本书以 SQL Server 2000 为例说明。

(3)选择“开始”→“所有程序”→“SQL Server”→“服务管理器”，打开 SQL Server 服务管理器。如图 3-13 所示。

(4)点击“开始/继续”按钮，启动 SQL Server 数据库服务。

(5)选择“开始”→“所有程序”→“SQL Server”→“企业管理器”，打开 SQL Server 企业管理器。

(6)选中“控制台根目录”中的“数据库”，点击右键，在右键菜单中选择“所有任务”→“附加数据库”。如图 3-14 所示。

(7)在弹出的“附加数据库”对话框中选择 按钮，如图 3-15 所示。

(8)在弹出的“浏览现有文件”窗口中选择追溯软件目录中的“apmtsData. mdf”文件，单击“确定”。

(9)在“附加数据库”窗口中单击“确定”，系统提示“附加数据库顺利完成”。关闭企业管理器。

方法二：

双击追溯软件目录中的“collection. exe”，如图 3-16 所示，配置数据库连接，即可启动“农垦农产品质量安全追溯系统数据采集子系统”。(建议在你的桌面建立快捷方式，选中 collection. exe 后按鼠标右键，选择“发送到”→“桌面快捷方式”即可。)

如果你的系统只安装了 MS SQL Server 系统，而没有安装定制的数据，则系统会显示如图 3-17 所示界面，提示你安装数据。

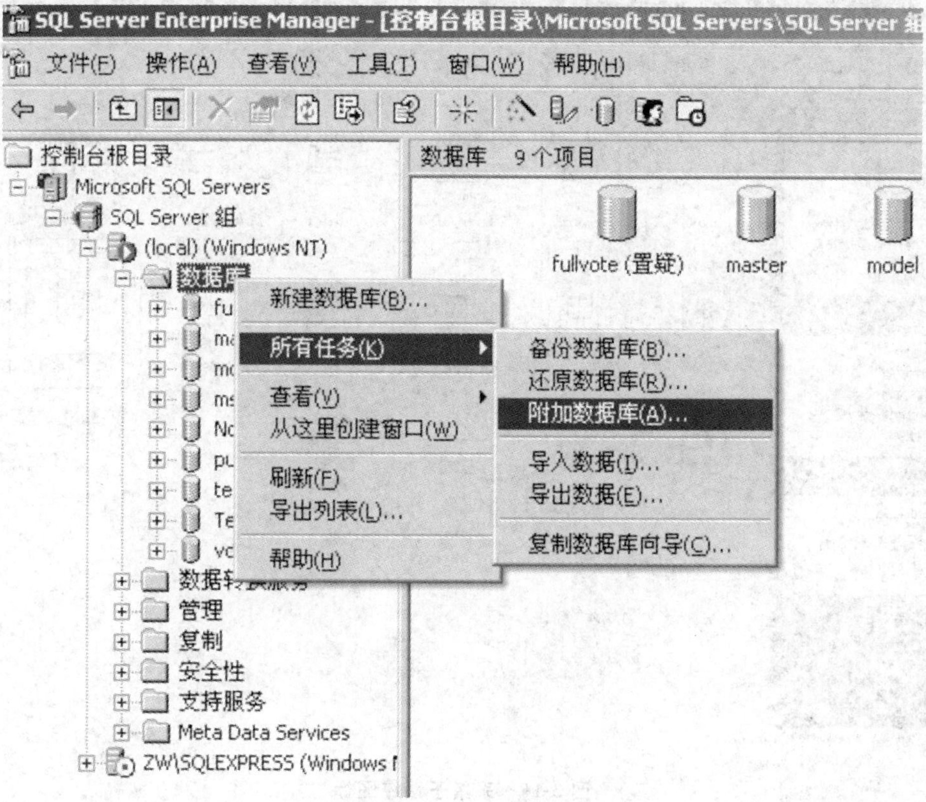

图 3-14 SQL Server 企业管理器

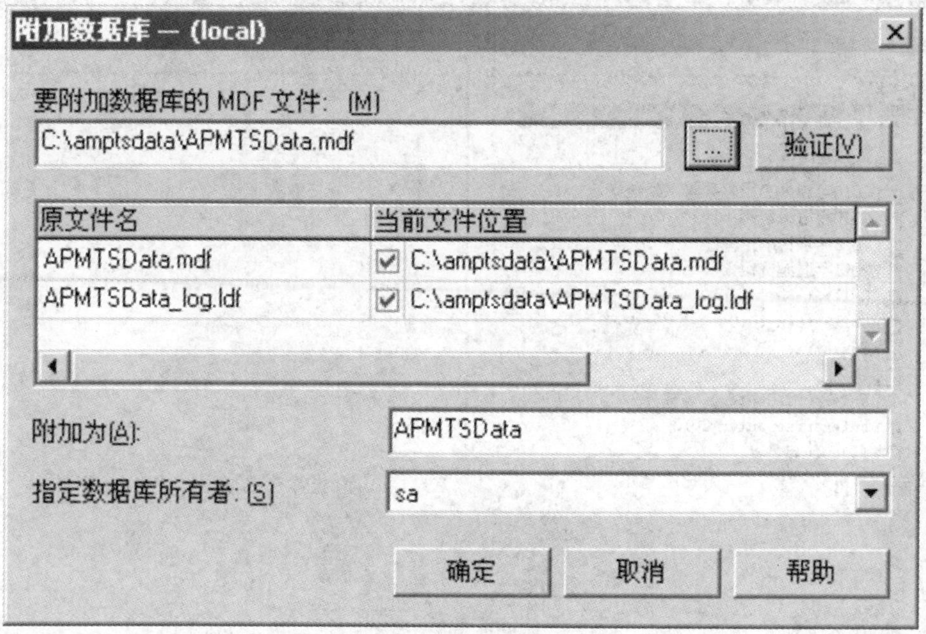

图 3-15 附加数据库

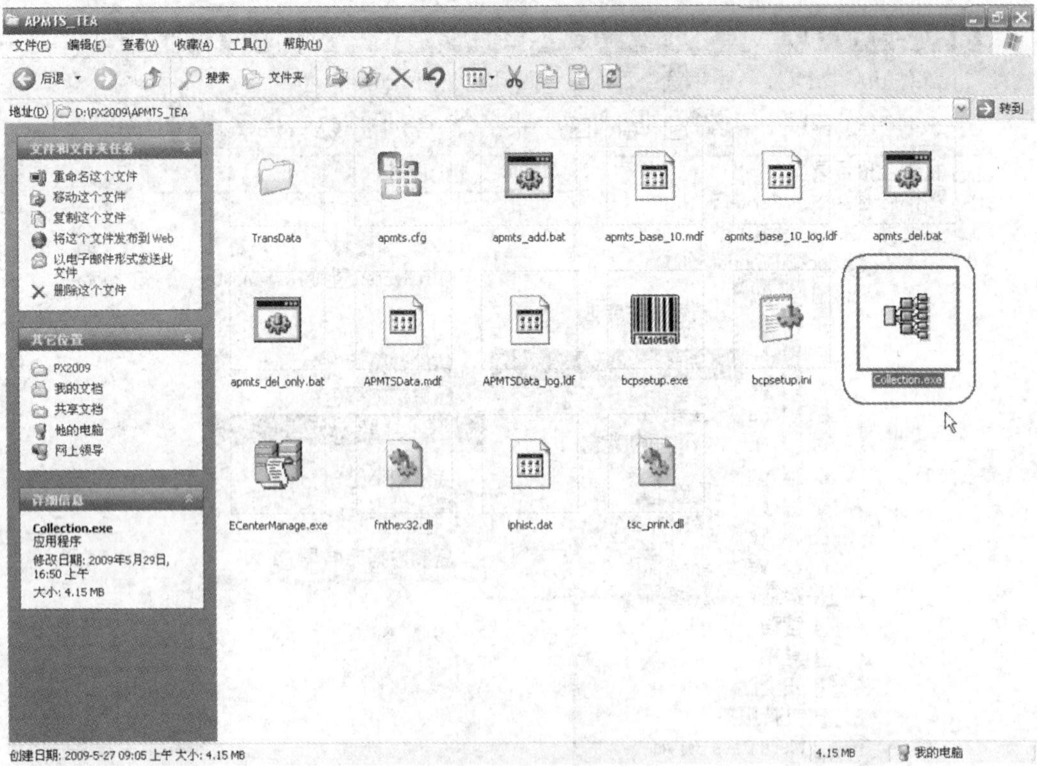

图 3-16 采集子系统图标

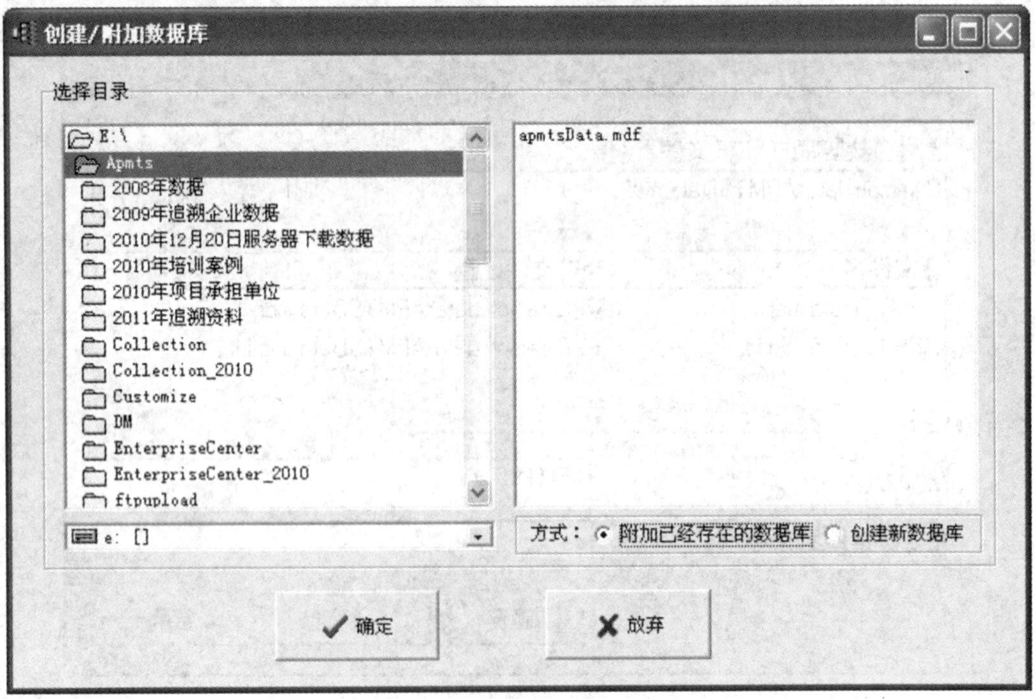

图 3-17 附加定制的数据

这时,你只需要找到 apmtsData. mdf、apmtsData_log. ldf 两个文件所在的目录和文件,然后点击“确定”即可。注意,不要选择“创建新数据库”项。

(二)新版软件安装

打开“农垦农产品质量追溯软件安装包”目录(培训光盘提供或从 QQ 追溯工作群共享文件获取安装包),如图 3-18 所示。

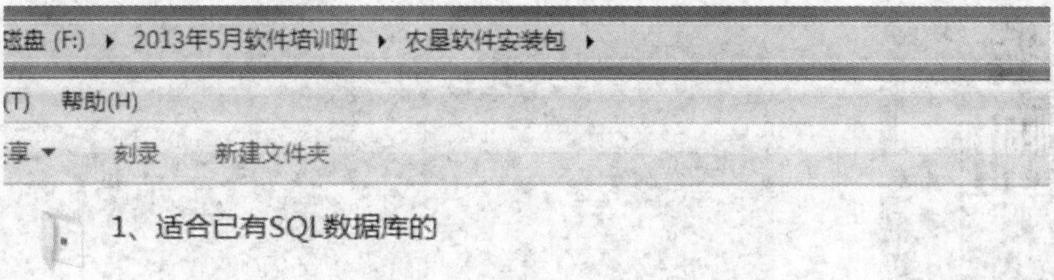

图 3-18 追溯软件安装步骤 1

双击“setup. exe”安装文件

,默认按“下一步”即可,如图 3-19 所示。

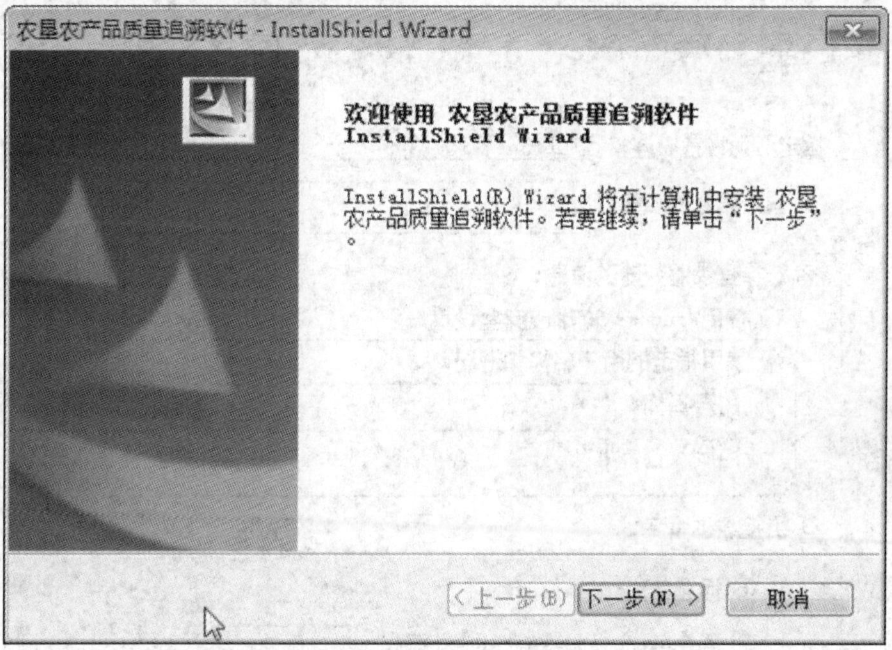

图 3-19 追溯软件安装步骤 2

安装完成后,会在电脑的桌面上显示如图 3-20 所示图标。

双击“农垦追溯主界面”,即可打开“农垦农产品质量追溯软件”主界面,如图 3-21 所示。

点击“采集子系统”,第一次安装时,会弹出“数据库连接”窗口,如图 3-22 所示。

图 3-20　追溯软件安装步骤 3

图 3-21　追溯软件安装步骤 4

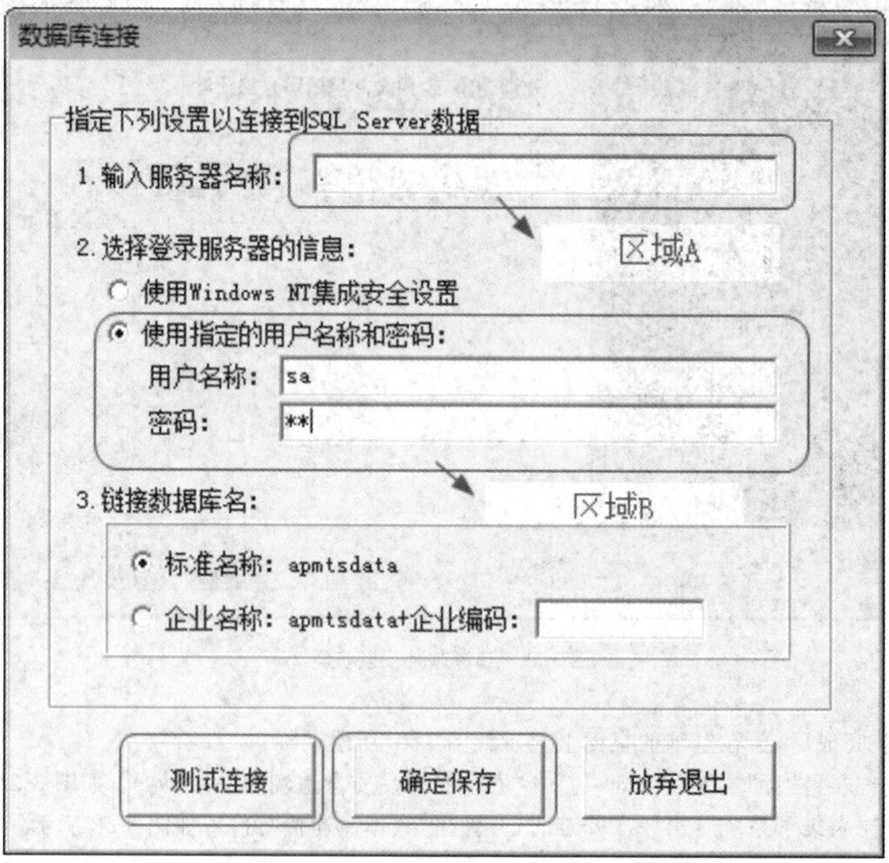

图 3-22　追溯软件安装步骤 5

大部分情况下，如果 SQL 数据库安装在本机上，则在“区域 A”输入英文小写“.”即可，特殊情况下，如果是连接的局域网 SQL 服务器，则在“区域 A”输入服务器的 IP 地址，如“192.168.2.200”即可。

在区域 B 输入安装 SQL 时设置的用户名“sa”和相应的密码，然后点击“测试连接”按钮，如果正确，则会弹出如图 3-23 所示对话框。即表示追溯软件数据库连接配置成功。然后点击“确定保存”按钮，下一次运行时就不会再见到这个“数据库连接”的对话框了。

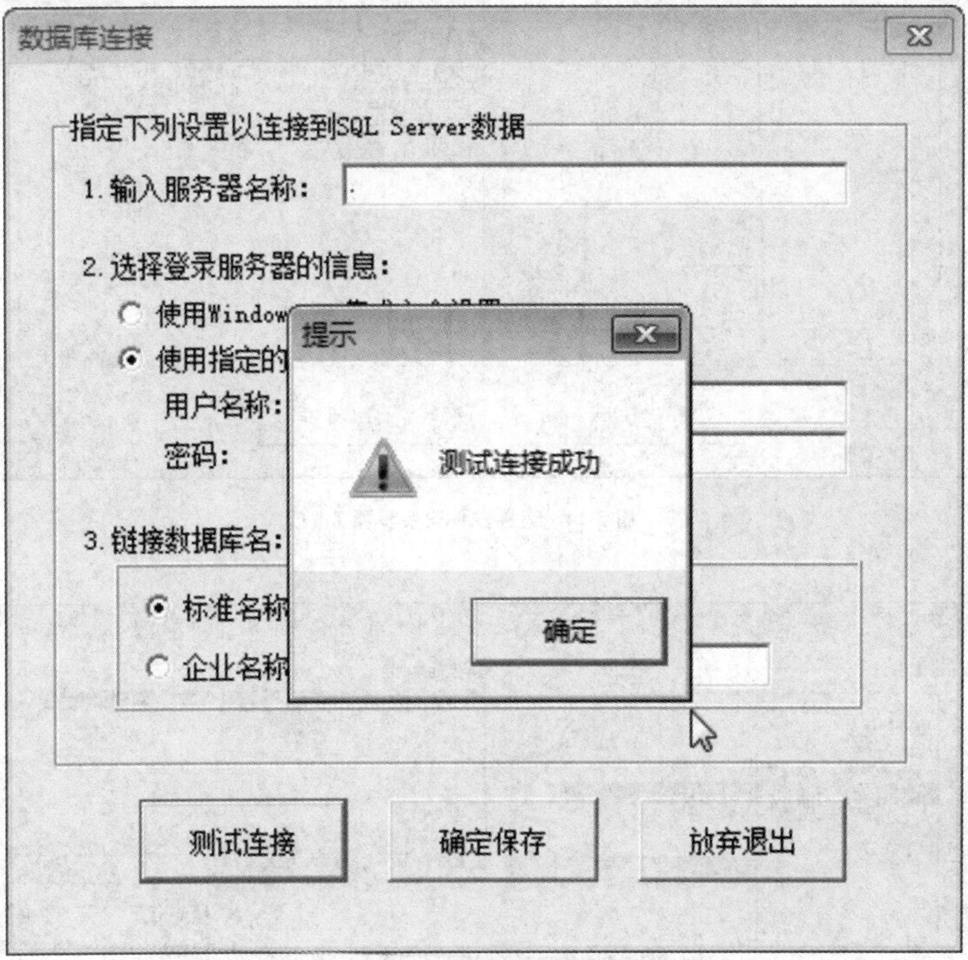

图 3-23　追溯软件安装步骤 6

刚刚安装好的“农垦农产品质量追溯软件”还没有具体企业的追溯定制数据，因此，下一步需要导入定制数据，程序会弹出如图 3-24 所示界面。

按图 3-24 所示，找到属于自己企业的定制数据包(扩展名为.dz，这个文件一般是在项目组现场实施的时候提供给每个企业)，然后点击“执行导入”按钮，完成后，即显示图 3-25 的界面。

点击“确定”按钮，即可进入到追溯软件的登录界面，安装过程顺利完成。如图 3-26 所示。

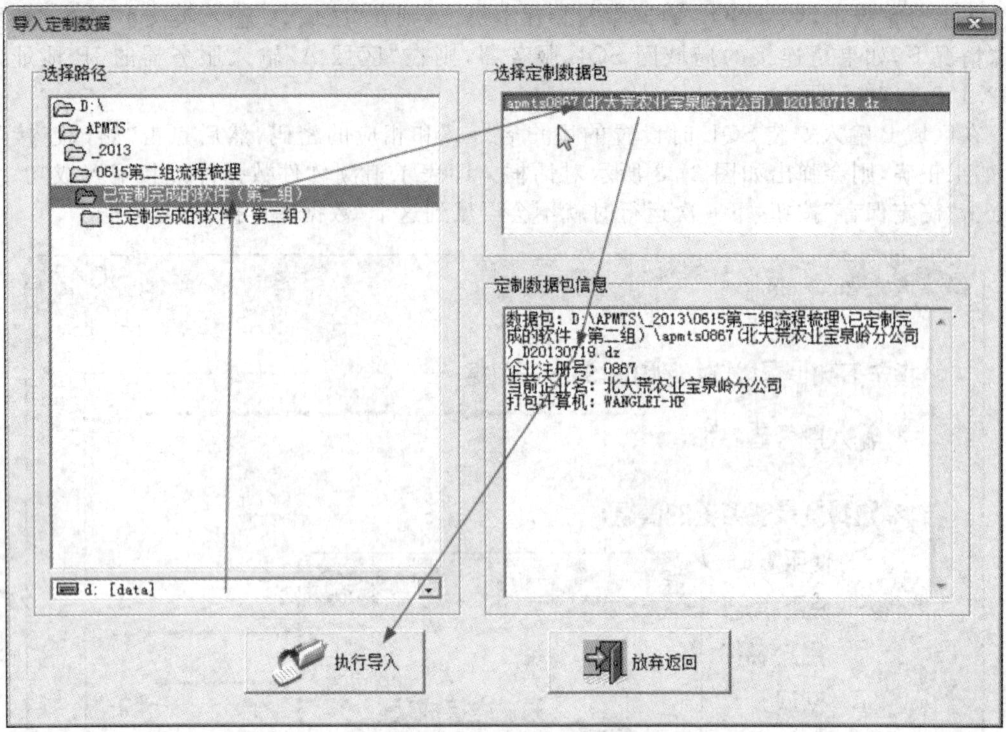

图 3-24　追溯软件安装步骤 7

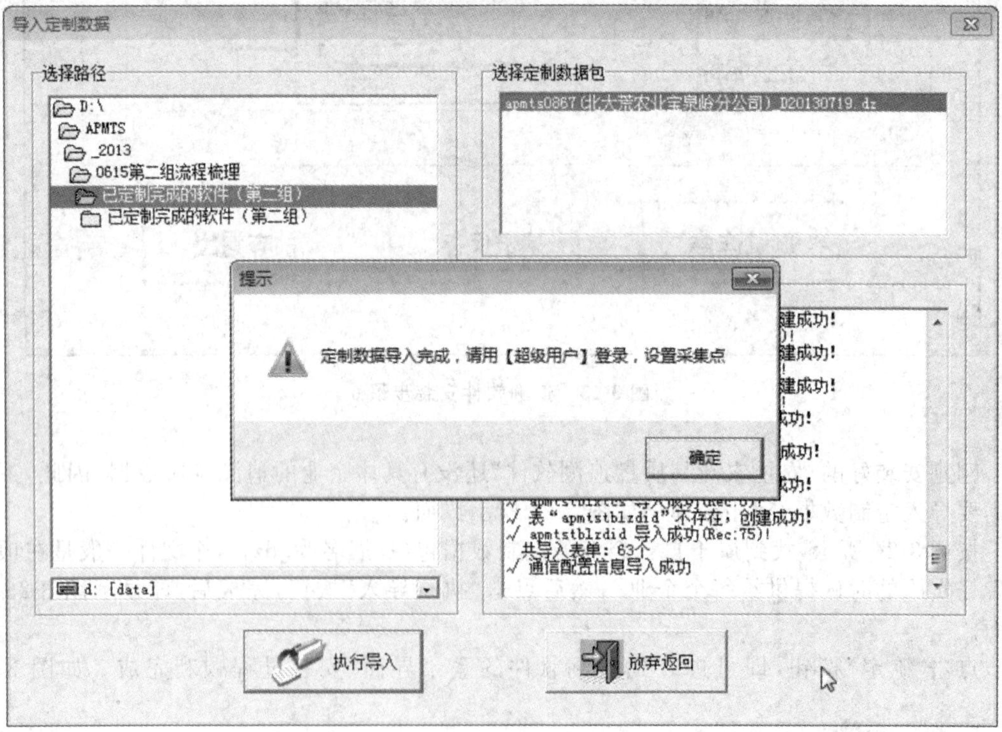

图 3-25　追溯软件安装步骤 8

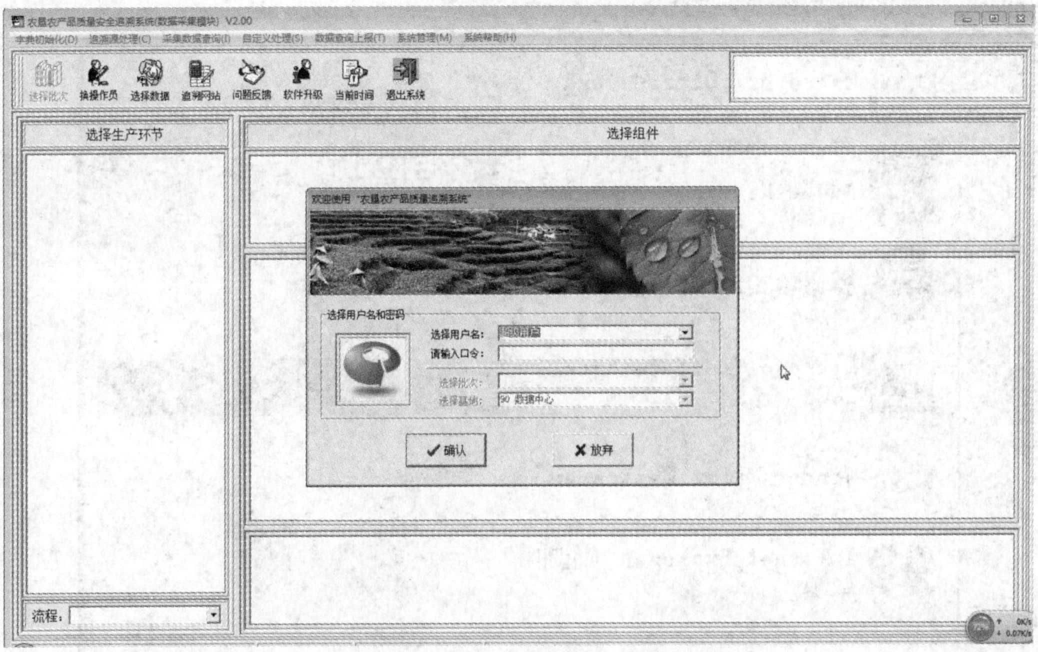

图 3-26　追溯软件安装步骤 9

(三)追溯软件联网(同一个局域网)安装

联网电脑的软件安装首先确保需要联网安装的电脑可以连接到企业服务器,这里的"联网电脑"特指的是几台采集点电脑都在同一个局域网内,具体调试方法包括:

1. 查看目标主机的网络是否正常连接

点击 windows XP 操作系统左下方的"开始"→"运行"。如图 3-27 所示。

在弹出的"运行"窗口的"打开"栏目里输入"cmd",点击"确定"。如图 3-28 所示。

在显示的系统运行窗口命令行后面输入"ping　*.*.*.*"(此处的"*.*.*.*"为企业服务器的 IP 地址)后,回车。显示如图 3-29 所示的界面,证明目标主机的网络可以正常连接。否则,连接不正常。

2. 查看目标主机的 SQL SERVER 服务是否正常启用

在显示的系统运行窗口命令行后面输入"telnet　*.*.*.*"(此处的"*.*.*.*"为企业服务器的 IP 地址)后,回车。显示如图 3-30 所示的界面,证明目标主机的 SQL SERVER 服务正常。否则,服务不正常。

在确保需要联网安装的电脑可连接到企业服务器的前提下,按照第三章第一节中"追溯软件的安装"步骤,执行到打开"追溯软件主界面"步骤,点击"采集子系统",第一次安装时,会弹出"数据库连接"。如图 3-31 所示。

保存设置后,即可完成联网电脑的追溯软件采集系统安装。联网(局域网)电脑的采集子系统不需要进行采集点的设置与 SQL 2000 数据库的安装。

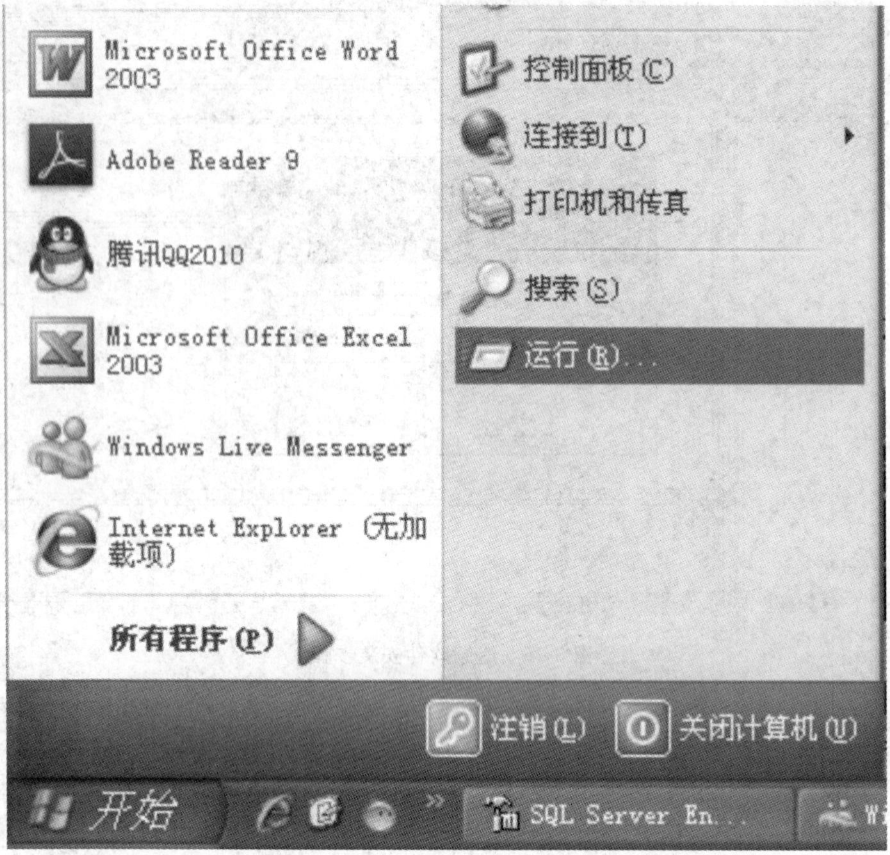

图 3-27　Windows 界面

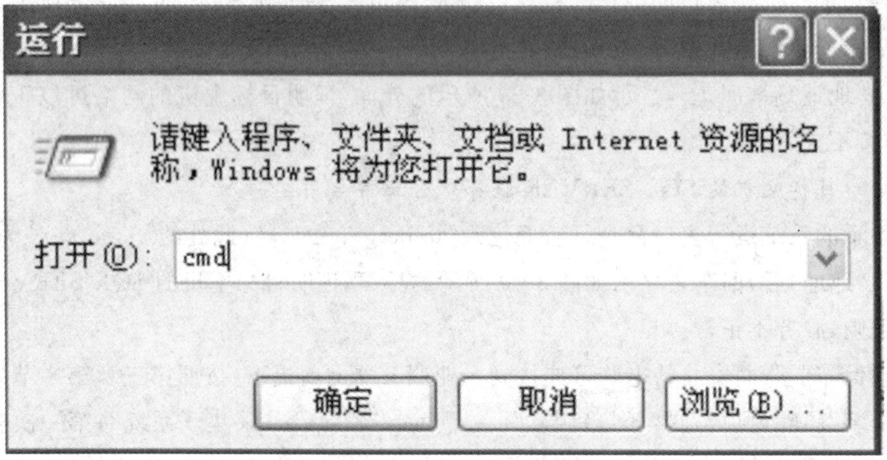

图 3-28　Windows 的运行界面

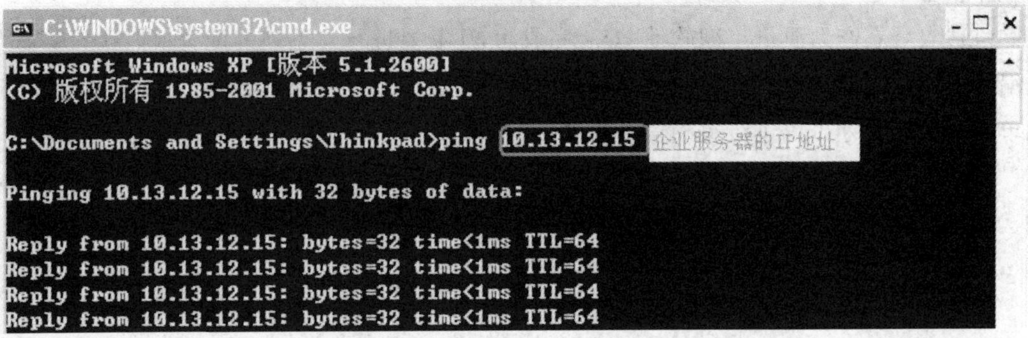

图 3-29　目标主机网络正常连接界面

图 3-30　目标主机 SQL Server 服务正常界面

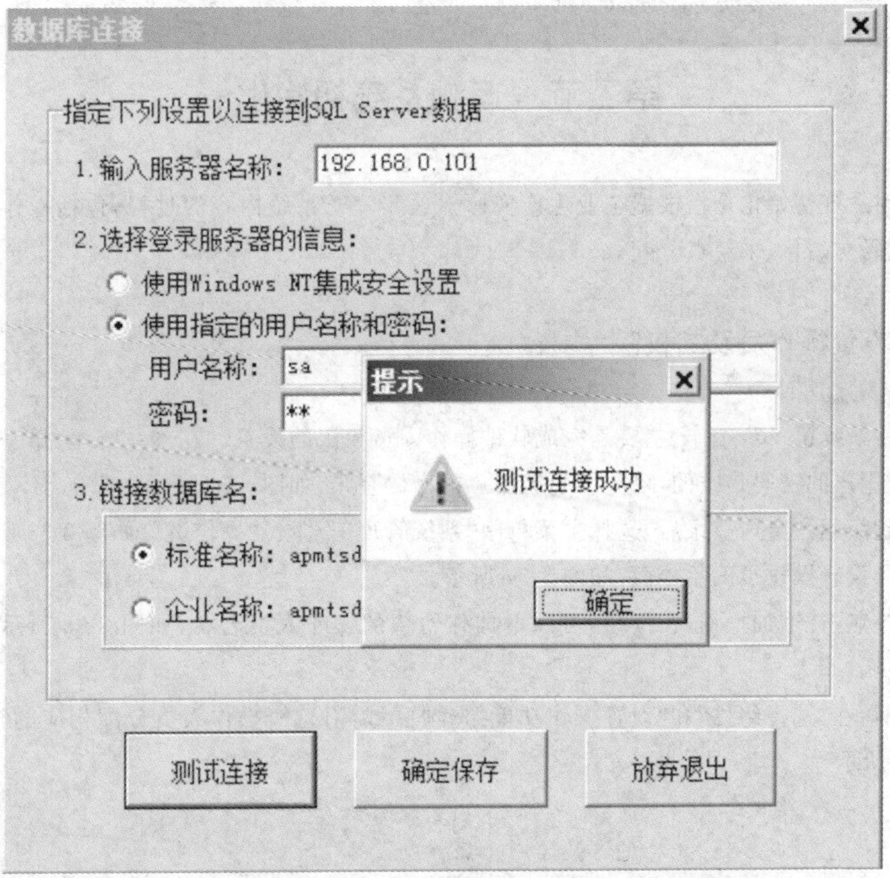

图 3-31　联网(局域网)电脑数据库连接对话窗口

注意事项：

(1)“农垦农产品质量追溯软件”安装完成后，还需要进行一系列的配置，即：①设置采集点编号，并且在各采集点分配相应的编号；②设置和分配用户权限；③字典数据初始化；④追溯单元初始化。才可以进行追溯信息的采集工作。

(2)如果是在其他的采集点电脑上安装，安装步骤和第三节的基本一样，只是在导入定制数据后，还需要进行“备份数据的还原”操作，备份数据包来源于企业追溯服务器的数据。

(3)务必仔细理解第四章采集点的概念。

基本练习题

1. SQL数据库安装过程中，在“服务账号”窗口，请选择“对每个服务使用统一账户”的选项。在“服务设置”处，应选择(　　　　　　)账户；在“身份验证模式”窗口，应选择(　　　　　　)模式选项，并设置管理员账号的密码，一般建议为(　　　　　　)或你指定的任意密码。

2. 用于保存追溯数据的是哪两个文件？

3. 如何附加和分离数据库文件？

第二节　追溯系统初始化

追溯系统初始化是指根据企业生产实际进一步完善系统内容的过程，包括操作人员的设置、代码初始化、采集点分配等。

一、设置操作员及其权限

软件系统第一步工作，主要是完成软件操作人员权限的设置。在本系统里，第一次安装时，超级用户的密码是空的，可先以超级用户的密码登录，如图3-32所示。

以超级用户身份登录后，选择主菜单中“系统管理”→“设置操作员”，如图3-33所示。

进入设置操作员的主界面，如图3-34所示。

通过点击“增加操作员”按钮，可以增加你希望的操作人员名单，如图3-35所示增加一个操作员。

然后，在“选择组件”和“设置操作功能”选项区域，对这个操作人员分配相应的权限，如图3-36所示。

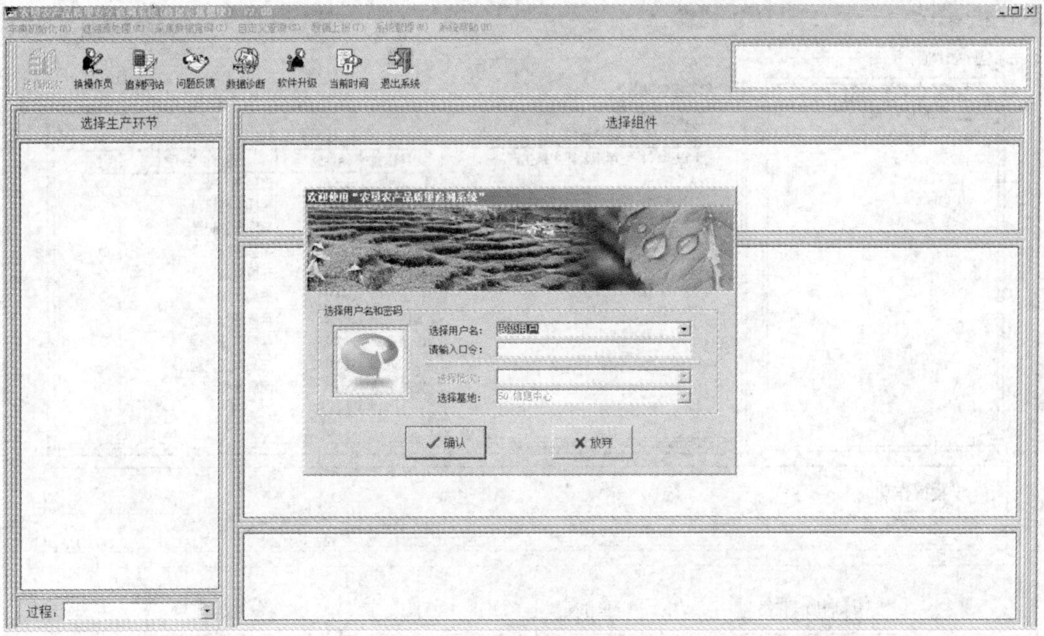

图 3-32　超级用户登录

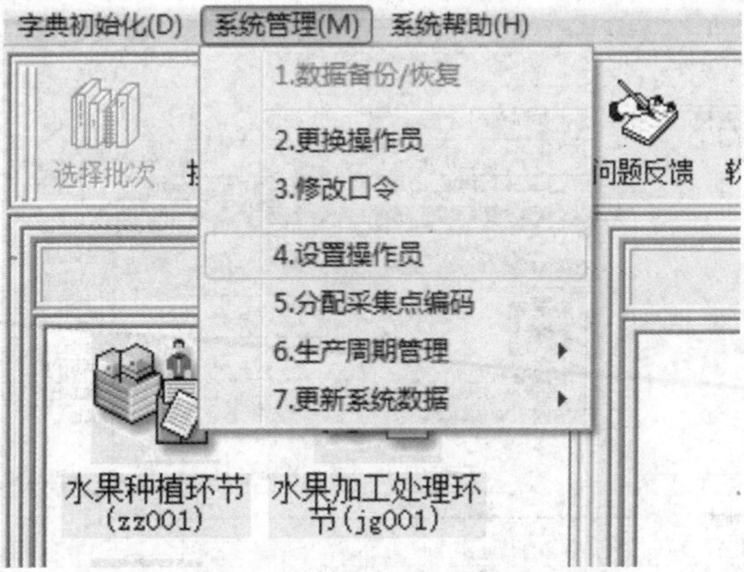

图 3-33　设置操作员

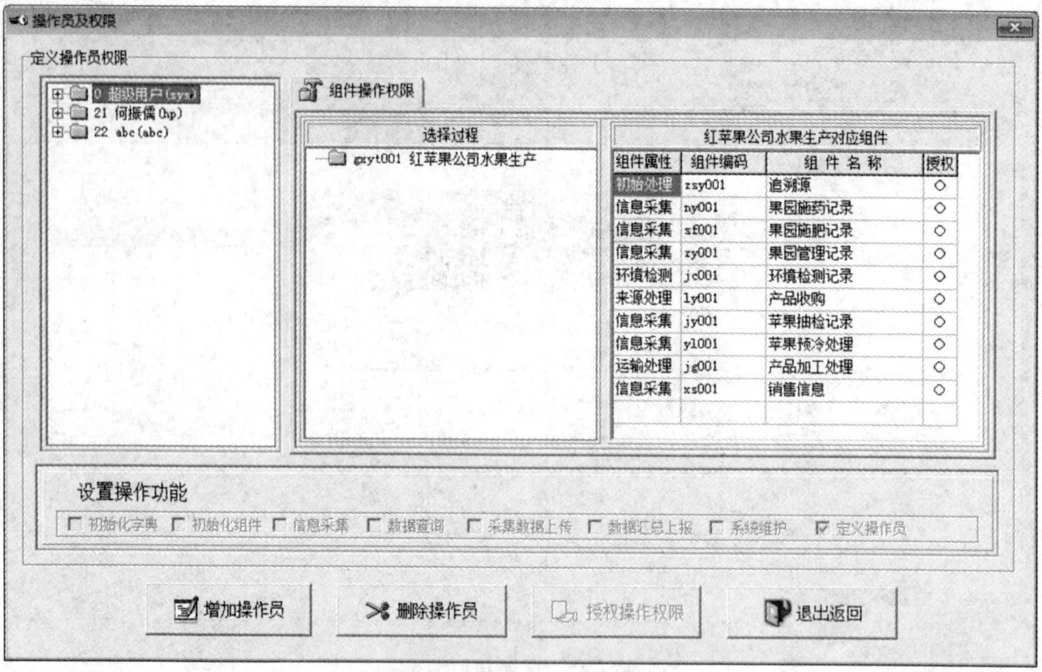

图 3-34　设置操作员主界面

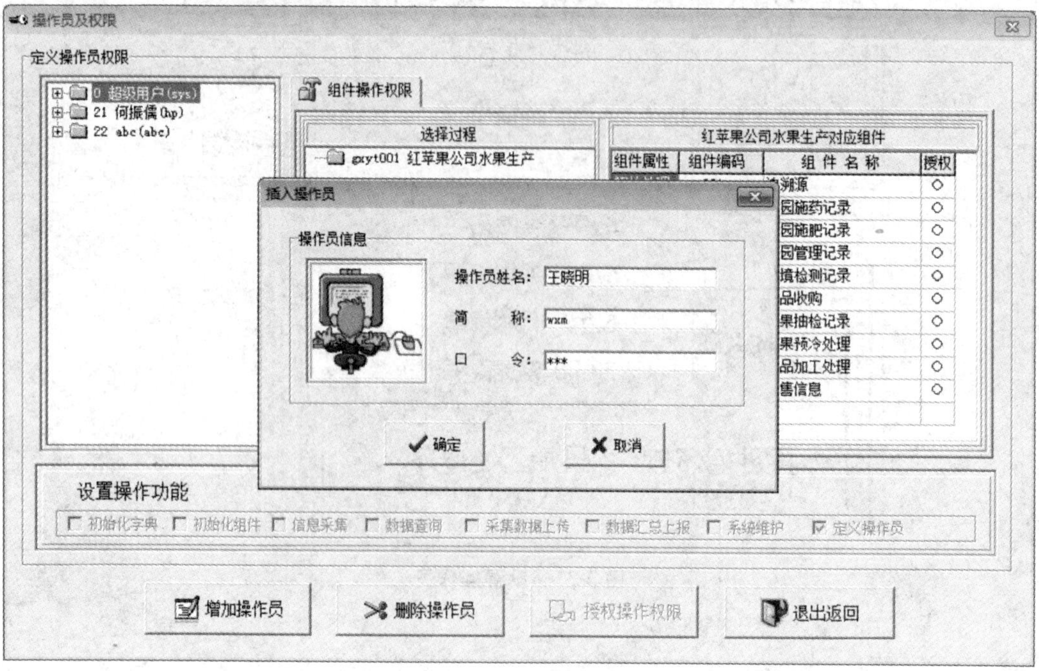

图 3-35　增加操作员界面

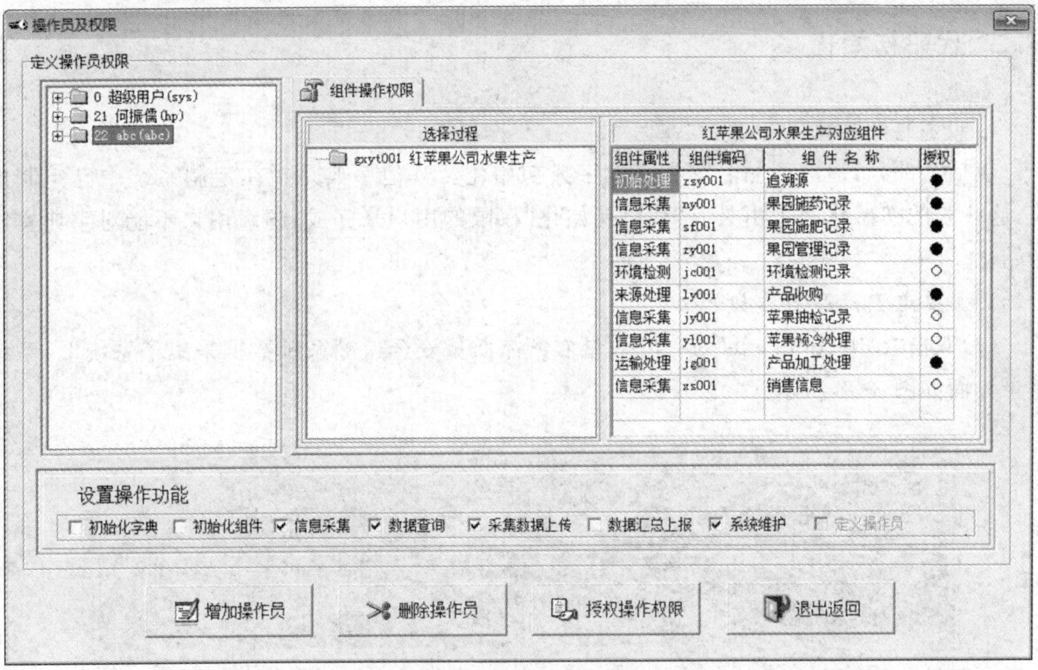

图 3-36　分配操作员权限

除增加操作员的时候可以设置登录口令外，要修改登录用户的密码，也可以使用“系统管理”→“修改口令”菜单项完成，如图 3-37 所示。

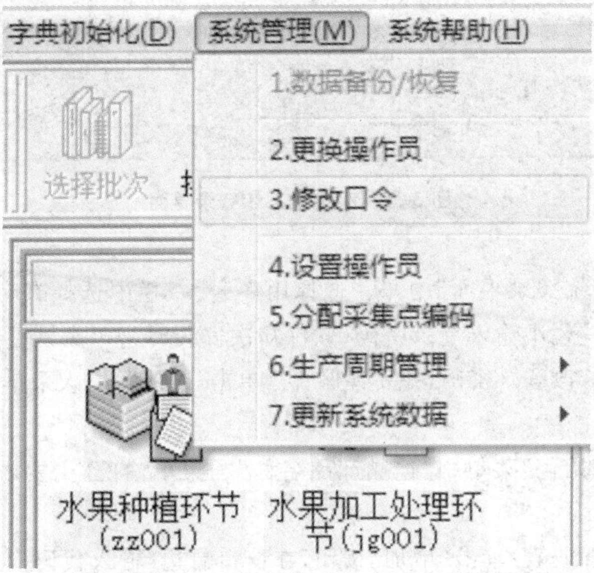

图 3-37　修改口令

完成了操作人员的权限分配和口令设置后，具有适当权限的操作人员就可以用自己的用户名和密码登录到“农垦农产品质量安全追溯系统数据采集子系统”完成后面的工作了。

二、代码初始化

(一)字典初始化

包括 2 部分:追溯产品名称和其他字典初始化。其他字典是指在定制系统中已定制的表,这些表的初始化必须由具有“代码初始化”权限的用户来完成,超级用户不能对字典实施初始化。

1. 主要追溯产品名称初始化

(1)双击“collection. exe”,启动“农垦农产品质量安全追溯系统数据采集子系统”。系统登录界面如图 3-38 所示。

图 3-38　采集子系统登录界面

(2)在弹出的“系统登录界面”中,从“选择用户名”一栏中选择有字典初始化权限的用户,在“请输入口令”一栏中输入登录密码(软件初次安装时密码默认是空的,为软件安全起见,建议企业安装后修改登录密码,并妥善保管),单击“确认”,进入采集子系统,系统界面如图 3-39 所示。

(3)选择“字典初始化”菜单中“追溯产品名称”子菜单,打开主要农产品简码表编辑窗口。如图 3-40 所示。

(4)添加农产品简码表:单击“增加”按钮,在窗口右边“输入代码内容”中输入需要添加的农产品的产品名称和产品说明,产品编码系统会自动生成,如果对系统自动生成的编码不满意,也可以自己输入编码,编码可以是 01～99 之间的数字,但必须是唯一的,不能与其他农产品的编码重复。输入完毕后,单击“保存”按钮,完成农产品简码表的添加。

(5)修改农产品简码表:在窗口左边“农产品列表”中选定要修改的农产品,单击“修改”

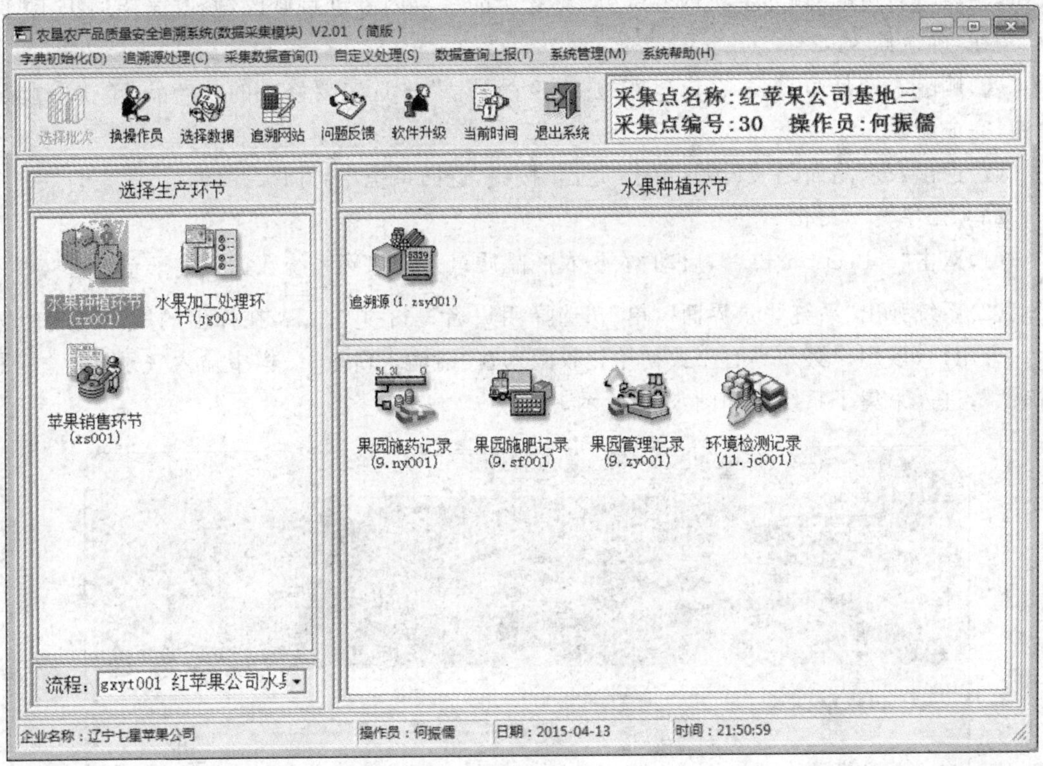

图 3-39　采集子系统主界面

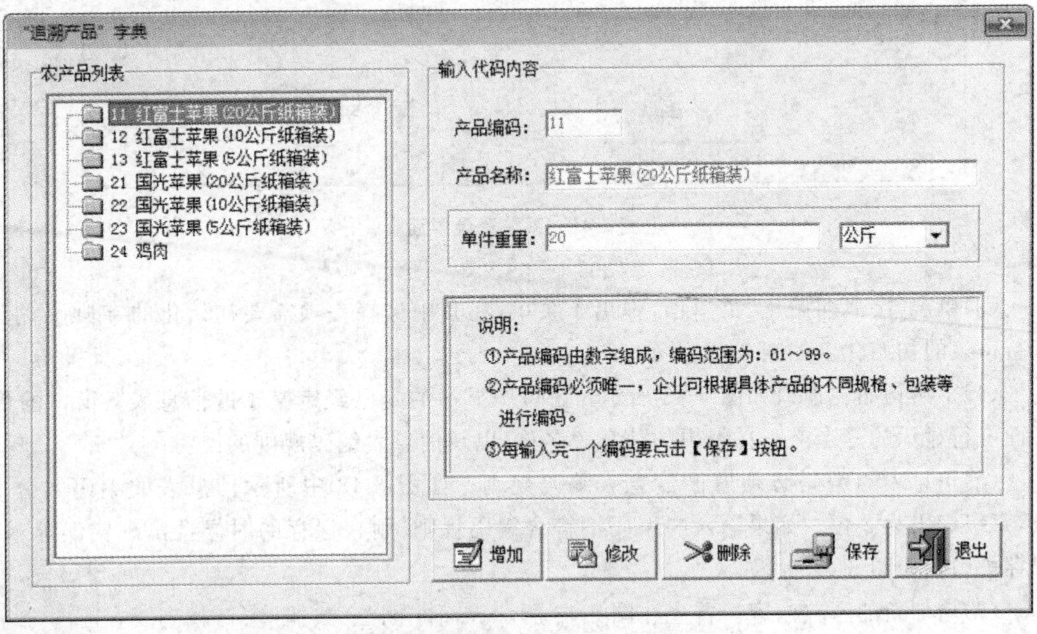

图 3-40　追溯产品简码表编辑界面

按钮,在窗口右边的"输入字典内容部分"对农产品字典内容进行修改,修改完毕后单击"保存"按钮,确认修改。

(6)删除农产品简码表:在窗口左边"农产品列表"中选定要修改的农产品,单击"删除"按钮,完成删除。

(7)退出农产品简码表设置:单击"退出"按钮,返回系统主界面。

2.其他字典初始化

(1)双击"collection.exe",启动"农垦农产品质量安全追溯系统数据采集子系统"。

(2)系统弹出"系统登录界面",单击"选择用户名"一栏中的,在弹出的用户列表中选择一个用户(该用户必须具有字典初始化权限),在"请输入口令"一栏中输入登录密码,单击"确认",进入采集子系统。如图 3-41 所示。

图 3-41 系统登录界面

(3)单击"字典初始化"菜单项,弹出子菜单,在其中选择一项需要初始化的字典,单击,进行该表的初始化。如图 3-42 所示。

(4)字典初始化窗口如图 3-43 所示。窗口中显示的是已经定义了的信息表。窗口的最下面一行显示的是当前正在编辑的信息表名称,以及信息表编码规则的说明。

(5)信息表的编码必须遵循信息表编码规则。如图 3-43 中所示信息表的编码共分 5 级,每级编码为 2 位。如果输入的编码不符合编码规则,则在保存的时候会出现错误提示,保存失败。如图 3-44 所示。

(6)增加新的字典内容。首先在图 3-43 所示界面左侧"字典树"窗口找到要在哪一个字典下增加新的内容,例如:需要增加字典的第一级内容,则选择 ⊟ 农药字典,这时点

图 3-42　其他字典初始化的菜单选项

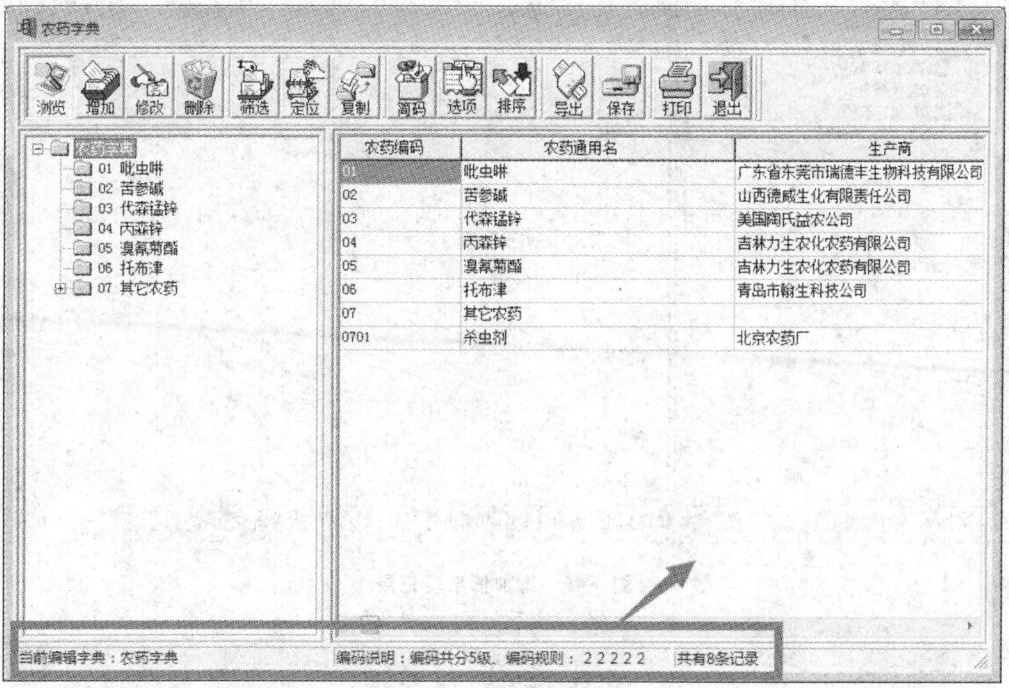

图 3-43　字典初始化界面

序号	错误信息列表
0001	错误：第2行-> 编码：071不符合“编码规则”！
	共有：1条信息

图 3-44　输入的编码不符合编码规则保存时出现的提示

按钮，系统就会自动增加一个一级编码（编码除非有特别要求，否则不建议去手工修改自动产生的编码，如果手工输入编码，则必须遵循编码规则，同时要保证编码唯一）；如果需要在“其他农药”下增加新的农药，则需要选中 07 其它农药，点击按钮，系统将自动产生一个 07 开头的编码，这时你只需要补齐其他内容即可（图 3-45）。

注意，信息表编码必须是唯一的，不能与已存在的编码重复。添加完毕后，单击“保存”按钮，保存添加的内容。

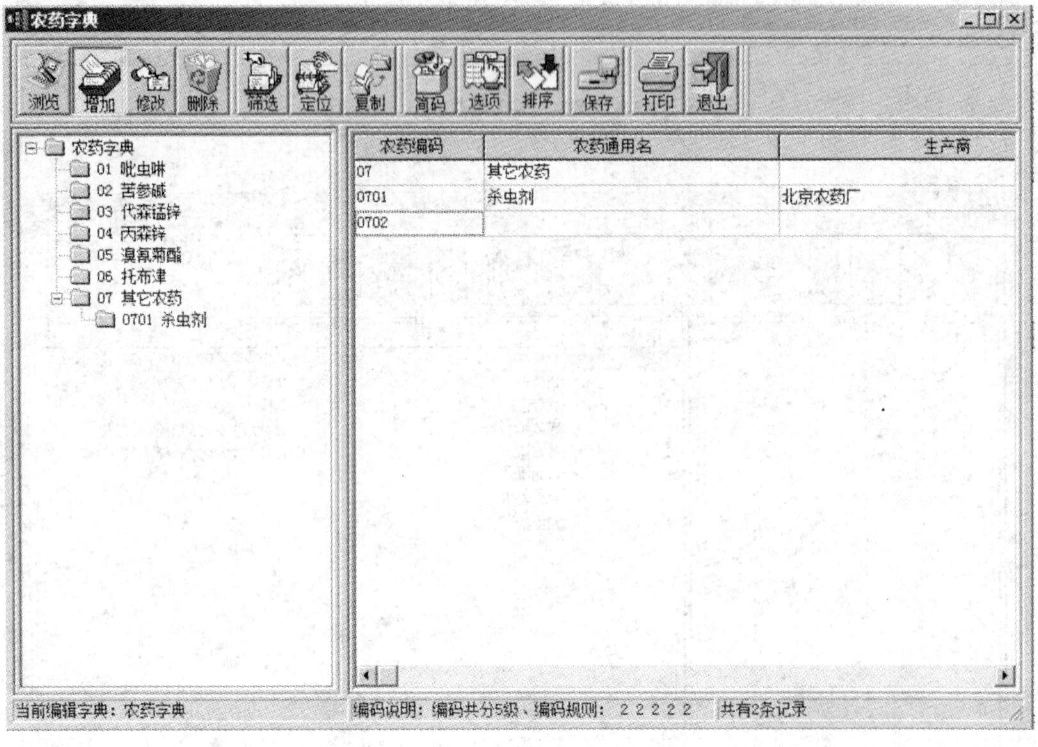

图 3-45　增加信息表记录

（7）修改信息表记录：单击“修改”按钮，然后在需要修改的字典项上单击鼠标左键，即可修改字典内容。修改完毕后，单击“保存”按钮

，保存所做修改。

注意，字典内容的修改一定要注意，对于在追溯记录表中已经引用过的字典并且数据已经上报到农垦追溯中心，用户不能够再去修改，因为一旦修改后数据将会出现不同步现象。同样删除操作也是这种情况。

(8)删除信息表记录：在要删除的信息表内容上单击一下鼠标左键，然后单击“删除”按钮

，要删除的项会用红色删除线标示出来，同时系统弹出一个询问框，提示是否确认要删除当前行，单击“是”按钮，完成删除。如图 3-46 所示。

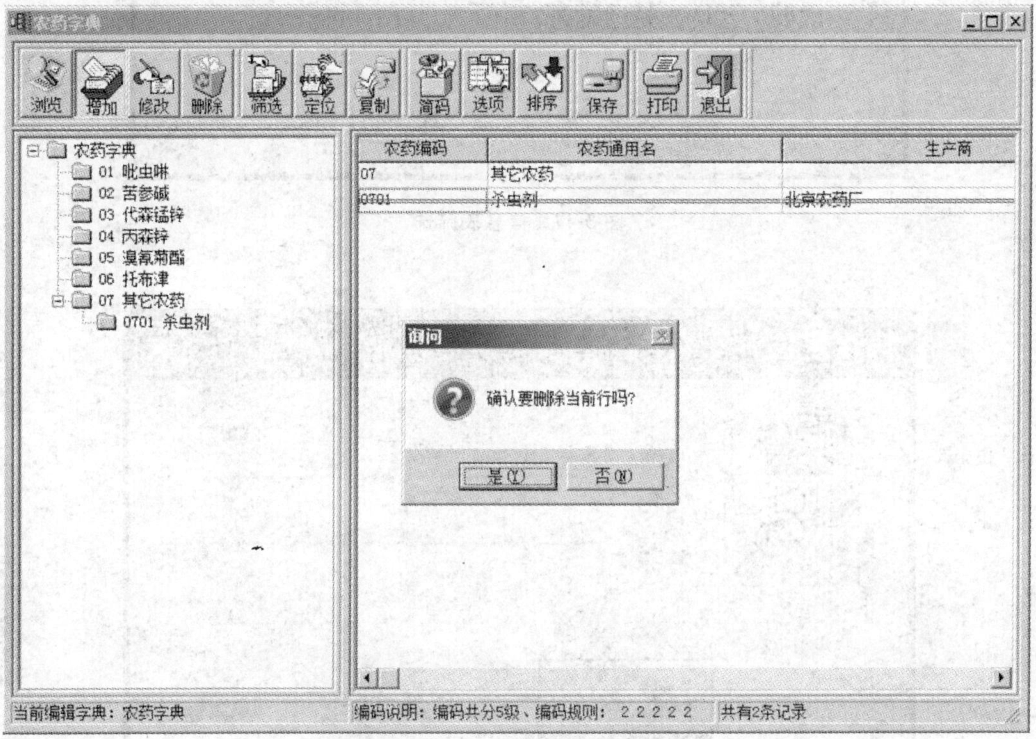

图 3-46　删除信息表记录

(9)筛选信息表记录：对信息表初始化窗口中显示的内容进行筛选。单击“筛选”按钮

，弹出“筛选条件对话框”，在其中输入筛选条件，单击“确定”。筛选条件分 2 类，按信息表编码筛选和按信息表名称筛选。如图 3-47 所示。

(10)定位信息表记录：在列表中快速定位到指定的信息表记录上。单击“定位”按钮

，在弹出的“快速定位”对话框中输入要定位的信息表记录的编码或名称，单击“确认”。如图 3-48 所示。

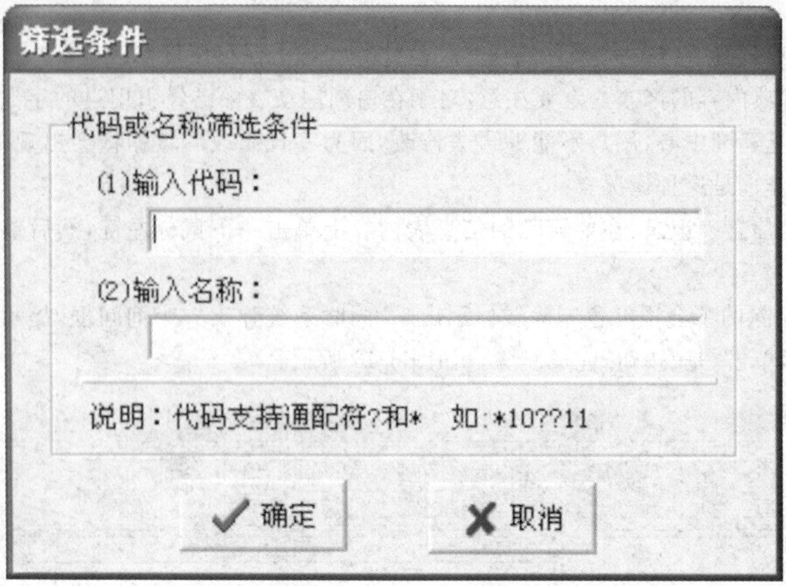

图 3-47　信息表筛选

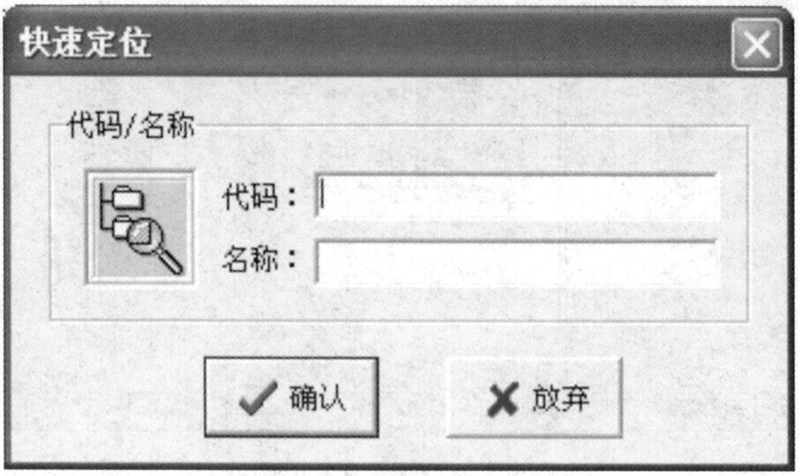

图 3-48　快速定位信息表记录

(11)复制信息表记录：在列表中增加一条与已存在的信息表记录内容相同的表项，信息表编码系统根据编码规则自动生成。单击“复制”按钮

，打开“信息表拷贝”对话框，如图 3-49 所示。先在右边的目标区中点击一下复制生成的表项要放置的位置，然后在“已经定义的表项内容”中，选取要复制的源信息表，将其拖动至目标区中，放开鼠标，单击“确定”。

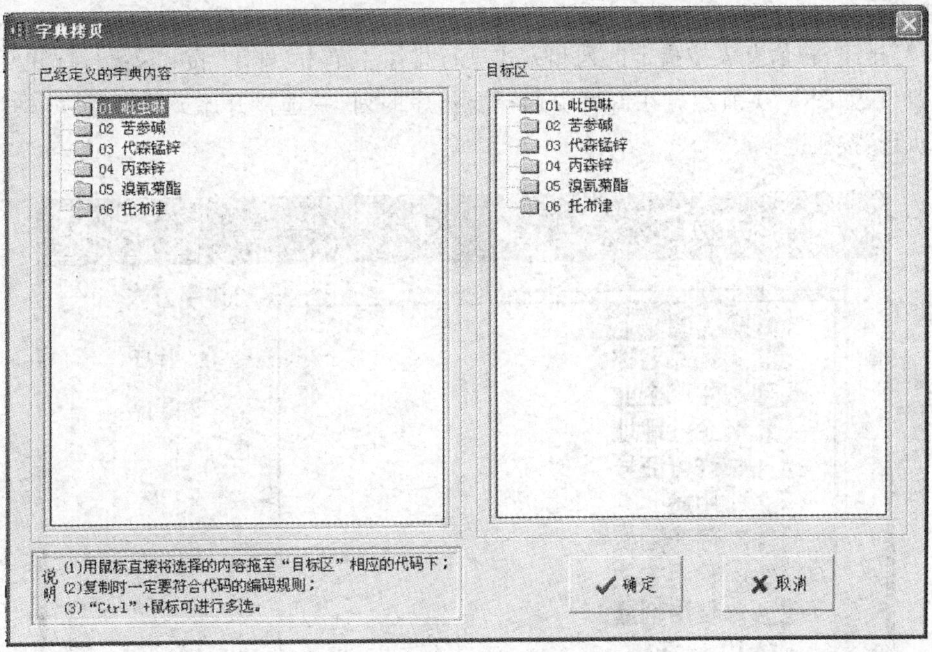

图 3-49 复制信息表

(12)选项：对在信息表初始化窗口中显示的信息表显示列进行选择。单击“选项”按钮 ，打开“选择显示列”窗口。窗口中“显示”一栏中标示为实心圆●的列在信息表浏览时将被显示，标示为空心圆○的列将不被显示。显示与不显示的切换方法为在该列的列标题位置双击鼠标。如图 3-50 所示。

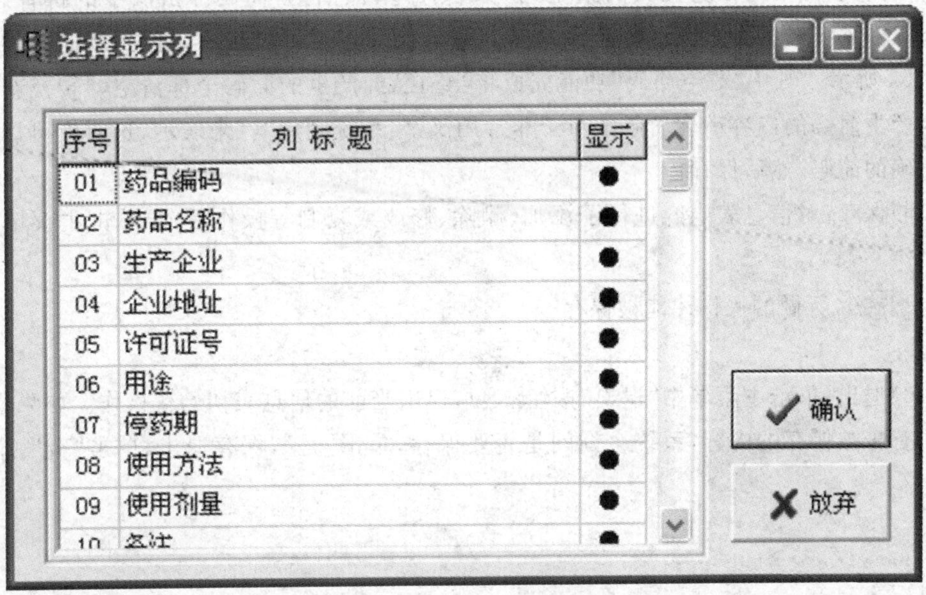

图 3-50 选择显示列

(13)排序:将信息表按指定的列和方式进行排序。单击“排序”按钮

,打开“选择排序列”窗口,如图 3-51 所示。在窗口中选择要排序的列,并选择升序或降序排序方式,然后单击“执行”按钮。

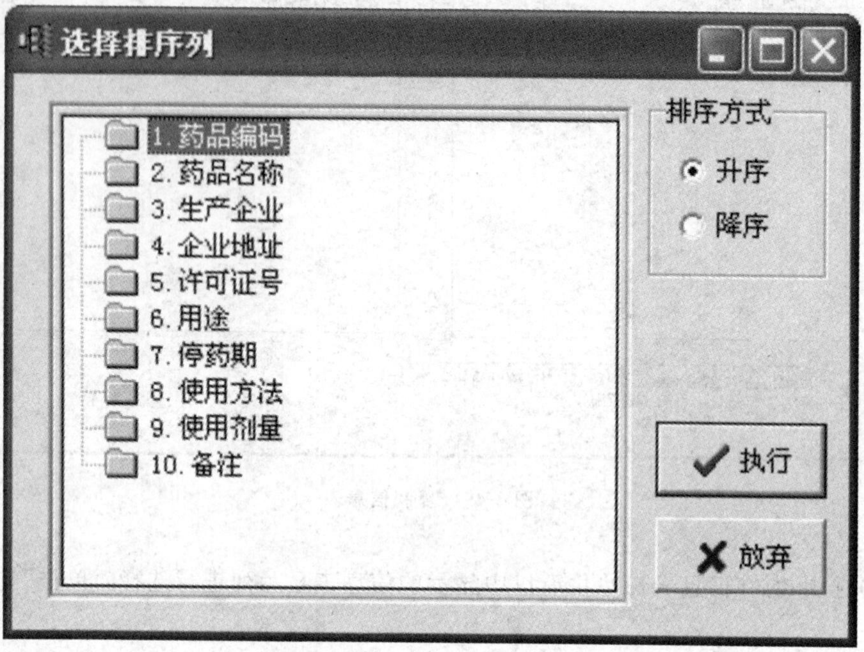

图 3-51　信息表排序

(14)简码:用户可以为字典的指定列(如名称)增加简码,简码即由汉字的拼音声母组成,如:追溯系统,则简码为:zsxt,以便在字典记录比较多时可以快速定位到所需要的内容,如图 3-52 所示。其中“清空简码”功能完成将当前已经产生的简码全部清空,“转换新码”则对尚未产生简码的内容产生简码。对于非常用汉字,系统则用“?”来表示,这时你可以将“?”换成正确的简码,然后保存。

(15)保存:对信息表内容进行了添加、删除、修改或复制等操作后,要单击主菜单中“保存”按钮

,所做的操作才能被保存。

(16)退出:单击主菜单中“退出”按钮

,退出当前的信息表初始化操作。如果当前信息表中有未被保存的内容,系统会询问是否要保存,单击“是”,保存退出,单击“否”,不保存退出。

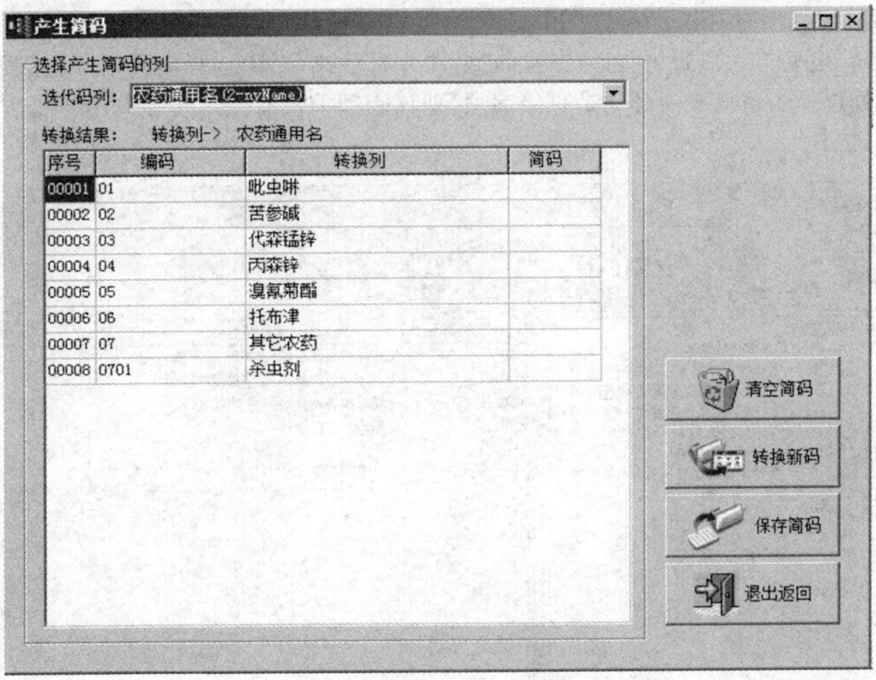

图 3-52　为字典增加简码

(二)种植业追溯源启用步骤(旧版本软件)

追溯单元初始化就是编辑追溯单元及其相关属性信息的过程。

单击数据采集子系统主菜单中的“组件初始化”菜单项,点击“追溯源信息”子项,打开“追溯单元初始化”窗口。如图 3-53 所示。

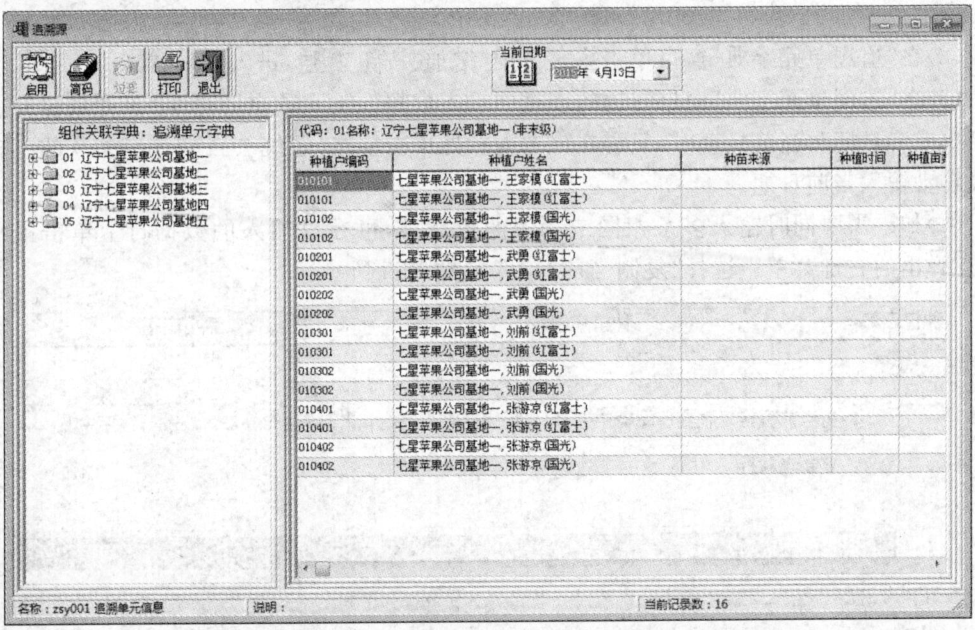

图 3-53　追溯单元初始化界面

1.增加追溯源

(1)在"追溯单元初始化"窗口左边的"组件关联字典"栏中选择需要增加追溯源的信息表项,此处选择的信息表项必须是末级表项,即该表项前没有"+"可展开下级子表项,如图 3-54 所示。

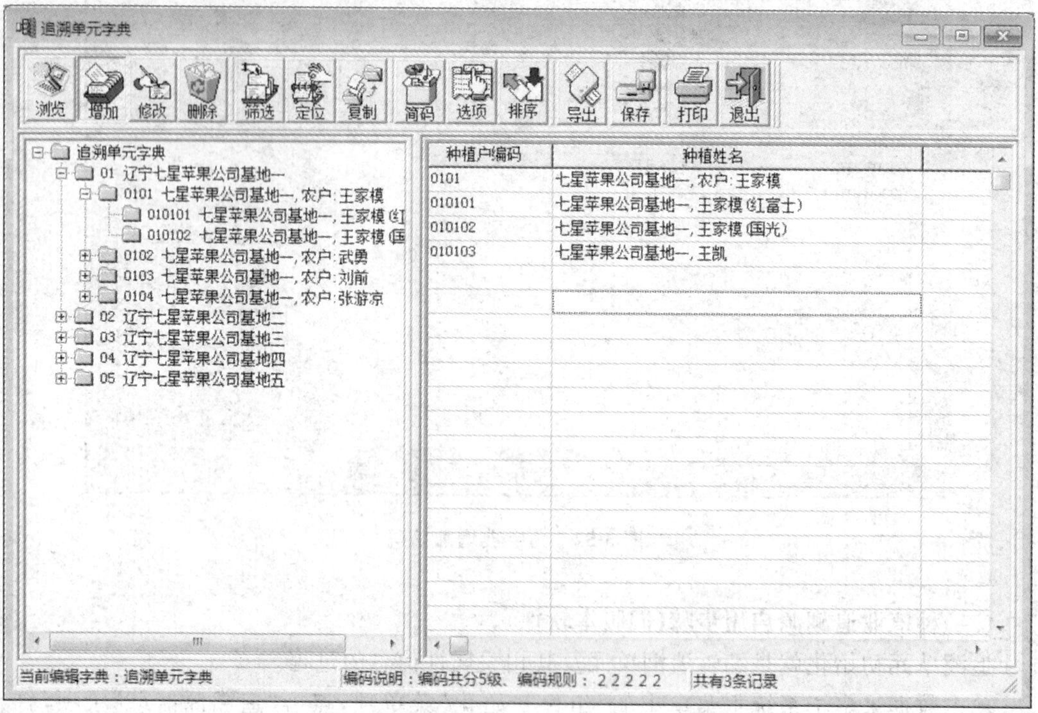

图 3-54 输入追溯源数据

(2)在"追溯单元字典"窗口单击主菜单中"增加"按钮,进入添加状态。

(3)在"追溯单元字典"窗口右边的表栏中输入数据。输入数据时,如果该栏数据有关联的字典或者日期为当前日期时,只需在该输入栏处单击空格,系统会自动弹出关联的字典记录或自动输入当前日期。

(4)如果需要同时输入多条相同或相似的追溯源,可在已输入的数据行上单击鼠标右键,在弹出的右键菜单中选择"复制当前行"。如图 3-55 所示。

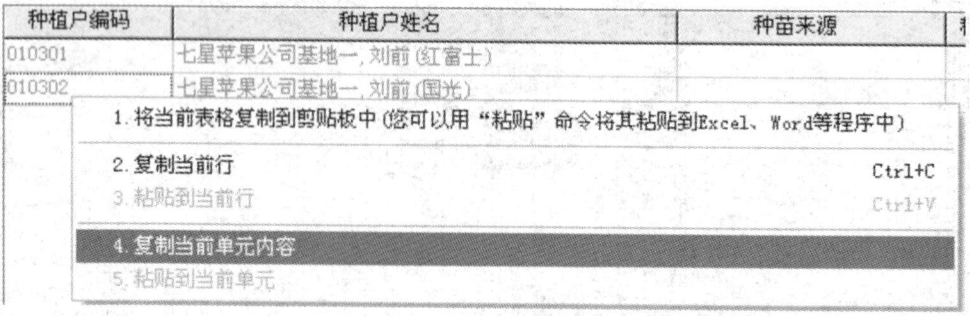

图 3-55 使用右键菜单复制行

(5)然后在要复制的目标位置点击一下鼠标左键,再单击鼠标右键,在弹出的右键菜单中选择“粘贴到当前行”,将复制的数据粘贴到当前位置。如图 3-56 所示。

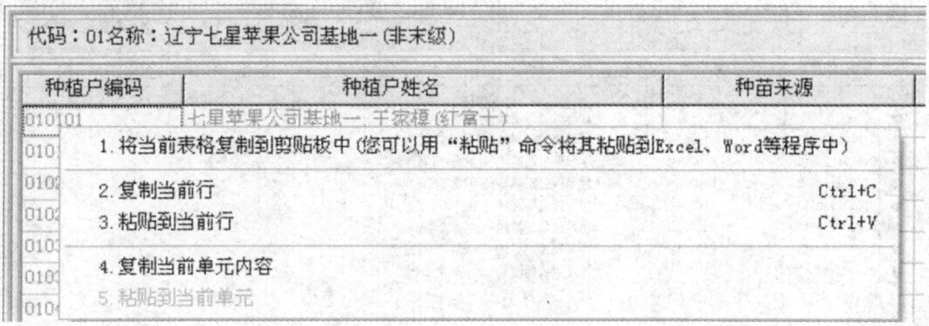

图 3-56　粘贴行

(6)数据输入完毕,单击“保存”按钮,对增加的追溯源进行保存。

2. 修改或删除追溯源

单击主菜单中“修改”按钮或“删除”按钮,可分别对追溯源进行修改或删除,进行了修改或删除操作后,都需要点击“保存”按钮,对所做操作进行保存。

3. 追溯单元启用

点击主菜单中“启用”按钮,如图 3-57 所示,选要启用的追溯单元。在弹出的启用界面中,点击“产生追溯码”,然后点击“保存启用记录”。如图 3-58 所示。

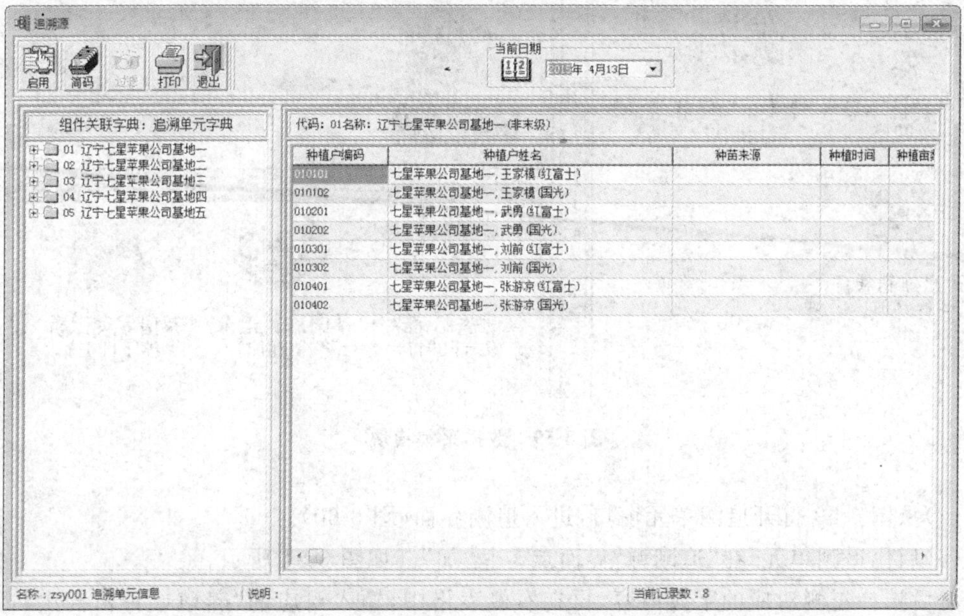

图 3-57　企业追溯单元 1

图 3-58 企业追溯单元 2

(三)批次类追溯源启用步骤(最新版)

(1)以普通用户登录“数据采集模块”,如图 3-59 所示。

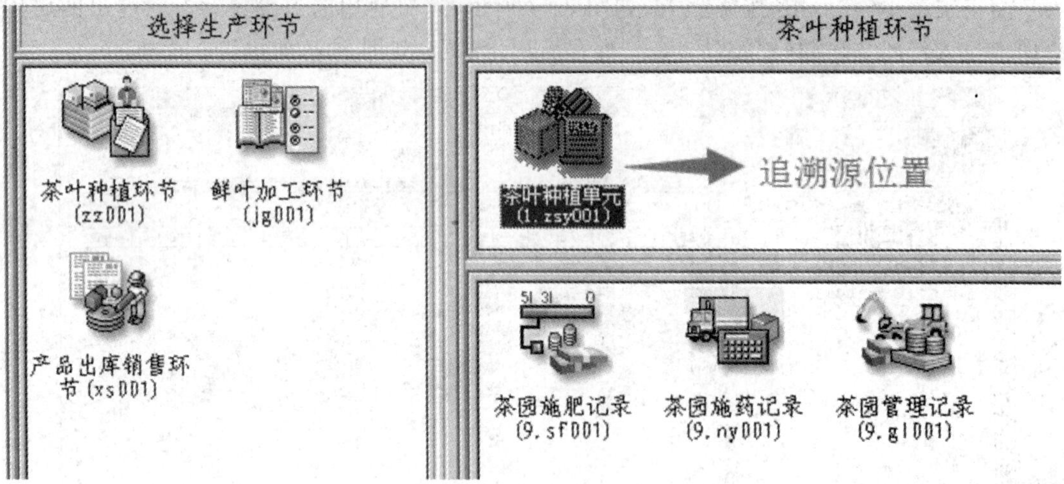

图 3-59 数据采集模块

(2)从图 3-59 打开追溯单元窗口,进入追溯界面(图 3-60)。

(3)启用追溯单元:在“追溯源”界面点击“增加”。如图 3-61 所示。

然后选择左侧对应的字典内容,再在右侧表格中,输入对应的“养殖或种植批次”,默认批次规则是:设施编号+日期,如图 3-62 所示。

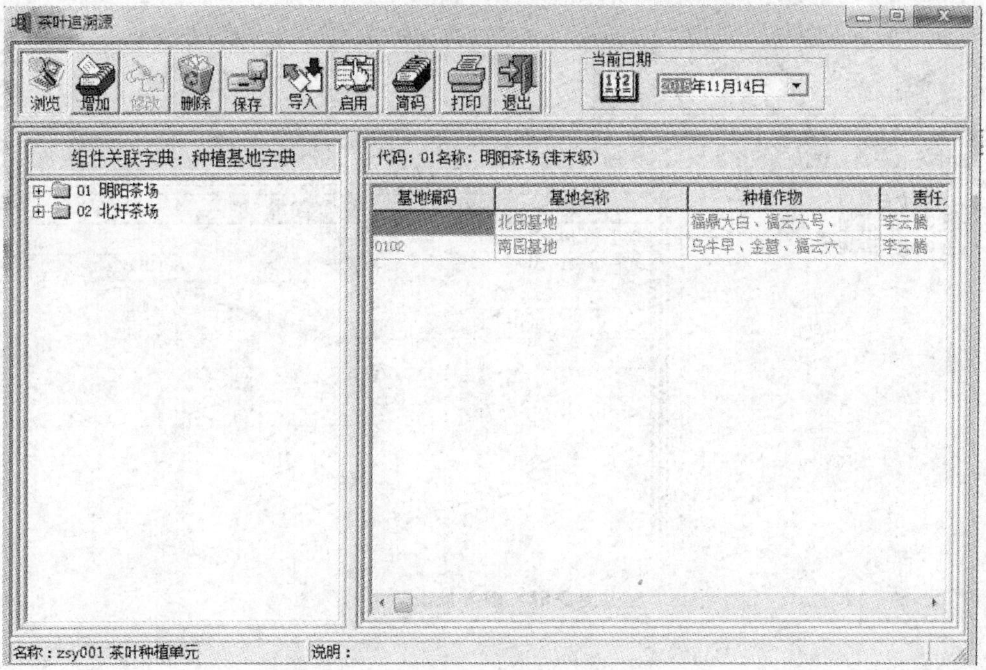

图 3-60　追溯源

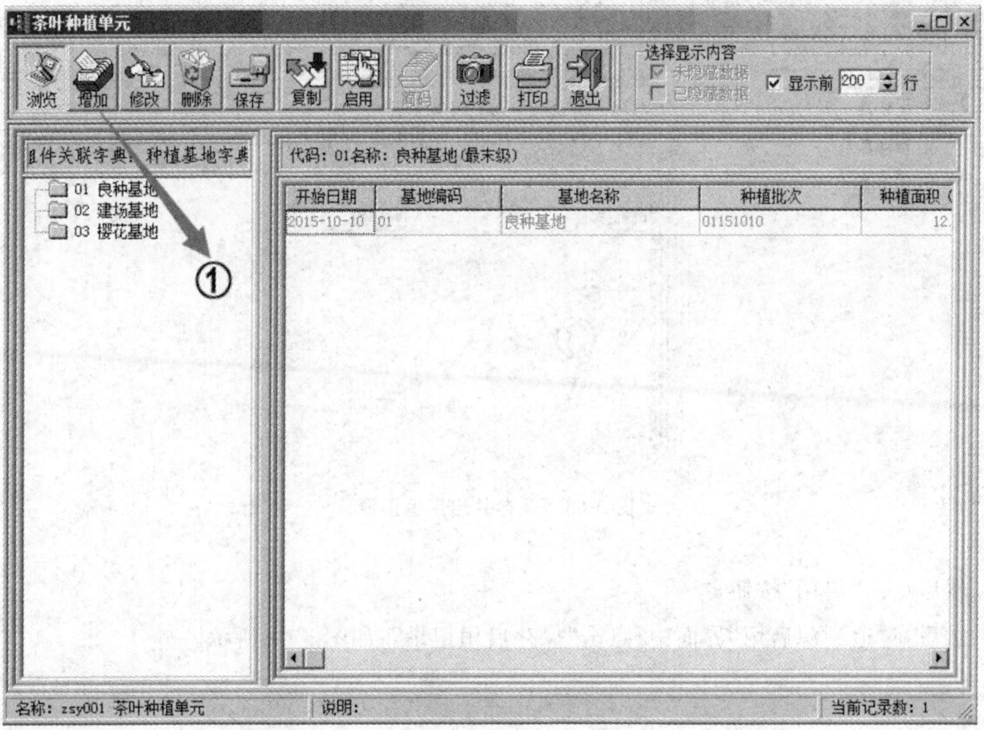

图 3-61　增加追溯源

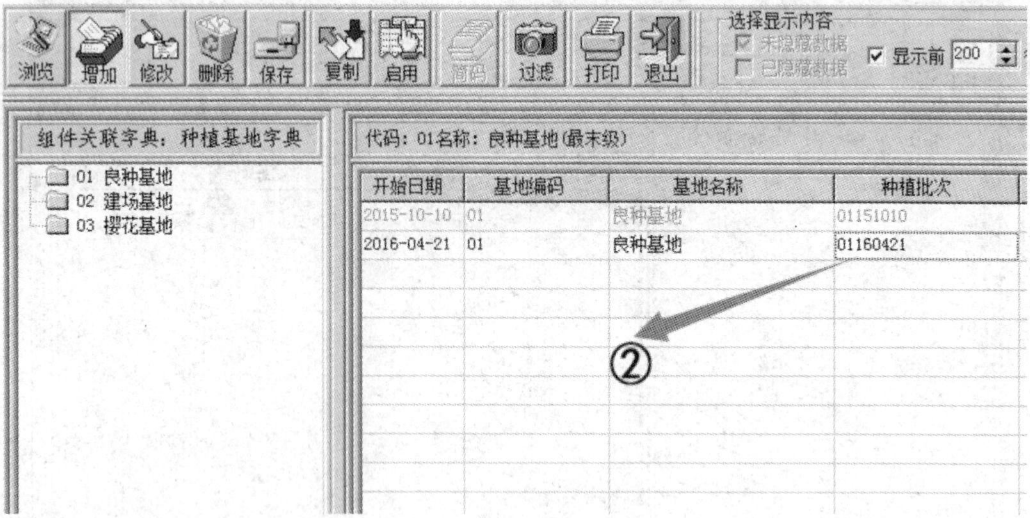

图 3-62　输入批次码

然后点击“保存”按钮，如图 3-63 所示。

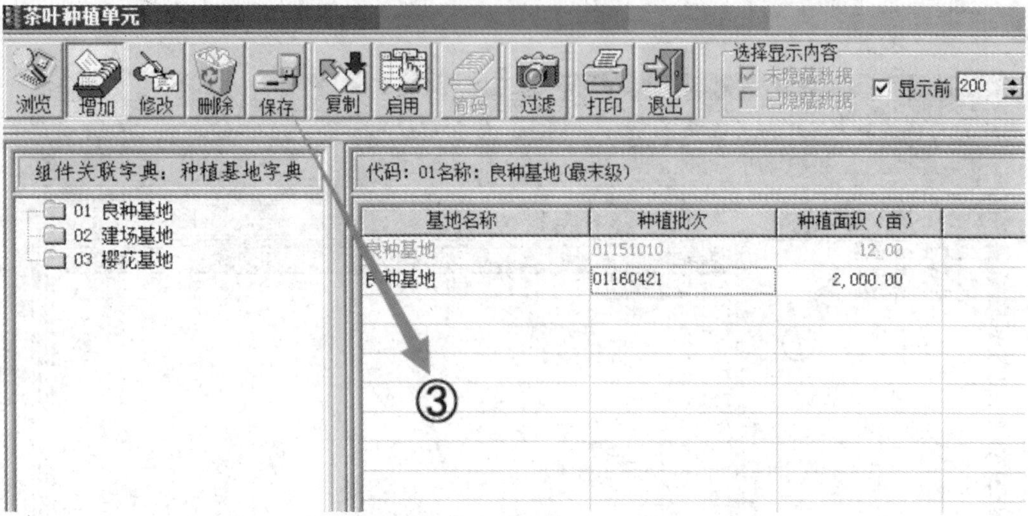

图 3-63　保存并启用追溯源

然后点击“启用”按钮。

然后在“追溯源启用”界面中，点击“保存启用记录”，如图 3-64 所示。

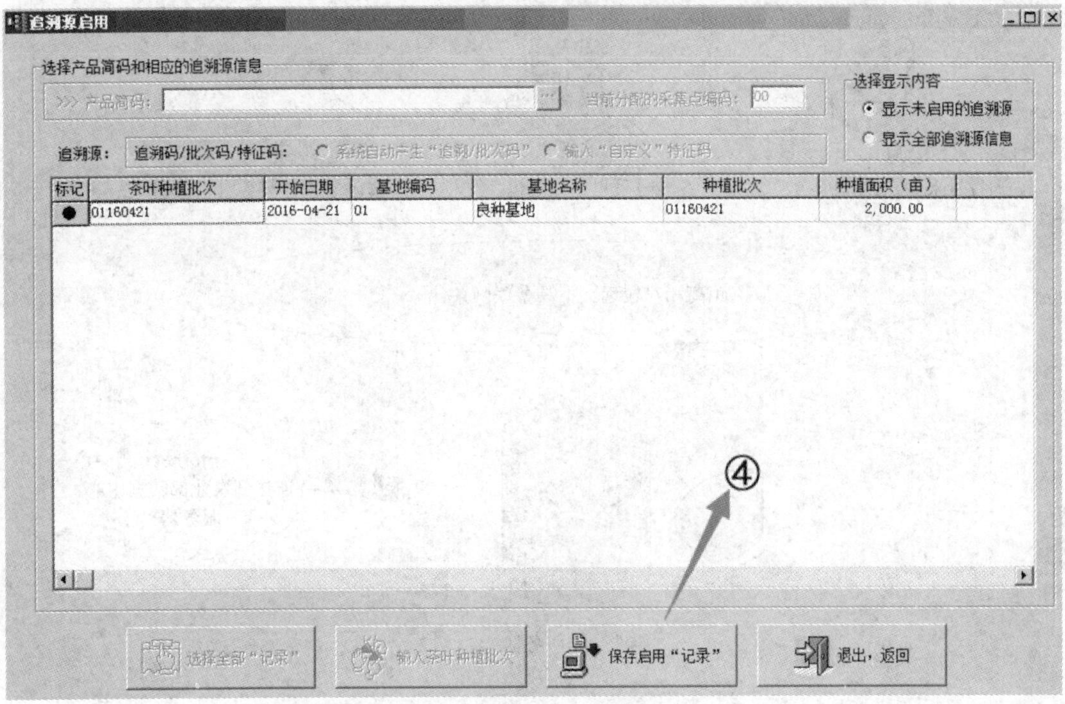

图 3-64　保存启用的追溯源

三、采集点分配

(一)什么情况下才会定义采集点

通常，我们将用于输入(采集)追溯数据的一台独立的计算机称为一个采集点，企业为了便于工作一般会用多台计算机来采集追溯数据，并把这些计算机分别放在不同的地点(譬如各个养殖基地、毛猪收购点、屠宰厂、销售部门等等)形成不同的采集点。此外，一个企业还必须要有 1 台用于追溯数据处理、追溯信息上报至农业部数据中心的计算机(当企业规模较小时，允许和采集点共用 1 台计算机)，通常我们称这台计算机为服务器，它是整个追溯信息的汇聚点，也是与农业部数据中心连接的唯一通道，而服务器和各个采集点计算机之间的连接一般有以下 3 种形式：一是单机运行模式(图 3-65)，操作员输入的数据直接保存到采集点计算机上，这种情况往往出现在采集点计算机距离企业数据中心(服务器)距离较远，且网络通信条件不好的采集点。二是联网运行模式(图 3-66)，各个采集计算机将输入的数据通过网络直接保存到企业数据中心服务器上(即各个采集点计算机的硬盘上不保存采集的数据)，这种情况通常会用在各个采集点计算机距离企业数据中心(服务器)距离不远或者网络条件比较好可以通过 VPN 进行联网的企业。三是前两种模式混合在一起的混合运行模式(图 3-67)，即部分采集点计算机可以联网(譬如设置在加工厂的各个采集点计算机，由于距离相对比较近，所以可以连成一个局域网)，部门采集点由于距离比较远且网速较慢(譬如各个养殖基地)处于单机运行模式。

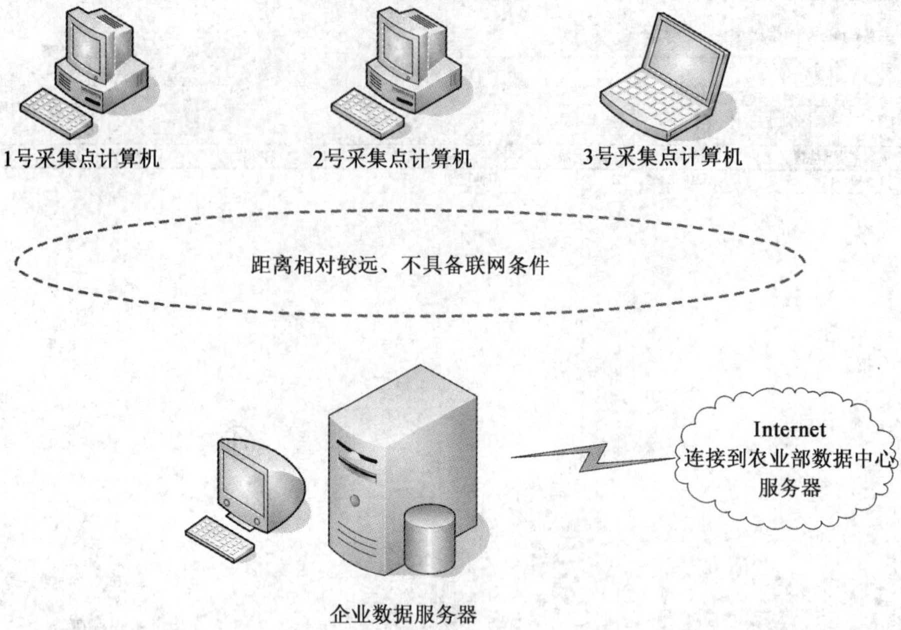

图 3-65　采集点计算机采用单机运行模式

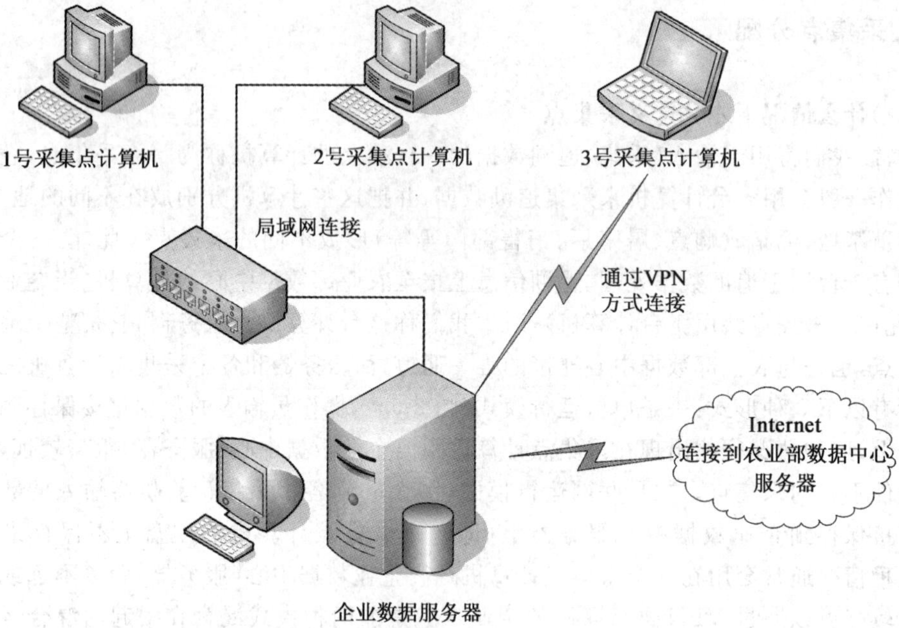

图 3-66　采集点计算机联网运行模式

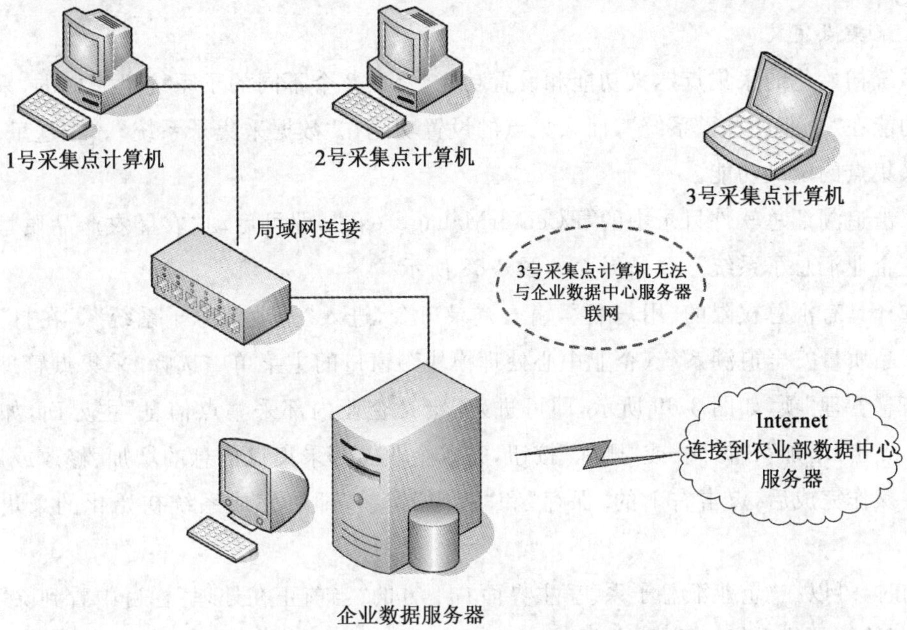

图 3-67　采集点计算机混合运行模式

图 3-65 单机运行模式说明　由于每个采集点计算机上都分别保存了各自采集点输入的数据，最终这些保存在各个采集点计算机上的数据都需要打包传到企业数据中心服务器上进行汇总(形成全产业链完整的数据)，为了区分来自不同采集点计算机上的数据，则需要为每一台采集点上的计算机进行编码(类似于互联网中的 IP 地址)，这个编码称为采集点编码，由于要唯一区分不同的采集点计算机，因此采集点编码必须唯一，其编码范围为1～99。

图 3-66 联网运行模式说明　由于整个"系统"中只有企业数据中心服务器一台计算机保存数据(其他采集点计算机输入数据通过网络保存到了服务器上)，而其他计算机上都未保存数据，这时就不需要像图 3-65 所述那样，将采集点计算机数据打包并传至企业数据中心服务器进行汇总，因此再给各个采集点进行编码就没有什么实质的意义了，所以可以认为整个"系统"就一个采集点。

图 3-67 混合运行模式说明　①如果采集点计算机无法与企业数据中心服务器连成局域网(即处于单机运行模式)，则需要分配唯一的采集点编码；②如果采集点计算机能够与企业数据中心服务器连成局域网(即处于联网运行模式)，则无须另外分配采集点编码，由于采集点计算机和企业数据中心服务器共享同一套数据，因此采集点计算机会自动获取和企业数据中心服务器相一致的采集点编码作为本计算机的采集点编码。

小结：如果采集点计算机输入的数据是保存在自己的计算机上的(不联网)，则必须分配唯一的采集点编码，否则就不需要分配采集点编码。

(二)设置采集点的方法和技巧

1.采集点定义

系统初始化的采集点定义功能和设置功能,是在 2 个不同的子系统里完成的,采集点的定义功能在"企业汇总子系统",而采集点的设置功能在"数据采集子系统"。在这里,我们先介绍采集点的定义功能。

双击追溯汇总软件目录中的"ECenterManage. exe",即可启动"农垦农产品质量安全追溯系统企业汇总子系统",登录界面如图 3-68 所示。

选择具有汇总权限的"用户名",输入登录口令,进入"企业汇总子系统"。在打开的"农垦农产品质量安全追溯系统(企业中心处理模块")窗口的主菜单中选择"采集点管理"→"采集点信息管理"项,如图 3-69 所示,即可进入"定义企业内部采集点信息"主界面,如图 3-70 所示。点击"增加"、"修改"或"删除"按钮,完成企业内部采集点信息的增加、修改或删除,并在每次操作完成后,点击右下的"保存"和"启用"按钮,即可完成系统初始化的采集点管理功能。

同时,可以在"企业汇总子系统"主界面右下方的"当前正在处理"栏目中看到除"企业数据中心"外的其他采集点图标,如图 3-71 所示。

图 3-68 企业汇总子系统登录界面

图 3-69 采集点信息管理菜单项

图 3-70 采集点信息管理主界面

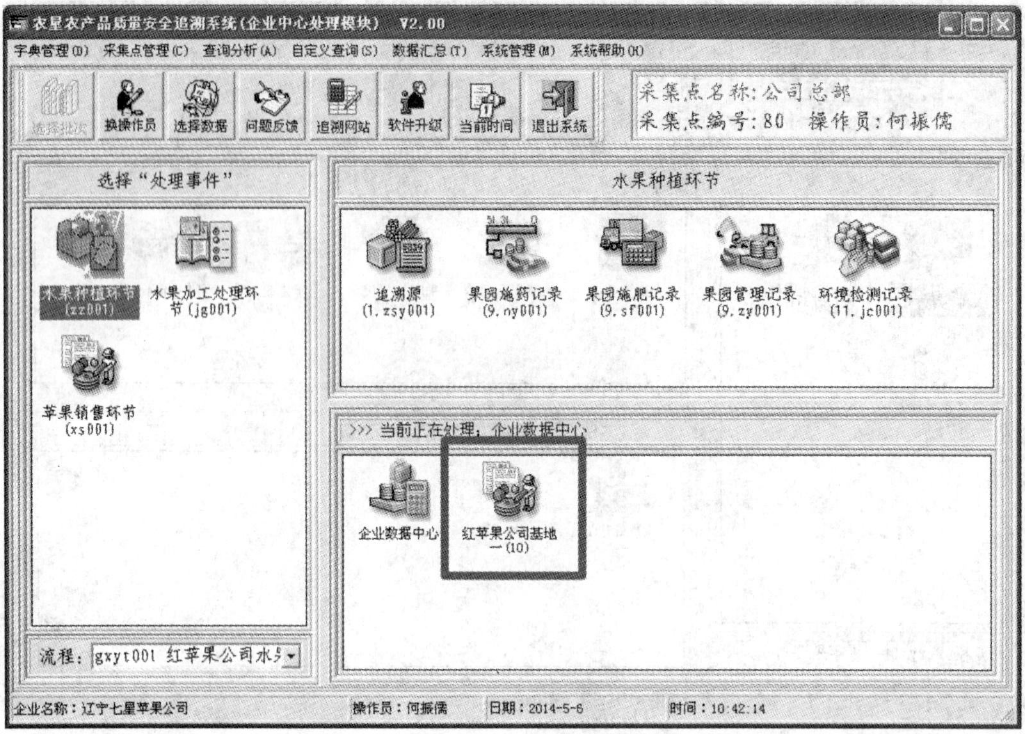

图 3-71 采集点启用后的效果

2. 采集点分配

为便于企业中心服务器的数据汇总,系统要求为每一个采集点分配一个唯一的"采集点编号"。"采集点编号"必须由企业项目管理部门统一进行分配、管理。

双击追溯软件目录中的"Collection. exe",即可启动"农垦农产品质量安全追溯系统(数据采集模块)",登录界面如图 3-72 所示。采集点设置功能只有在"超级用户"的权限下方可操作,其他用户无此功能。操作如下:

以"超级用户"身份登录后,选择主菜单中"系统管理"→"分配采集点编码"项,如图 3-73 所示,即可进入"设置当前采集点编码"界面,如图 3-74 所示。

点击【…】按钮,选择采集点。如图 3-75 所示。

在"设置当前采集点编码"窗口下方的"分配采集点号"栏目下设置"采集点编码",点击"确认",完成采集点的设置。

3. 设置采集点时应注意的问题

如果采集点计算机与企业数据中心服务器不能联网,那么采集点为了把保存在采集点计算机上的数据传至服务器,就需要先将数据打包成文件,然后将该数据包文件用其他方式传至服务器,服务器收到数据包后需要做接收、汇总处理,增加了操作的难度和工作量。此外,由于一套追溯系统中有多台计算机同时保存数据,还会带来计算机之间的数据同步问题。

图 3-72　企业数据采集子系统登录界面

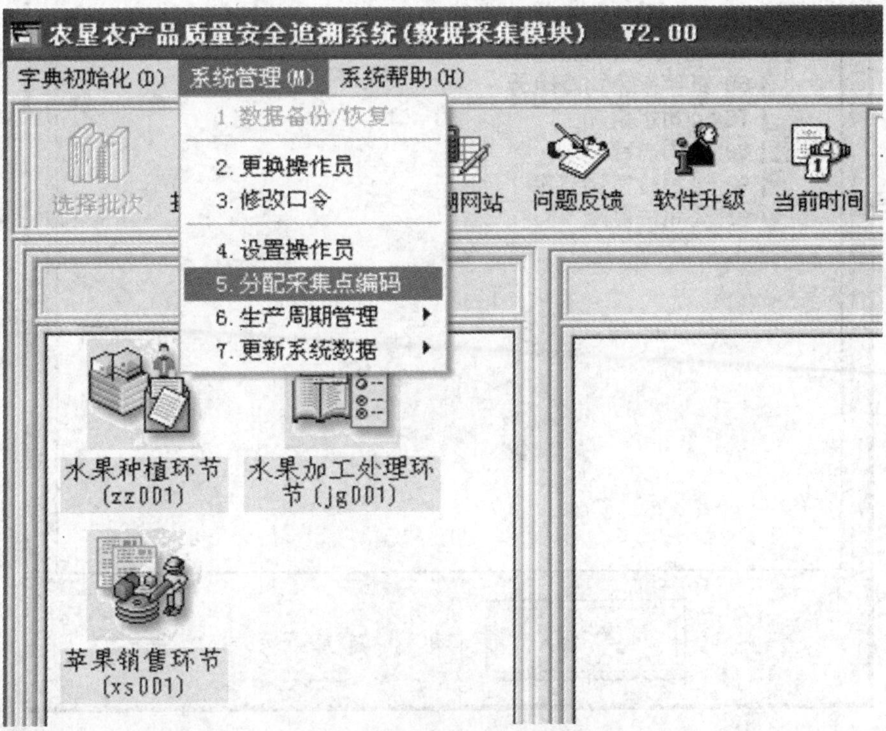

图 3-73　分配采集点编码菜单项

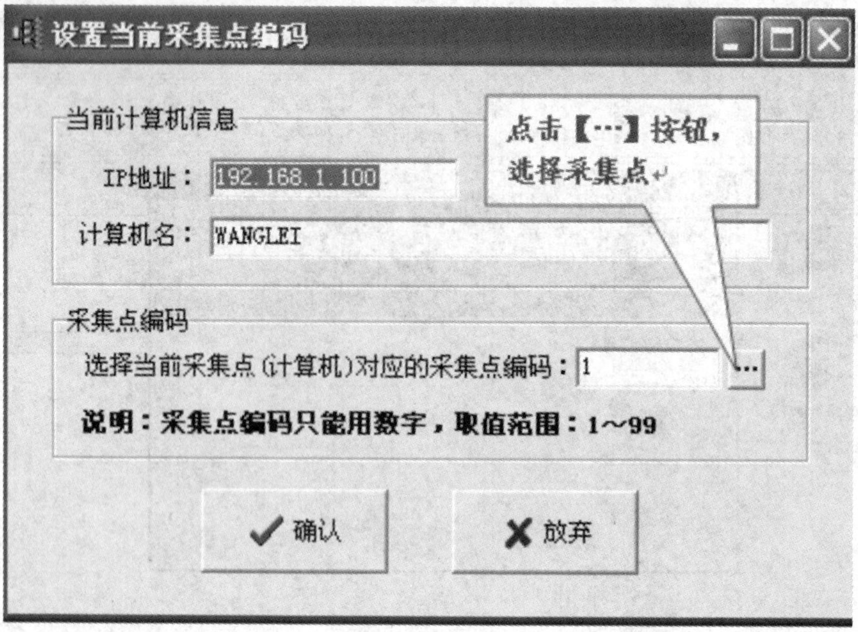

图 3-74　设置当前采集点编码界面

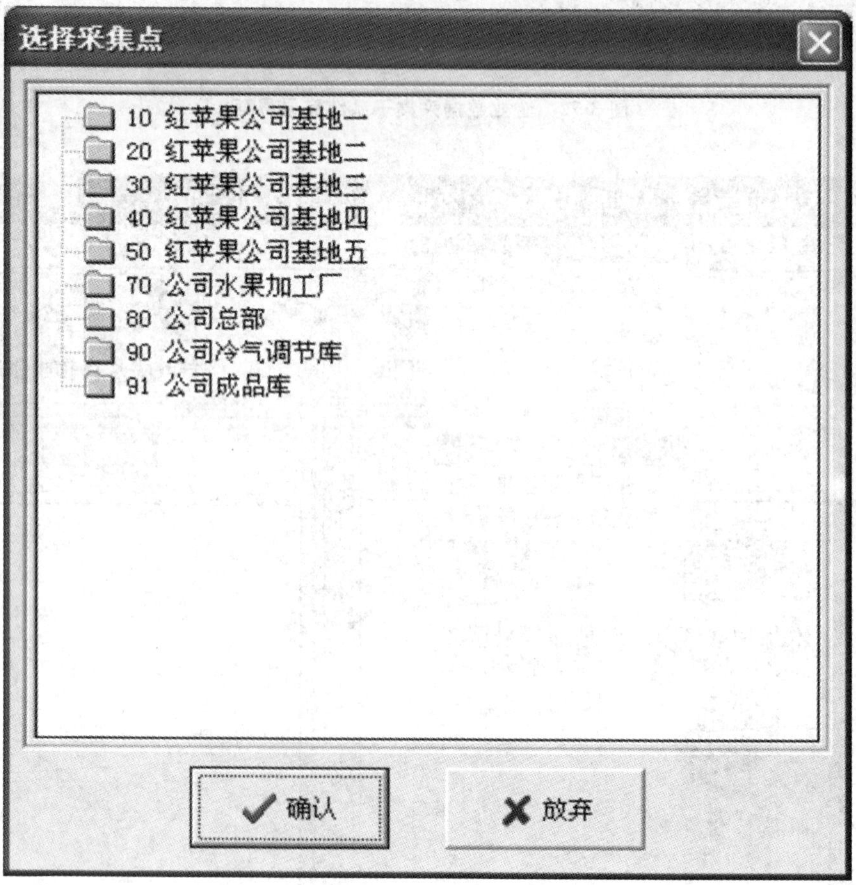

图 3-75　选择采集点界面

四、标签打印设备安装、配置和测试打印

在企业加工包装环节的电脑上一般连接着追溯标签的打印设备。这样，就需要对这台电脑进行标签打印设备的安装、配置和测试打印。首先，按照标签打印机说明书的要求将标签打印机连接到电脑上，在确保标签打印机与电脑连接正常的情况下，然后再安装打印机驱动程序（安装打印机驱动，因为打印机型号较多同时属于关键设备安装，我们会给大家提供单独的安装帮助或帮助视频），其次运行追溯软件目录下的“bcpsetup.exe”，即可运行条码打印机专用配置程序。界面如图 3-76 和图 3-77 所示。

通过“生成指令”按钮产生标签打印机的指令后，在“测试打印参数”栏目下的“打印条码内容”栏内输入一组企业的追溯码，设置好条码打印位置数值和“打印份数”，点击“测试打印”来调整打印出的标签的效果，直到达到要求后，点击“保存设置”，完成标签打印设备的配置和测试打印工作，之后即可在“采集子系统”里直接打印出标签。

图 3-76 条码打印机配置程序主界面(斑马系列)

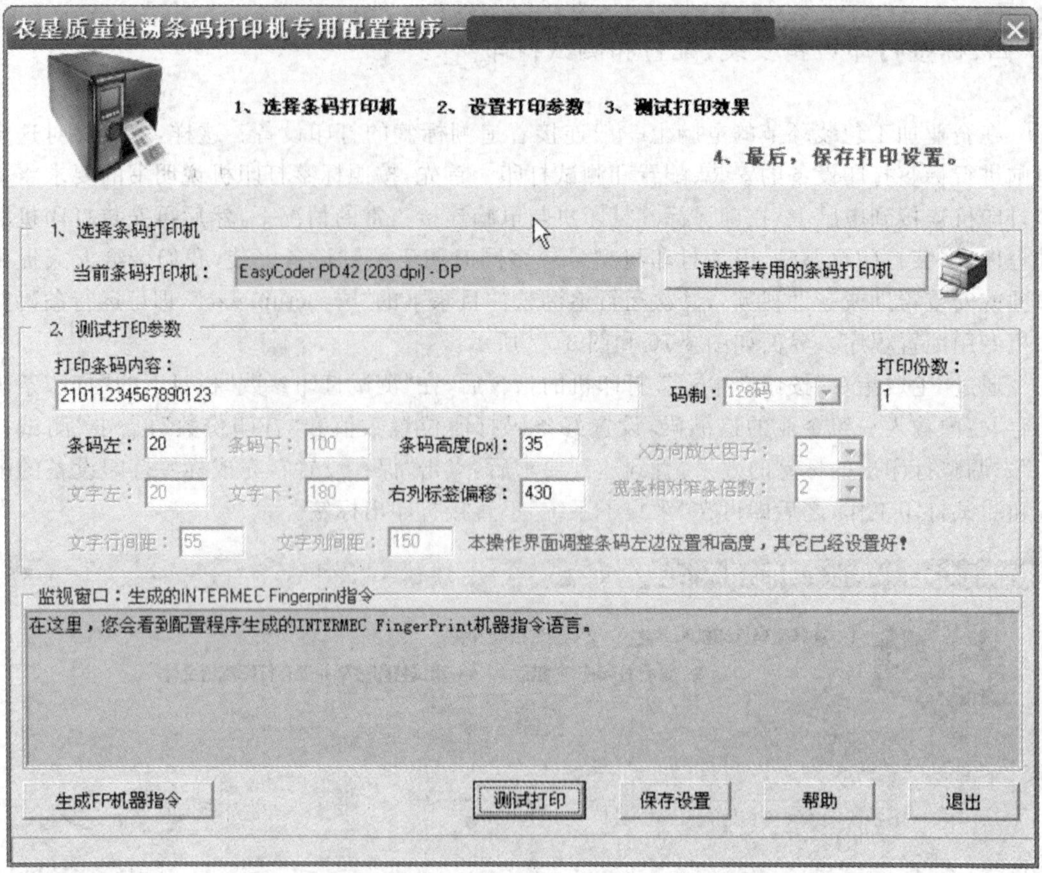

图 3-77　条码打印机配置程序主界面(Intermec 系列)

第四章 追溯信息采集

学习目标

掌握茶叶种植、加工、销售等各环节追溯信息采集方法，并掌握如何将所采集到的信息进行系统打包上传到企业数据中心。

第一节 种植环节信息采集

茶叶种植环节的信息包括来源信息和茶园日常信息，来源信息是确定信息来源地点，日常信息是指茶叶种植管理环节中的施肥、喷药等日常管理工作信息。

一、来源信息采集

在追溯软件目录下，双击"Collection. exe"，启动数据采集子系统。选择除超级用户外、具有信息采集权限的用户登录，如图 4-1 所示。

图 4-1 数据采集子系统登录界面

点击“数据采集子系统”界面左侧“选择生产环节”栏目下的“水果种植环节”。如图 4-2 所示。

图 4-2　进入种植单元信息采集

如果需要调整追溯源,在“追溯源处理”菜单中,点击“追溯源处理”,打开“调整源数据”对话框,如图 4-3 所示。

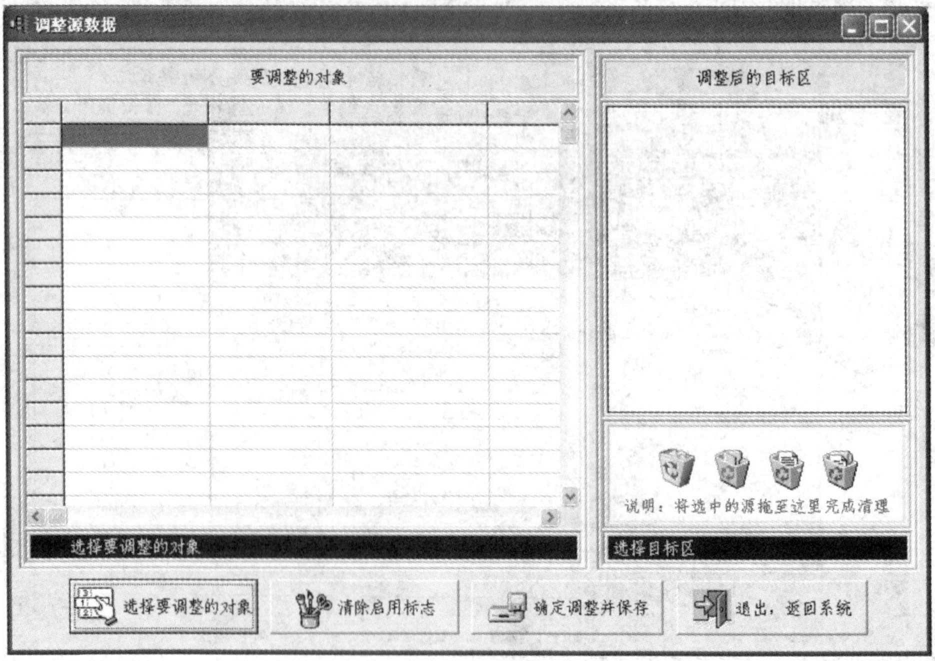

图 4-3　调整追溯源

点击“选择要调整的对象”按钮，进入“选择追溯单元”界面，如图 4-4 所示。

图 4-4　追溯单元选择界面

先从左边的“组件关联字典”内选择公司基地，右边会列出该基地包含的所有基地追溯单元记录。双击某一追溯单元记录，标记变为黑色实心点，点击“确认选择”按钮来选择要进行信息录入的追溯单元。如图 4-5 所示。

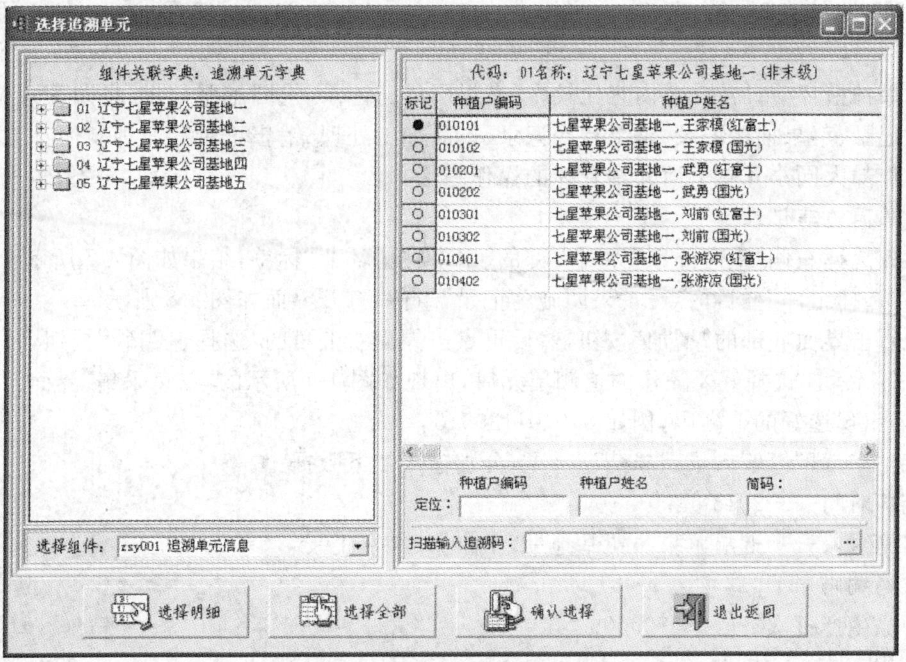

图 4-5　选择种植单元

确定后，显示界面如图 4-6 所示。这时，系统自动为所选追溯单元种植户编号。点击“确定调整并保存”按钮，最后选择“退出，返回系统”按钮，来源信息处理完毕。

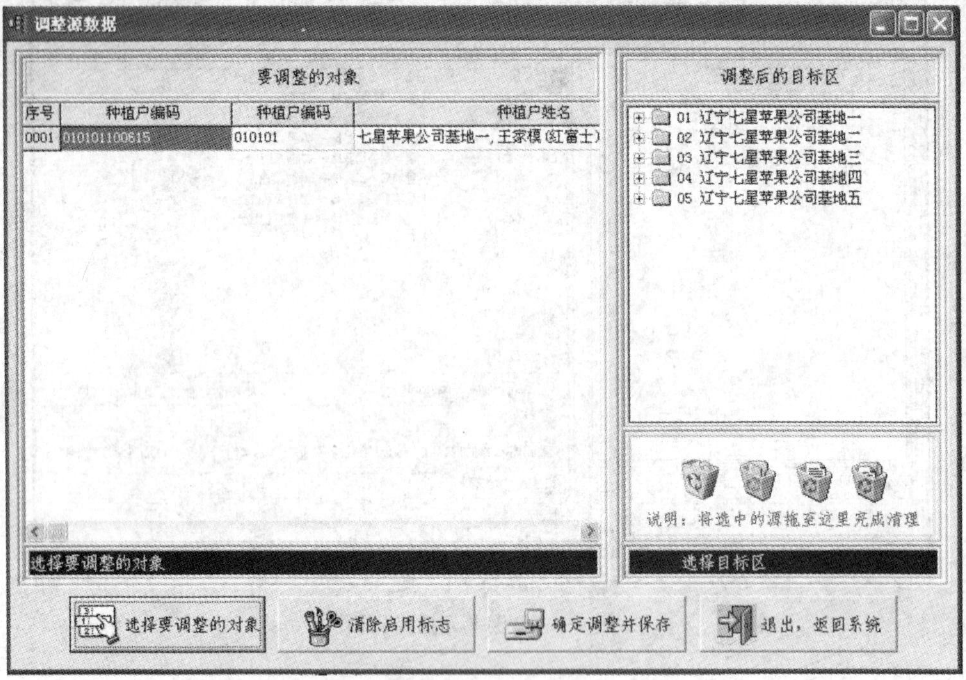

图 4-6　来源信息处理界面

二、日常信息采集

水果种植环节日常信息内容比较多，有果园施药记录、果园施肥记录、果园管理记录、环境检测记录、苹果抽检记录、苹果预冷记录、产品加工处理、销售记录共 8 种。但日常信息的采集操作却大同小异。下面介绍具体的操作方法：

1. 果园施药记录

首先选择左侧“生产环节”界面中部的“水果种植环节”标签，结果如图 4-7 所示。

在“选择组件”栏目内点击“果园施药记录”组件，打开界面如图 4-8 所示。

先点击界面底部的“增加”按钮，然后再点击界面右上角的“选择追溯码”按钮，打开界面如图 4-9 所示。选择好要操作的追溯单元后，出现如图 4-9 所示的“信息采集”界面，“采集对象”栏内出现选好的追溯码，例如 010101130513。

接下来就可以输入果园施药记录了，分别输入如下数据：

施药时间——2013-5-3

实施对象——七星苹果公司基地一，王家模(红富士)

农药编码——01

药品生产批次——200909009

施用方式——机抛

投入品采购地点——佳田农资公司

图 4-7 日常信息采集界面

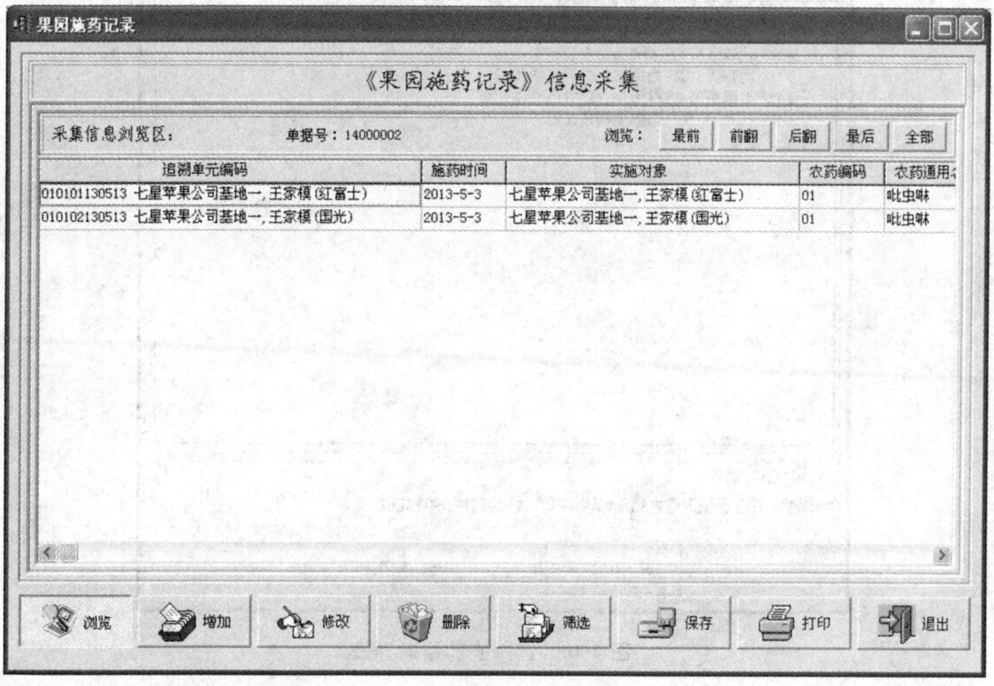

图 4-8 果园施药记录界面

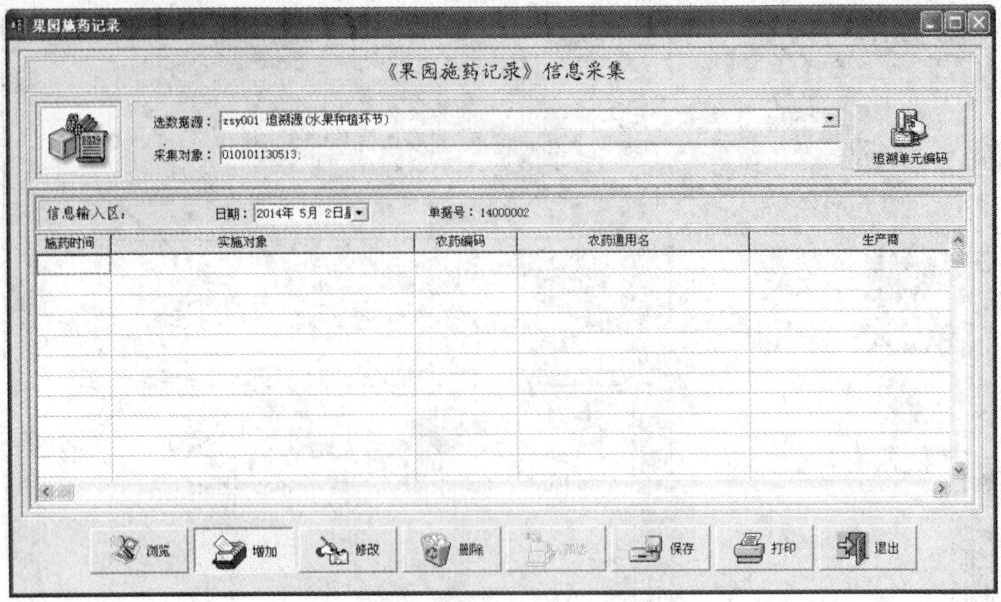

图 4-9　果园施药记录信息采集界面

其中，“施药日期”如果是当天使用、当天录入时，用户只需按空格键，当天日期值就自动被写入。输入“农药编码”时，按空格键，软件会打开一个农药选择窗口，如图 4-10 所示。

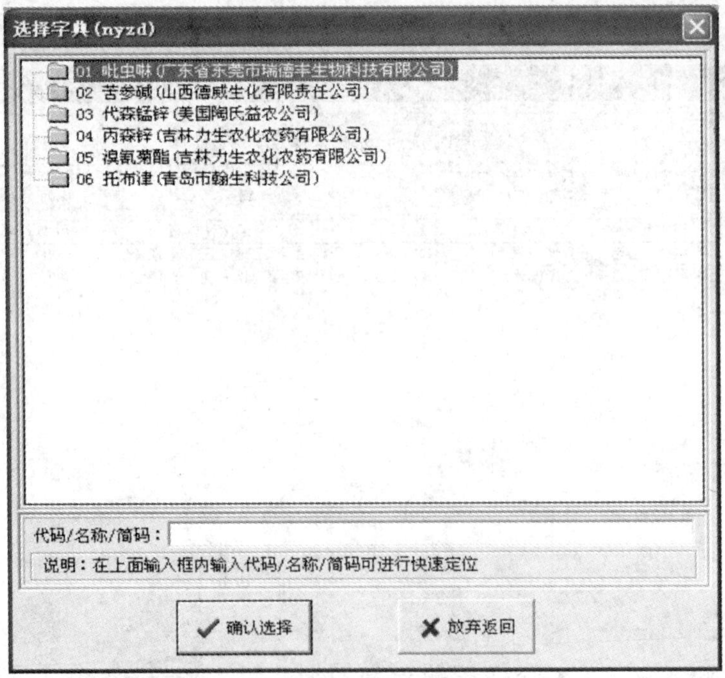

图 4-10　选择农药编码界面

在“选择字典”窗口里选择相应的农药，点击“确认选择”后即可。农药选好后，软件自动填写农药名称、防治对象、稀释比例、登记证号、每亩施用量等信息。类似的，施药方法、药品经销商也可采用“选择字典”窗口快速录入，如图 4-11 和图 4-12 所示。

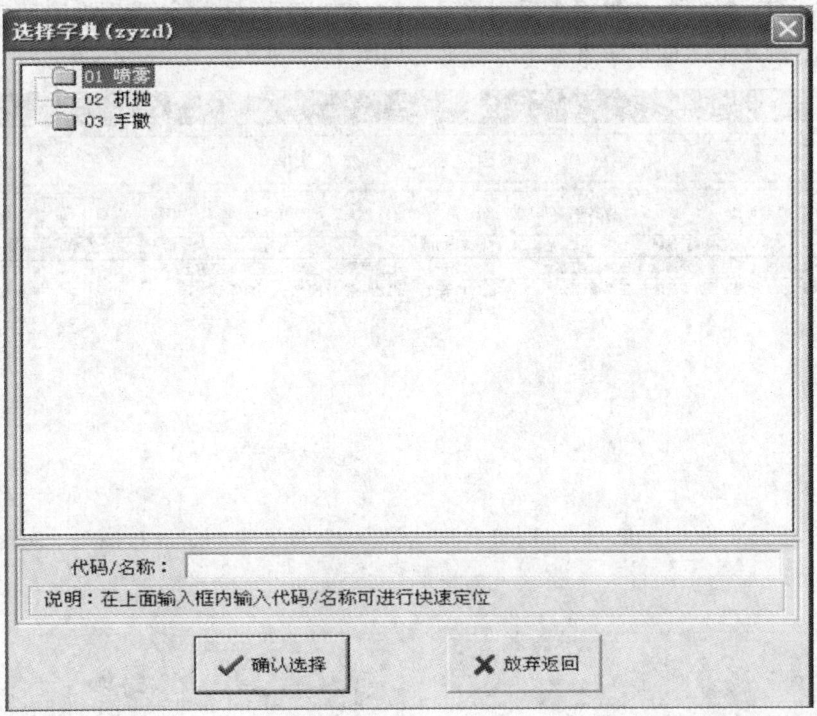

图 4-11　施药方法选择

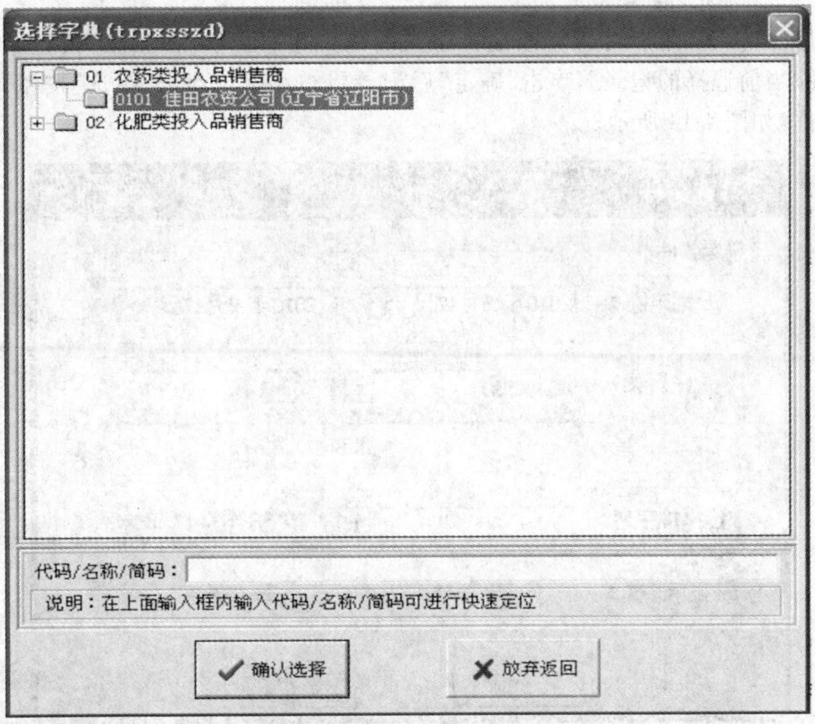

图 4-12　药品经销商选择

果园施药记录信息录入完成后，点击“保存”按钮，系统提示“数据记录保存成功”。确定后刚才录入的记录消失，如果想查看刚才录入的信息记录，点击“浏览”按钮，再点击上面的“最后”按钮，刚才输入的记录就显示出来了。如图 4-13 所示。

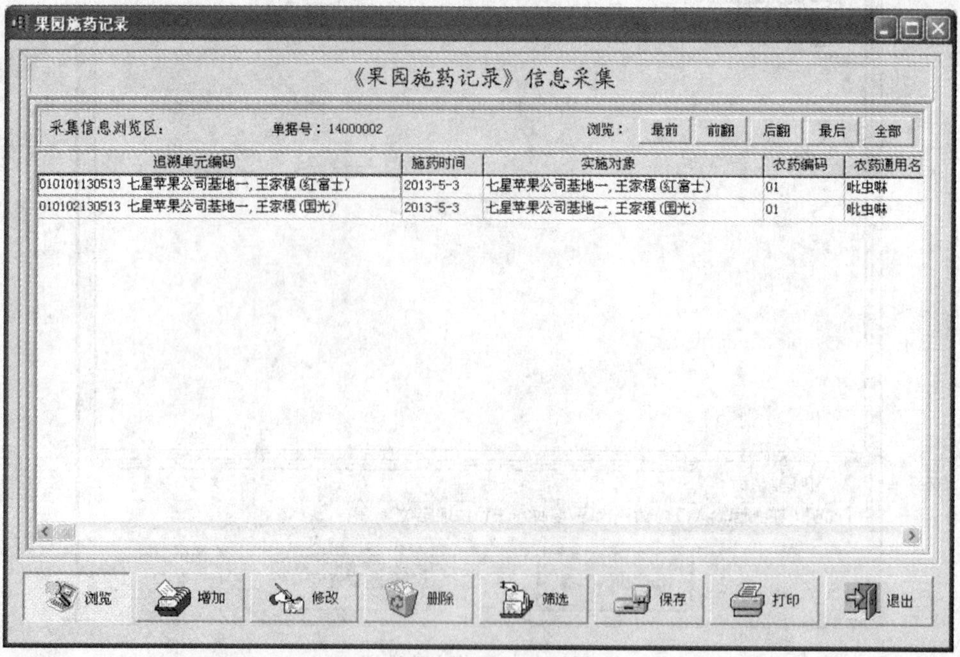

图 4-13　浏览记录

点击“修改”按钮，用户可以修改编辑录入的采集信息。点击“删除”按钮，软件会询问“是否要删除当前选择的记录”，点击“确定”后记录将被删除。点击“筛选”按钮，打开“筛选条件”对话框，如图 4-14 所示。

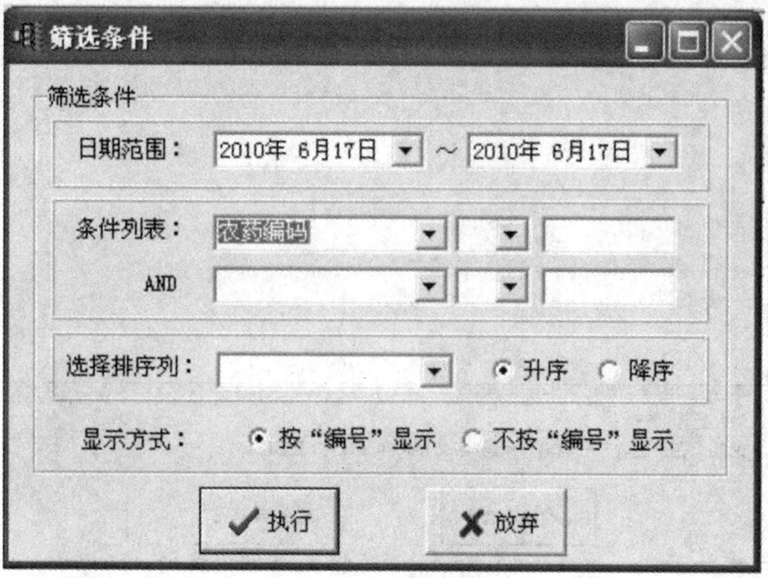

图 4-14　筛选条件

设定好查询条件，如日期范围，信息记录值、排序等，点击“执行”，符合条件的记录就会被显示出来。

最后选择“退出”按钮，关闭当前窗口，种植处理记录完成。

2. 果园施肥记录

首先在“数据采集子系统”界面中点击“选择组件”栏目内的“果园施肥记录”，录入界面如图 4-15 所示。

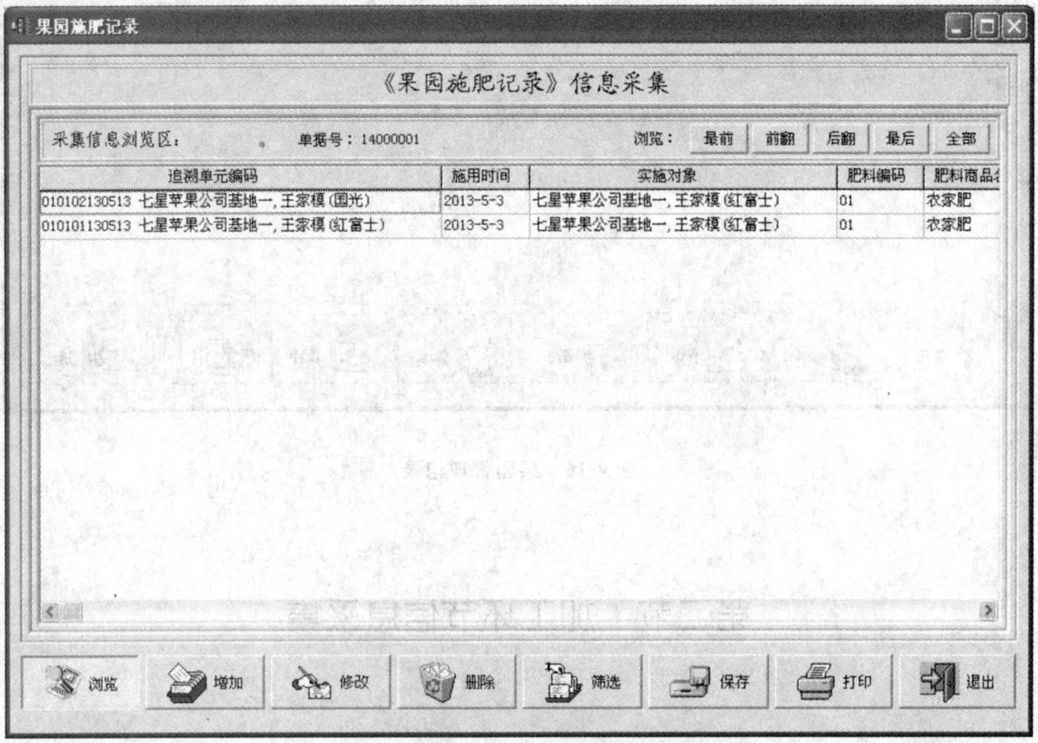

图 4-15　果园施肥记录

采集信息录入方法与果园施药记录几乎一样。同样是先确定要记录的追溯单元，然后再录入施肥使用信息。本案例中将“肥料编码”一栏链接了字典，用户可以从“选择字典”窗口中选择相应的肥料，完成复杂的录入过程。其余操作不再赘述。

3. 果园管理记录

操作方法同“果园施肥记录”的采集，界面如图 4-16 所示。本书不再赘述。

4. 去向信息采集

种植环节没有设定去向信息采集组件，所以不需要采集。

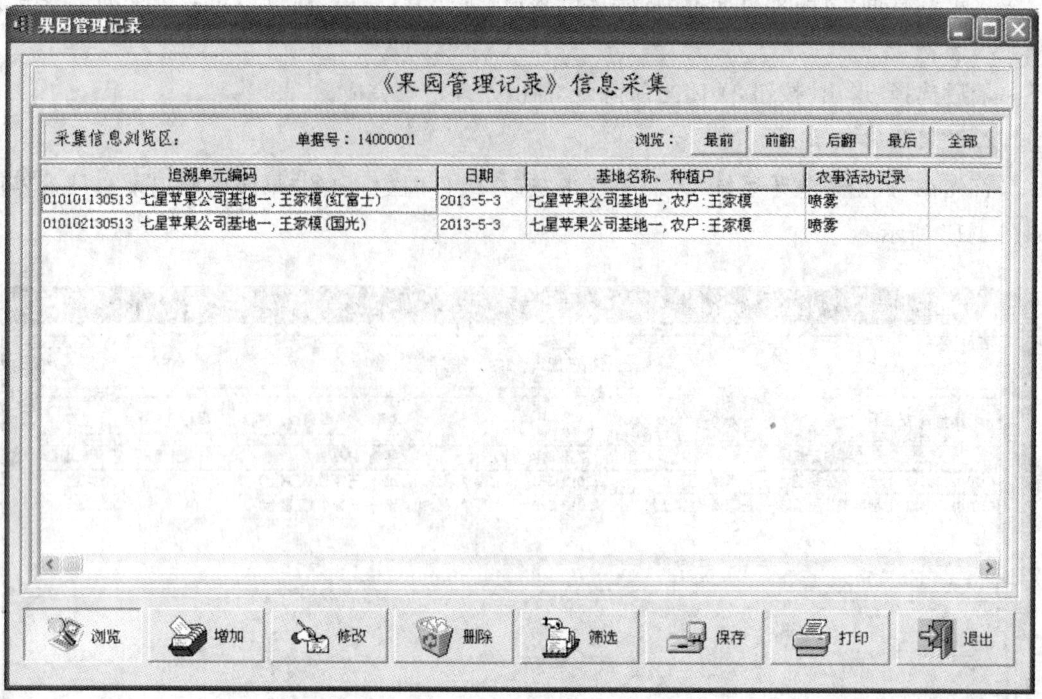

图 4-16　果园管理记录

第二节　加工环节信息采集

一、来源信息采集

选择加工环节，然后选择“来源信息采集”标签，点击“产品来源”入口，打开界面如图 4-17 所示。

采集系统默认用接收信息表的方式输入产品来源信息。点“导入数据”按钮，打开文件对话框，如图 4-18 所示。

选择好种植加工环节生成的数据文件（后缀名为 D3T），打开即可。或者选择手工录入产品收购信息，先选择“数据输入”选项，然后点击“增加”按钮，在数据区录入产品收购信息。如图 4-19 所示。

录入完毕后按“保存”按钮。如果录入有错误，点击“修改”按钮修改录入信息。也可以用“删除”按钮删掉原有记录。处理完毕后，点击“退出返回”按钮关闭窗口。

图 4-17　产品收购入口操作界面

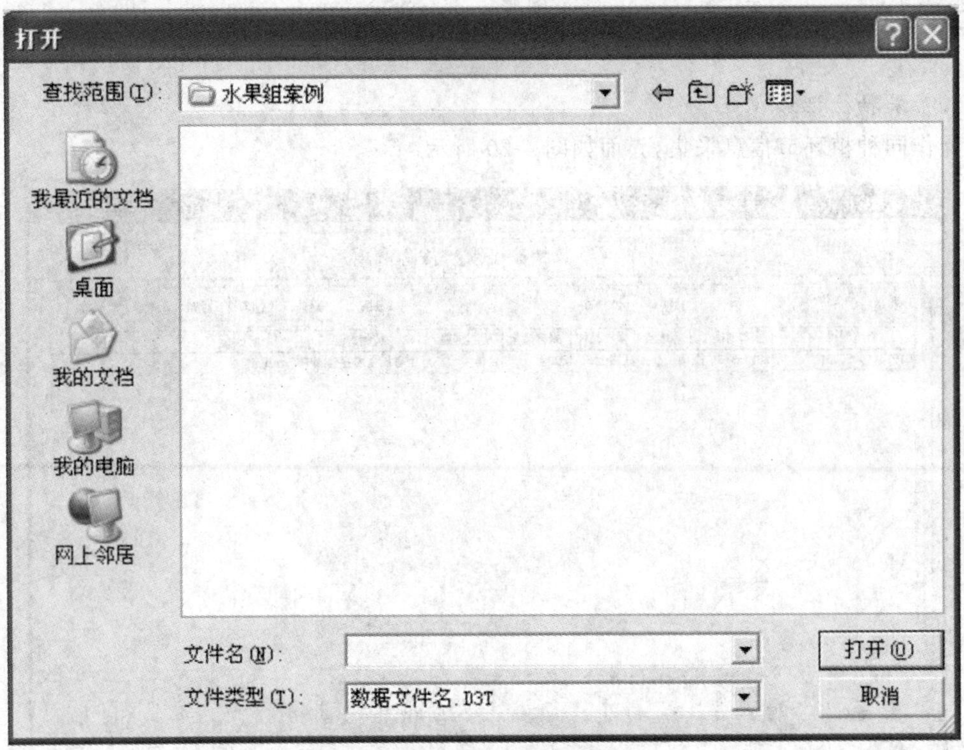

图 4-18　导入产品入口数据界面

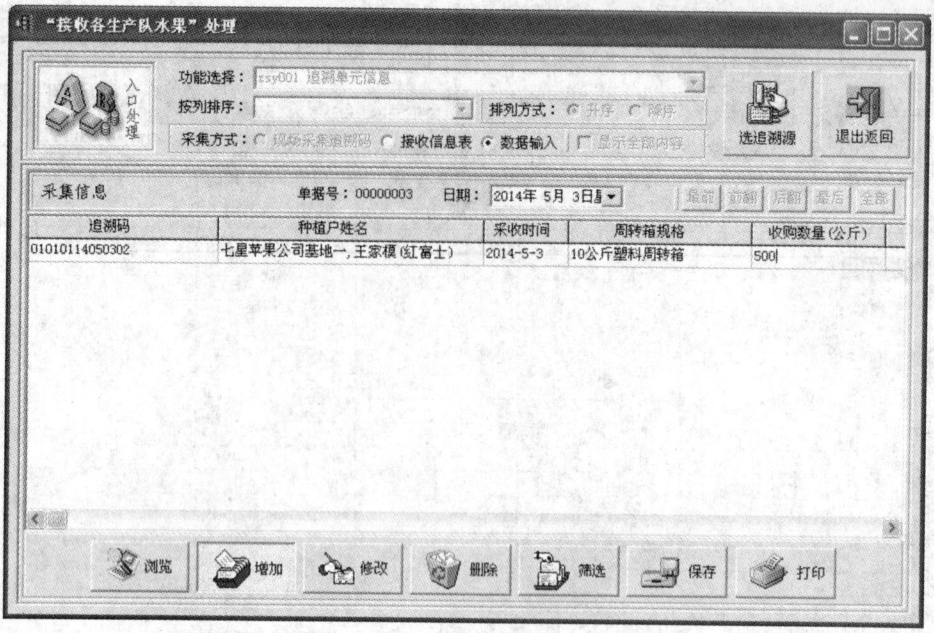

图 4-19　手工录入产品收购信息界面

二、日常信息采集

1. 苹果抽检记录

操作同种植环节信息采集，界面如图 4-20 所示。

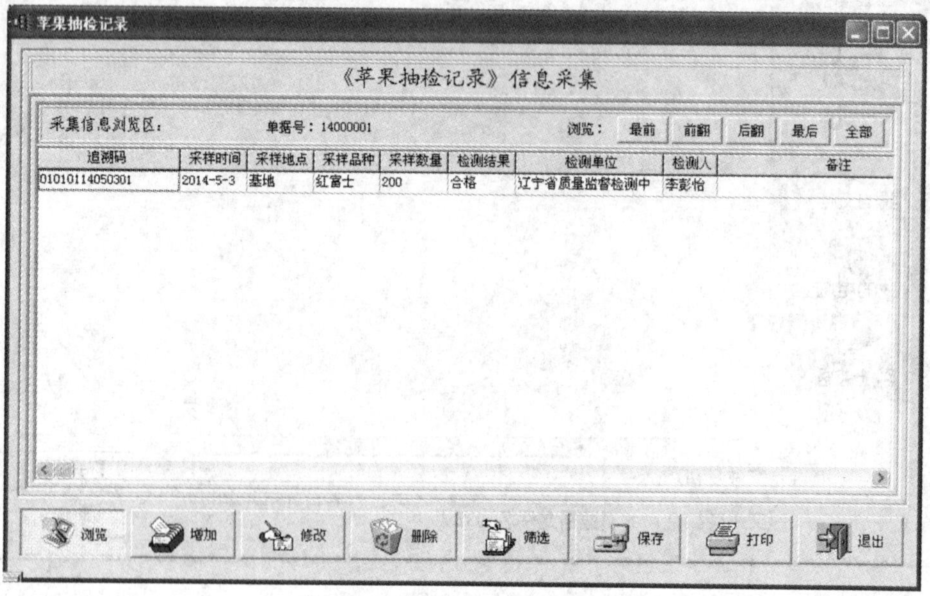

图 4-20　苹果抽检记录界面

2. 苹果预冷记录

操作基本与前面所述各环节的日常信息采集相同，本书不再赘述。界面如图 4-21 所示。

图 4-21　苹果预冷记录界面

3. 产品加工记录

操作基本同前面所述的日常信息采集。操作界面如图 4-22 所示。

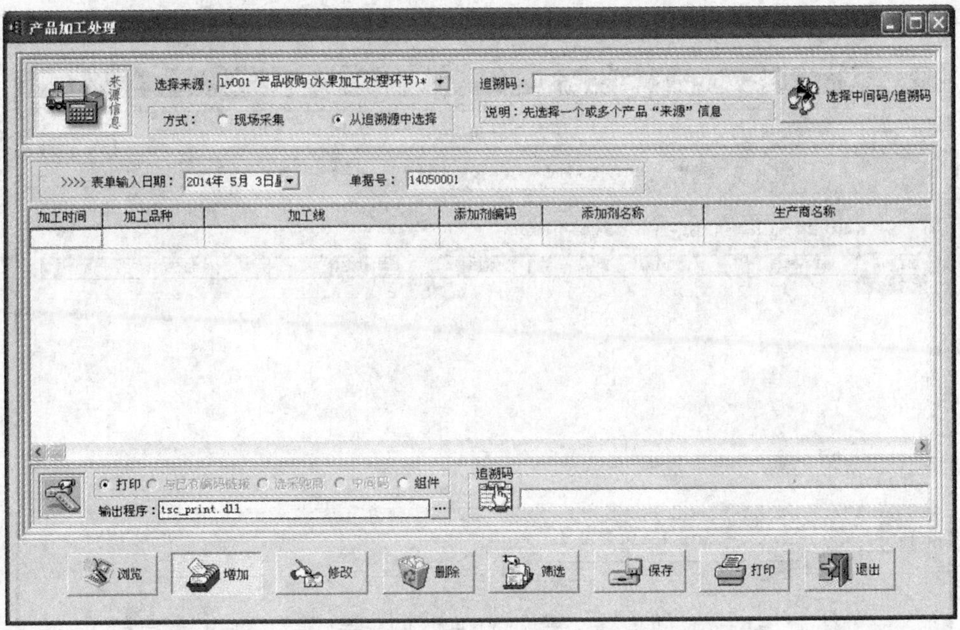

图 4-22　产品加工记录界面

首先点击“选择中间码/追溯源”按钮，打开追溯码选择对话框，如图 4-23 所示。

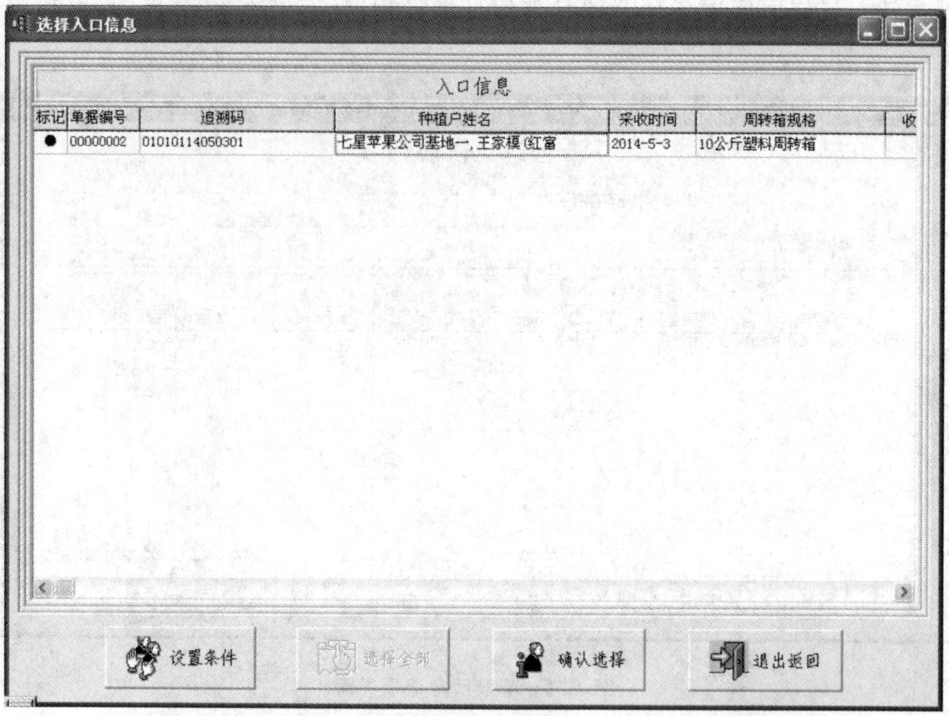

图 4-23 追溯码选择

在追溯码对话框内设好查询条件，查到所需产品批次追溯码，双击追溯码记录，确认选择。也可以现场用条码扫描枪采集追溯码，选择现场采集方式，如图 4-24 所示。

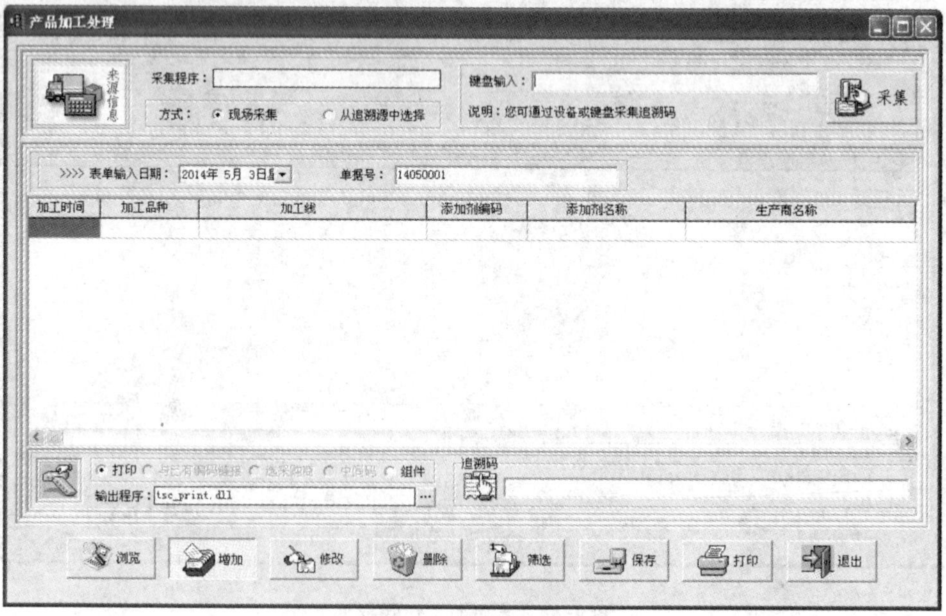

图 4-24 现场采集追溯码界面

用户可以用条码扫描枪直接将原有包装上的条码扫描进系统，显示在“键盘输入”后的编辑框内。如果条码枪不能正常工作，也可以用键盘输入条码。

接着输入产品加工记录，输入完后，点击“打印”按钮，打开“打印追溯码”对话框，如图 4-25 所示。

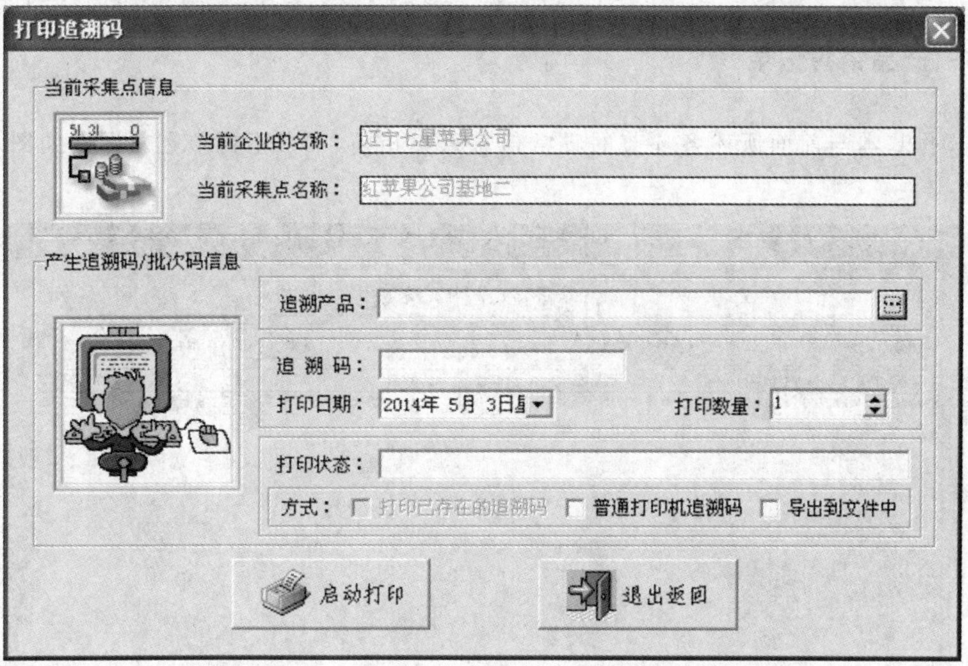

图 4-25　追溯码打印界面

点击“追溯产品”编辑框右侧的按钮，在打开的农产品简码窗口中选好包装规格。如图 4-26 所示。

产品包装规格确认后，点击图 4-25 界面上的“启动打印”按钮，控制条码打印机打印出追溯条码。打印完毕后退出返回。

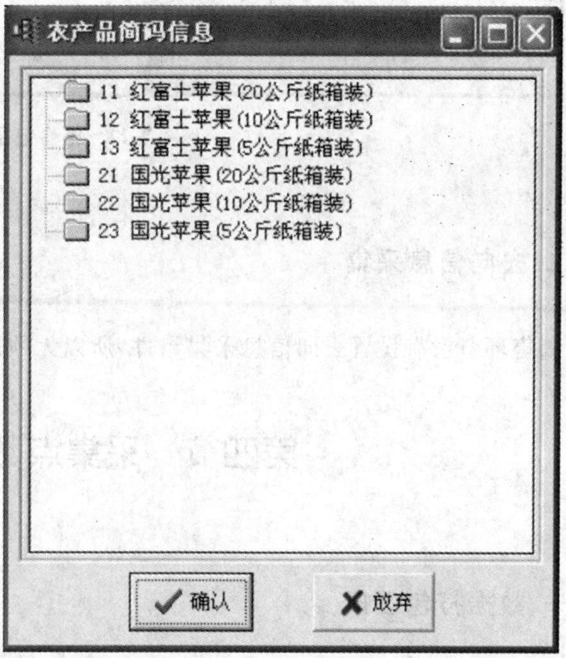

图 4-26　农产品简码

第三节　销售环节信息采集

一、产品销售记录

操作基本与前面所述各环节的日常信息采集相同，本书不再赘述。界面如图 4-27 所示。

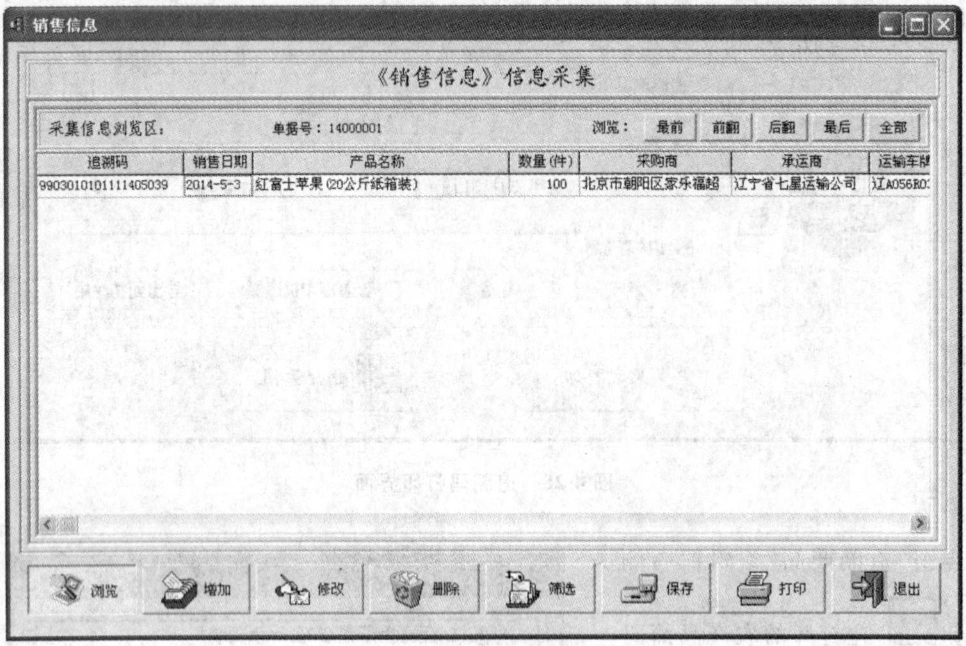

图 4-27　销售记录

二、去向信息采集

销售环节没有设置去向信息采集组件，所以无须采集信息。

第四节　采集点数据上报

一、数据打包上报

信息打包上报是采集点利用追溯系统将采集到的数据信息上传到企业数据中心的过

程。操作方法如下:选择“数据采集子系统”主菜单中的“数据上报”→“采集点数据上报至企业中心服务器”。如图 4-28 所示。

图 4-28 采集点数据上报菜单

打开操作界面如图 4-29 所示。

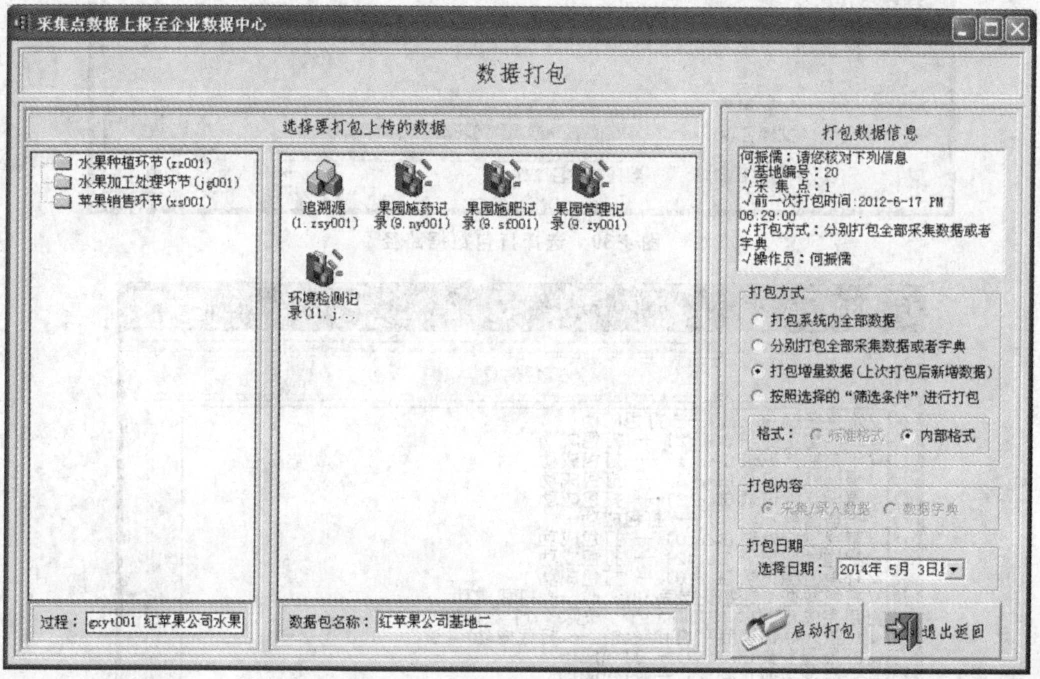

图 4-29 采集点数据上报操作界面

“采集点数据上报至企业数据中心”界面列出了种植、加工环节及其所属的信息采集单元名称。先在“数据存储形式”栏目下选择数据包的存储形式,通常选用“磁盘文件”形式存放上报数据包。“打包方式”默认为“打包增量数据(上次打包后新增数据)”方式,需要注意的是,第一次打包数据时必须选择“打包系统全部数据”方式。点击“启动打包”按钮,在弹出的“另存为”界面中,选择打包文件存放目录,打包文件名由软件自动生成,如图 4-30 所示。

点击“保存”按钮后,软件自动完成数据打包过程。如图 4-31 所示。

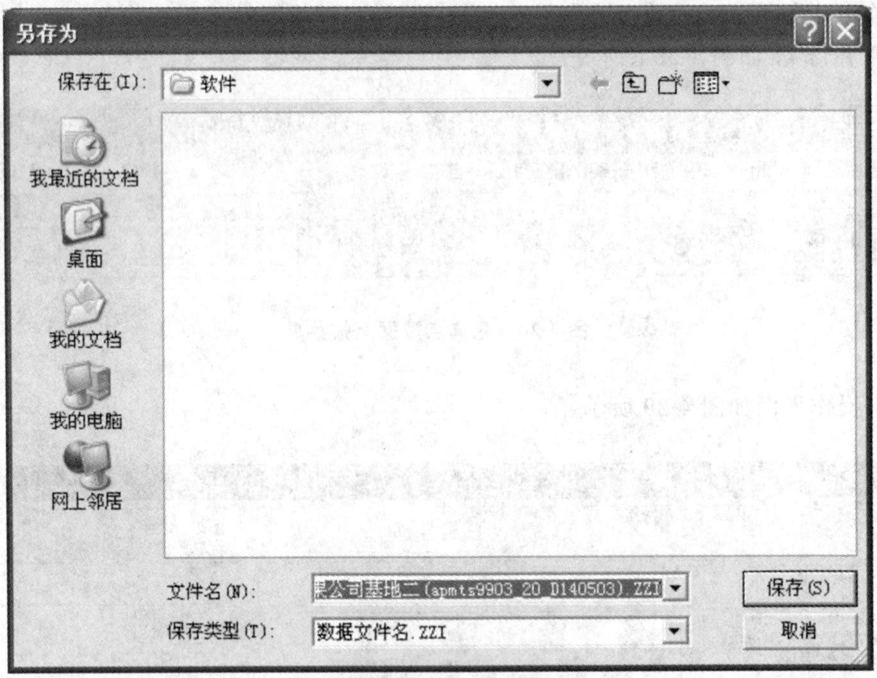

图 4-30 选择打包数据路径

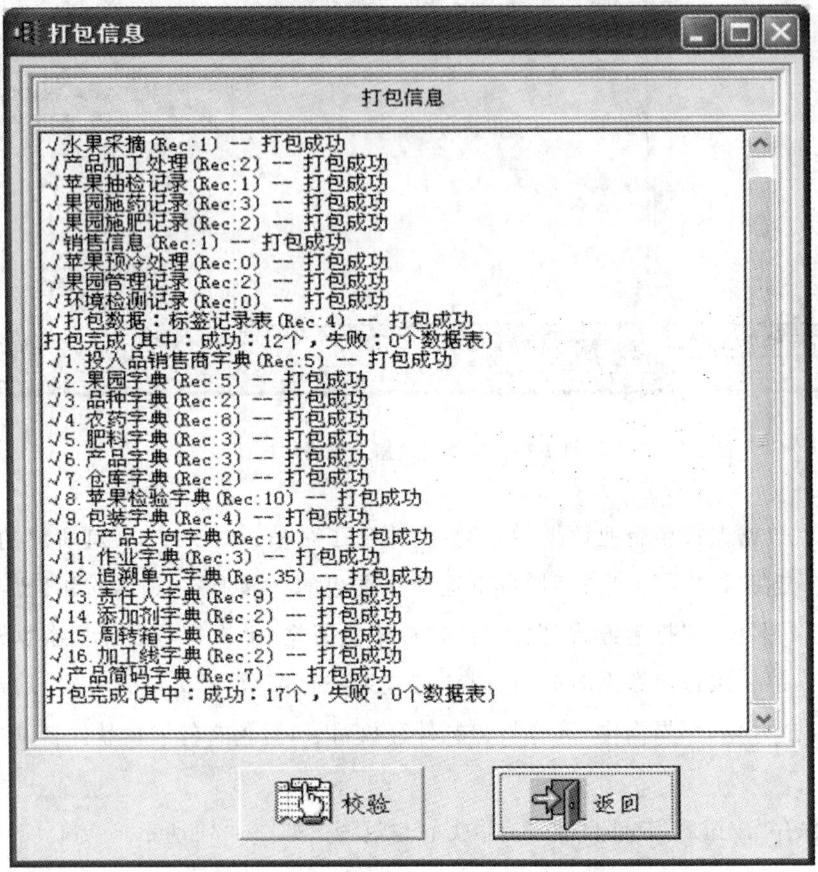

图 4-31 打包数据结束显示界面

二、数据打包注意事项

(一)什么时候需要用到采集点数据打包功能

当采集点计算机无法与企业数据中心服务器连成局域网、所采集的数据保存在本机上时,需要用到“采集点数据打包”。如果采集点计算机与企业数据中心服务器可以连成局域网、采集数据直接存储在服务器上时就不需要进行“采集点数据打包”处理。此外,若整个企业只用 1 台计算机来做追溯数据采集、数据上报时,也不需要做“采集点数据打包”处理。

(二)如果选择正确的打包方式

当某台用于采集(录入)追溯数据的计算机无法与汇总数据的计算机(即企业数据服务器)连成局域网(即该计算机无法通过网络将采集的数据存储到企业数据服务器的数据库)时,需要用到该功能,将存储在本地计算机硬盘(数据库)上的数据打成可以拷贝的数据包(即存盘文件),然后通过其他方式将数据包传送至企业数据服务器进行数据的接收、合并处理。

运行采集系统(Collection. exe),进入“数据查询上报”→“采集点数据上报至企业数据中心”,这时弹出图 4-32 操作界面。

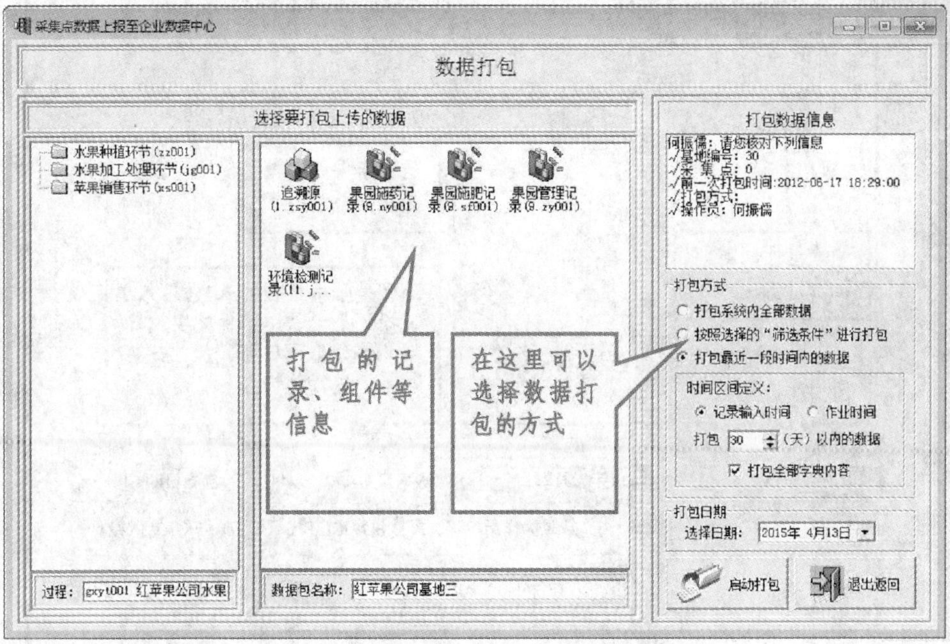

图 4-32 采集点数据上报至企业数据中心

系统供选择的打包方式有打包系统内全部数据、打包最近一段时间内的数据、按照选择的“筛选条件”进行打包 3 个选项。

1. 打包系统内全部数据

当未联网的计算机第一次打包数据时必须选用该方式，即将该计算机上存储的全部与追溯相关的数据完整地进行打包，并传至企业数据服务器。

本方式数据包文件名：

采集点名称(apmts[企业注册号]_[采集点编号]_Dyymmdd). DDM

其中：企业注册号：每个追溯企业唯一的 4 位编码

采集点编号：即打包计算机分配的唯一采集点编号

yymmdd：为打包当天的日期

例子：信息中心(apmts9903_50_D150410). DDM

2. 按照选择的"筛选条件"进行打包

可以根据实际需要，选择要打包的组件记录或按照日期、操作员、采集点编码等进行筛选后的记录(图 4-33)。若想浏览一下有哪些数据被打包，可点击"…"按钮进行预览(图 4-33 至图 4-35)。

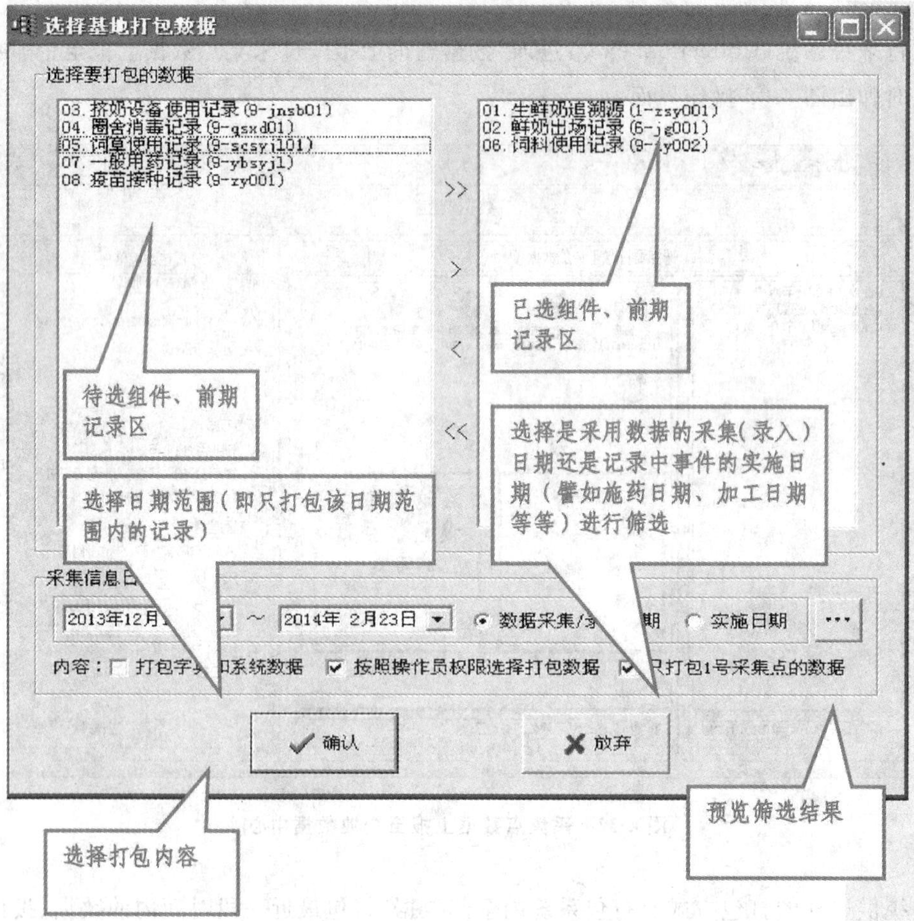

图 4-33 按照筛选条件进行打包

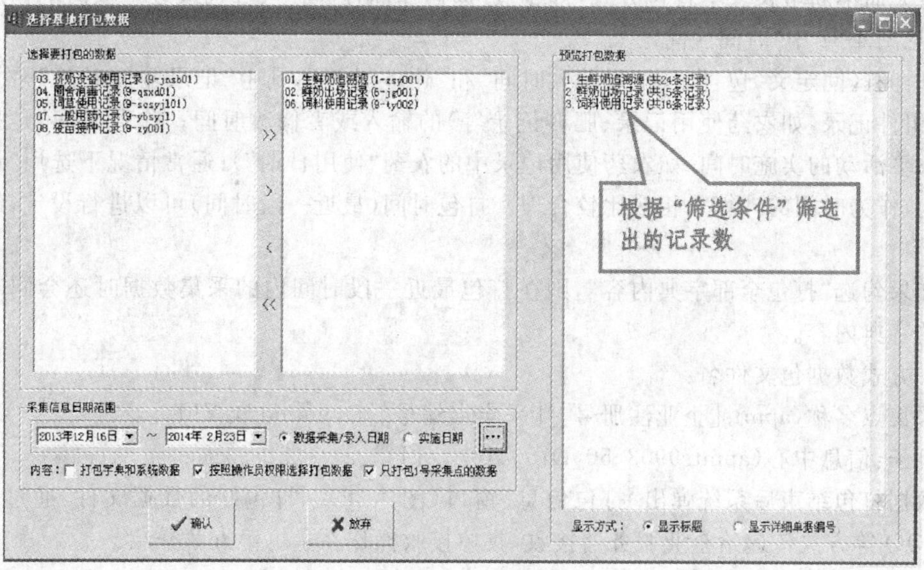

图 4-34　预览筛选后的组件记录数量

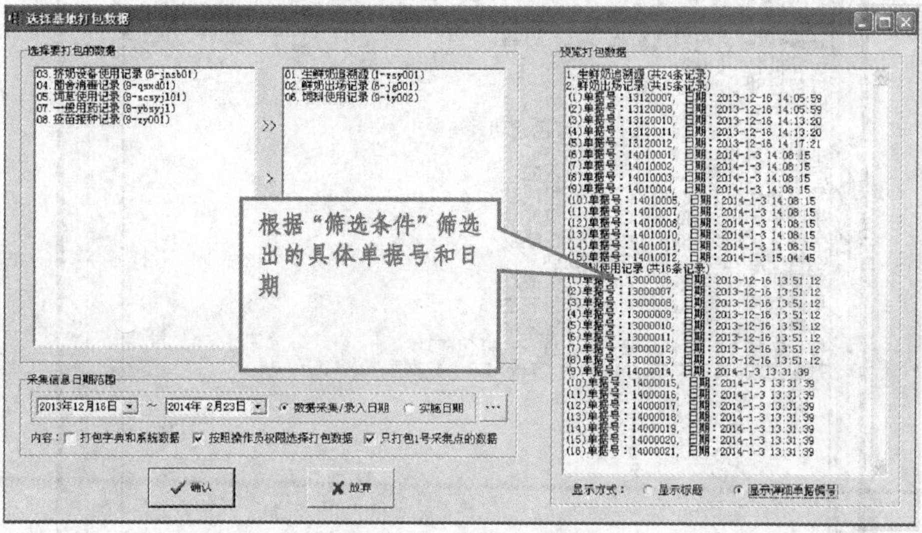

图 4-35　预览筛选后的单据号

本方式数据包文件名：

采集点名称(apmts[企业注册号]_[采集点编号]_Dyymmdd). ZJC

例子:信息中心(apmts9903_50_D150410). ZJC

3. 打包最近一段时间内的数据

由于追溯企业(尤其是养殖类企业)每天生产都需要采集(录入)大量的数据,日积月累数据量会越积越多,如果仍旧采用"打包系统内全部数据"的方式,则打包时间就会随着数据量的增大而不断增长。本打包方式可以通过选择“时间区间”只打包最近一段时间内新增的数据(见图 4-32 中“时间区间定义”)。

“时间区间定义”包含了“记录输入时间”和“作业时间”,其中“记录输入时间”是指采集数据(组件记录,如农药使用记录、肥料记录等)的输入或者修改时间;“作业时间”是指记录中某农事活动的实施时间(如农药使用记录中的农药“使用日期”);通常情况下选用“记录输入时间”作为时间的计算点相对比较合理。打包时间(最近一段时间)可以进行设定,缺省为 30 d。

如果勾选“打包全部字典内容”,则在打包最近一段时间内的采集数据时还会同时打包全部的字典内容。

本方式数据包文件名:

采集点名称(apmts[企业注册号]_[采集点编号]_Dyymmdd). ZJT

例子:信息中心(apmts9903_50_D150410). ZJT

数据打包结束后系统弹出“打包信息”窗口(图 4-36)。打包好的数据文件,通过 U 盘、电邮、QQ 等方式传递给企业服务器接收,具体接收操作在本书第五章介绍。

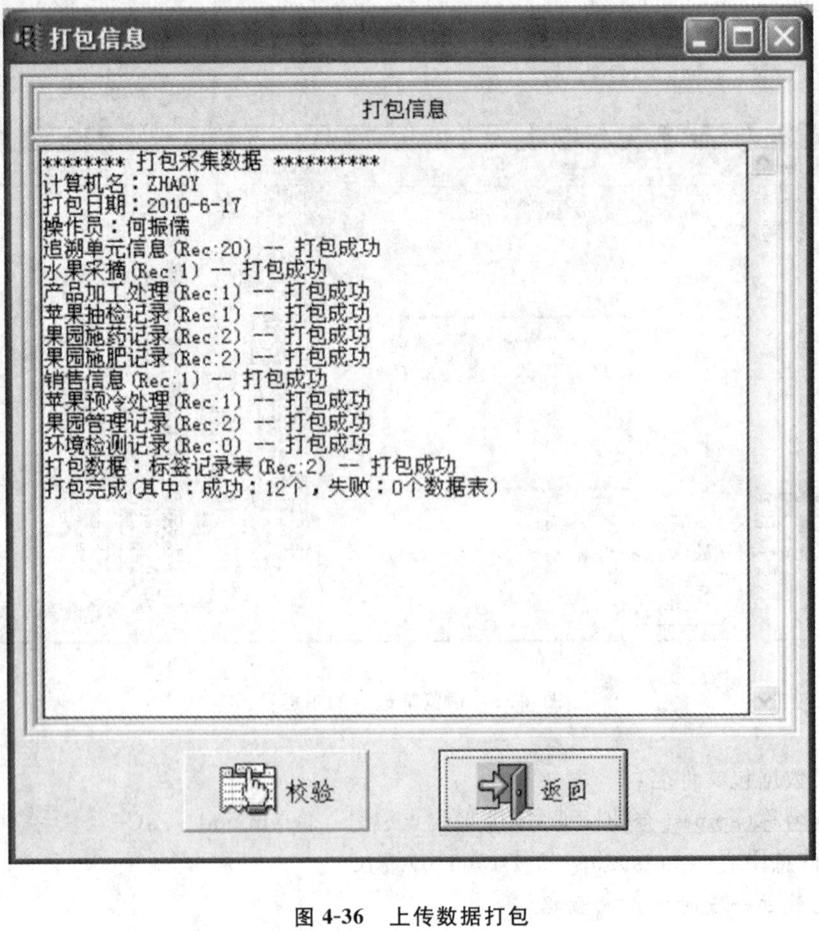

图 4-36 上传数据打包

第五章　追溯信息汇总和上报

学习目标

熟练掌握企业汇总子系统操作，接收各信息采集点上报的生产数据，并把数据汇总、上传到农业部数据中心。

第一节　信息接收与汇总

本功能只在企业数据服务器(即企业用于处理最终追溯数据，并将形成完整追溯链的数据上传至农业部数据中心的计算机)上使用，如果企业全部用于追溯的计算机已经连成局域网，并且采集的全部与追溯相关的数据全部存储在该台企业数据服务器上时，则不需要使用本功能。

一、接收采集点上报数据

在追溯软件目录下，双击追溯软件 apmts. exe 图标，启动追溯软件主界面(图 5-1)，点击第 3 项汇总子系统。

图 5-1　追溯系统主界面

登录汇总子系统、选择具有信息采集权限的用户登录，如图 5-2 所示。

图 5-2　汇总子系统登录界面

服务器接收采集点上传数据包流程如图 5-3 所示。

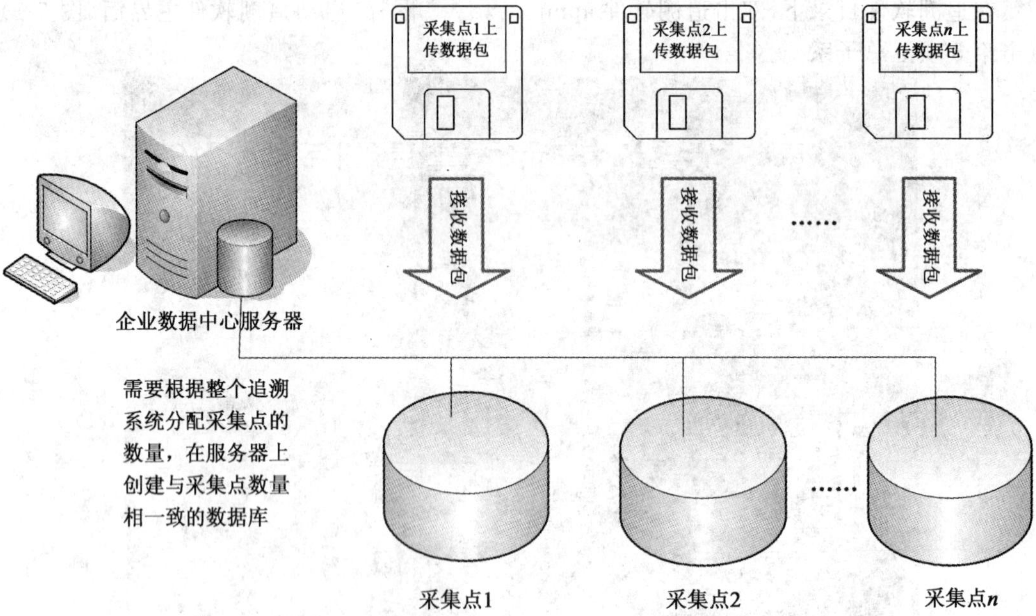

图 5-3　服务器接收采集点上传数据

如果汇总电脑服务器上面，采集点数据库还没有启用，必须先启用，如图 5-4 所示。

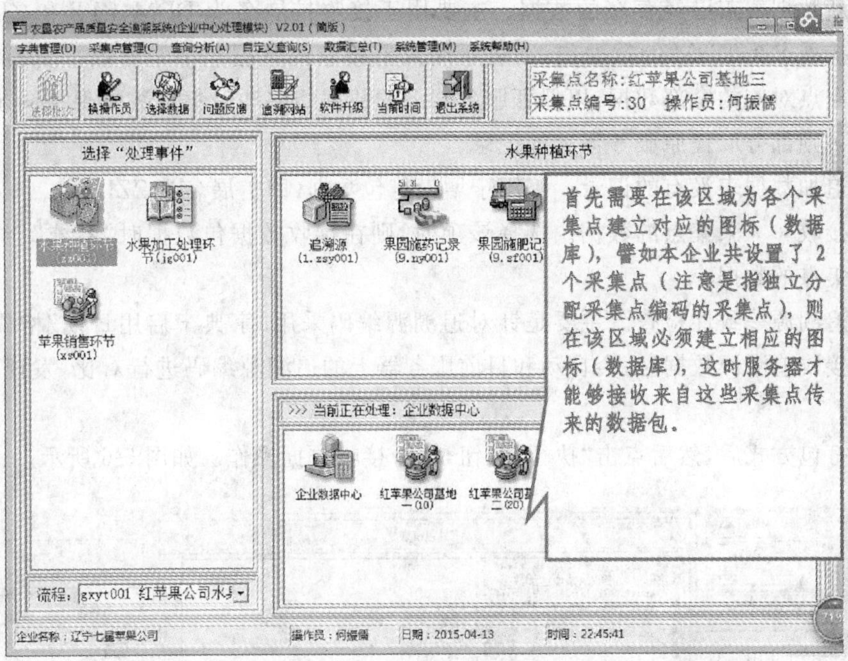

图 5-4 已经启用采集点数据库界面

启用操作方法：进入“采集点管理”→“采集点信息管理”，选择相应的采集点，然后点击“启用”即可。需要注意的是该功能只能在服务器上操作。

数据接收：进入“数据汇总”→“接收采集点上报数据”，然后找到采集点传过来的打包数据文件包，选中需要接收的数据文件包。如图 5-5 所示。

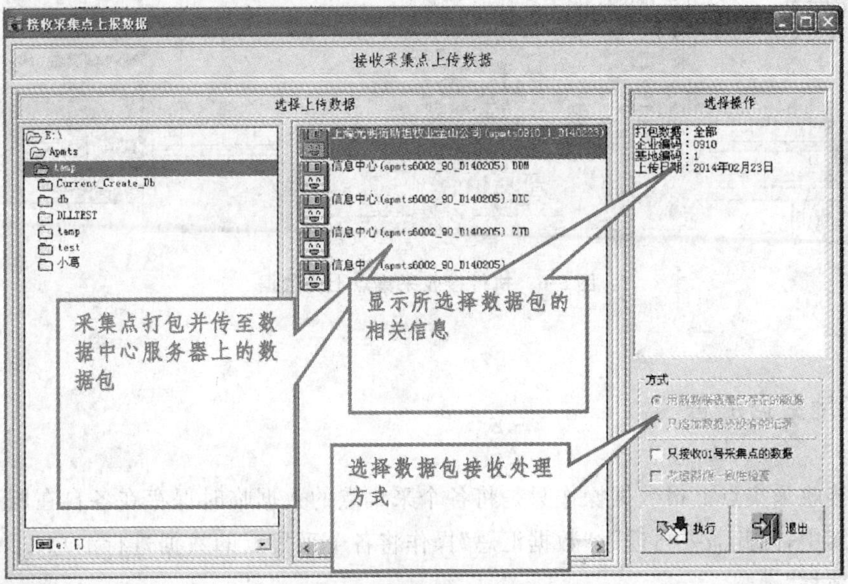

图 5-5 接收采集点上传数据

说明：

①用新数据覆盖已经存在的数据。主要用于接收扩展名为 DDM、ZJT 和 ZJC 的数据包。对应扩展名为 DDM 的数据包，则表示用目前接收的数据包中全部数据更换当前服务器中该采集点对应的全部数据，以保证服务器上的数据能够和采集点数据保持同步，其他格式的数据包则部分取代原服务器上的记录。

②只追加数据表没有的记录。仅用于增量打包数据(即扩展名为 ZZI)。

③只接收 * * 采集点的数据。选择该项时，则在接收数据包数据时“系统”会自动过滤掉非本采集点的数据。

④做追溯源一致性检查。主要是针对追溯源编码采用“字典＋启用日期”格式的数据，“系统”在接收追溯源数据时，会自动和目前服务器上的追溯源编码进行对比，发现不同时会予以提示。

选中打包方式后，然后点击“执行”按钮，执行接收数据操作。如图 5-6 所示。

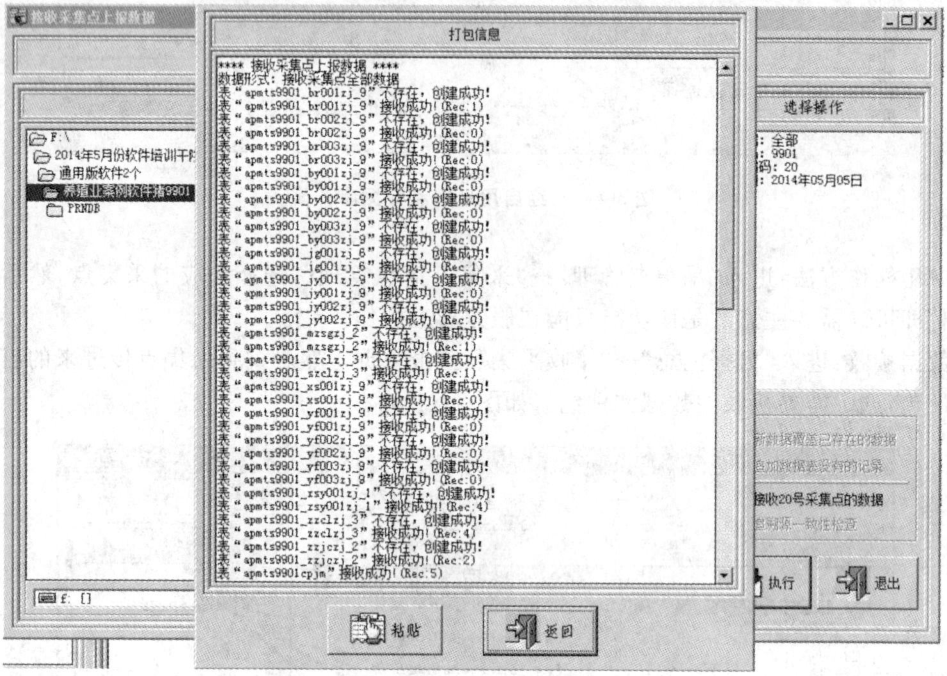

图 5-6　执行接收采集点上传数据

二、基地数据汇总

由于接收采集点上报数据操作只是将各个采集点的数据临时保存在各自在服务器上创建的数据库中，因此需要再通过“数据汇总”操作将各个采集点的数据进行汇总，形成企业完整的追溯数据。

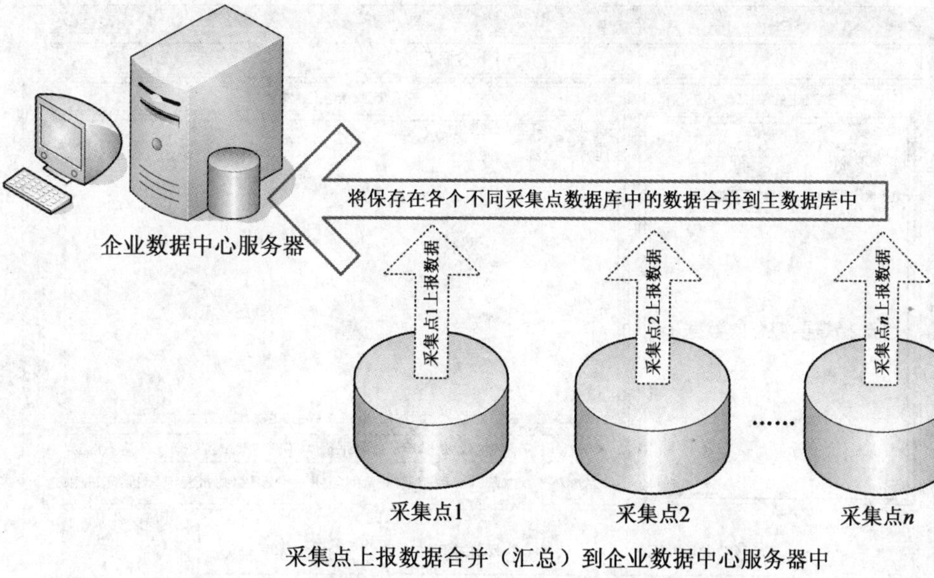

图 5-7　数据汇总处理

汇总操作步骤:点击“数据汇总”→“汇总各采集点上报数据”,进入图 5-8 所示操作界面:

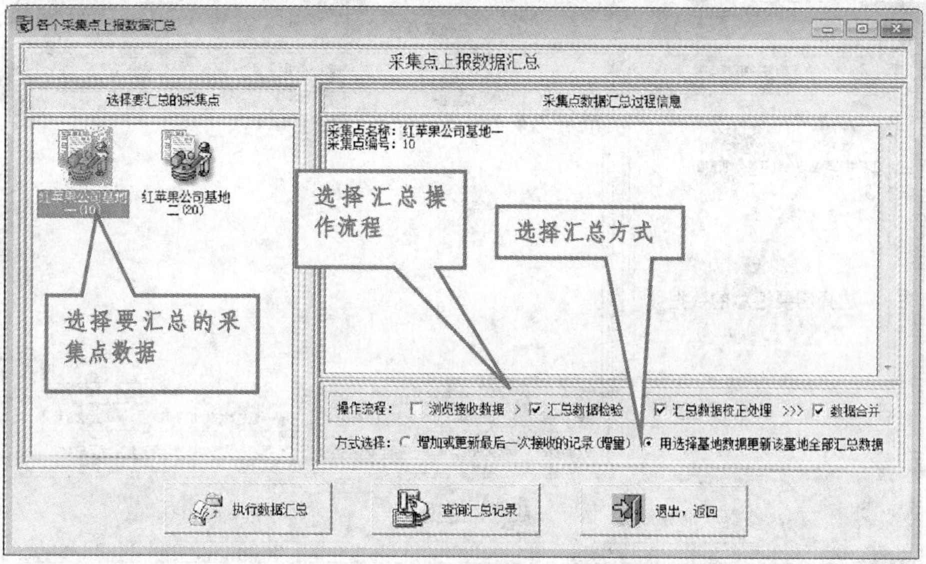

图 5-8　数据汇总操作界面

说明:

①浏览接收数据。浏览所选择采集点接收的数据,选择“浏览接收数据”,然后点击“执行数据汇总”按钮,查询结果见图 5-9。

②汇总数据检验。在汇总数据时建议选择该选项,以便在汇总前对数据的有效性进行检查。选择“汇总数据检验”,然后点击“执行数据汇总”按钮,查询结果如图 5-10 所示。

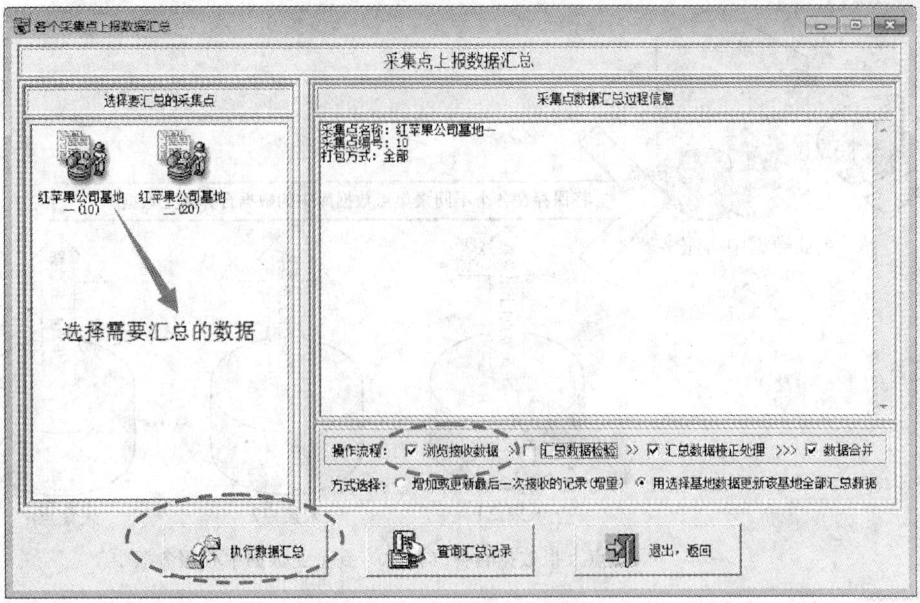

图 5-9　浏览接收数据

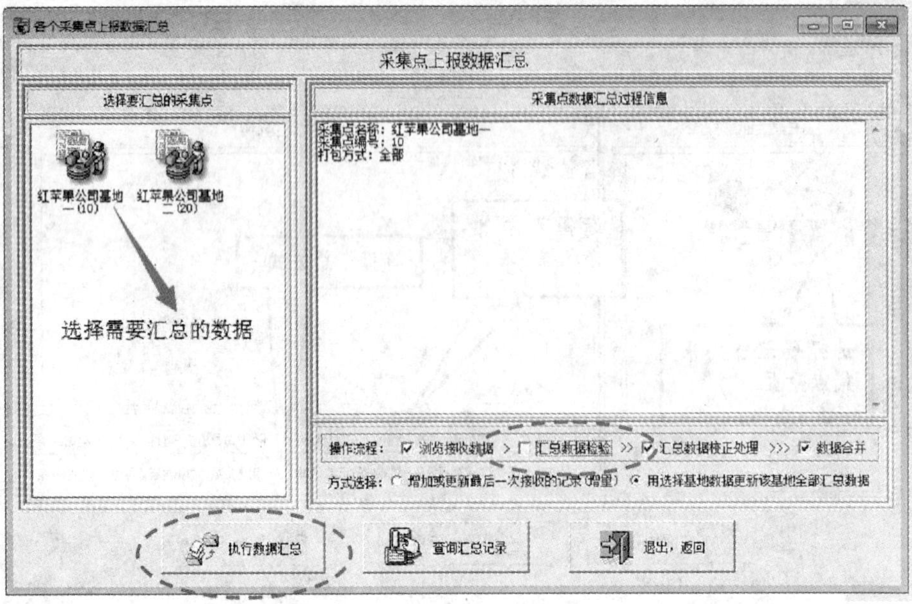

图 5-10　汇总数据检验

③数据合并。本操作完成将指定采集点的数据合并(汇总)到追溯主数据库中，以形成企业完整的追溯数据。

注意：在进行“采集点数据汇总”前，建议先对接收的各采集点数据进行检查，确认采集点上报数据无误时再做汇总，采集点数据一旦汇总到追溯主数据库中后将无法再进行剥离。检查各个采集点数据方法如下：

鼠标双击要查询采集点的图标，这时系统将自动与该采集点对应的数据库建立连接，然后鼠标点击相应的采集组件图标，就能够浏览该采集点对应的上报数据。鼠标双击“数据中心”图标，则系统将重新与追溯系统主数据库建立连接（图 5-11）。

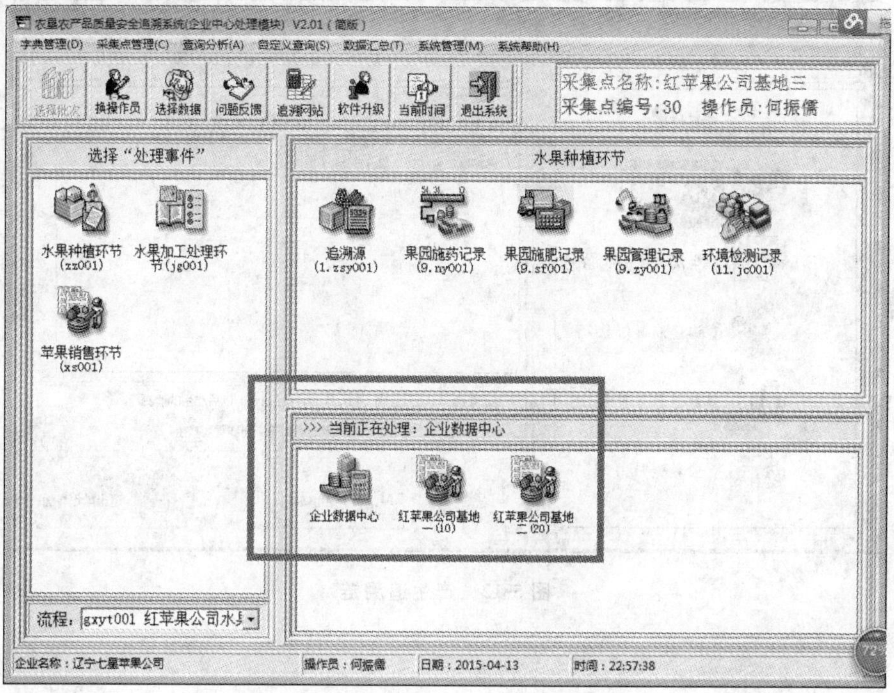

图 5-11　检查各个采集点上报的数据

第二节　数据上报到农业部数据中心

追溯信息数据接收汇总后，要上报到农业部农垦农产品质量追溯数据中心。数据上报有 6 个步骤，分别是数据校验、产生追溯链、产生消费者查询信息、查询追溯链信息、追溯信息上报农业部数据中心和企业数据归档等。

一、数据校验

对系统数据进行合法性验证，一般可以忽略。

二、产生追溯链

将企业汇总后的采集数据形成完整的追溯链。这个步骤是整个追溯系统能否对追溯产品实现追溯的关键。

具体操作如下：

在“企业汇总子系统”界面的主菜单中选择“数据汇总”→“企业追溯数据上传至农垦数

据中心”菜单。弹出“追溯数据上报”界面，点击左侧“上报数据处理流程”栏目中的“产生追溯链”，点击“产生追溯链”按钮，完成产生追溯链操作。如图 5-12 所示。

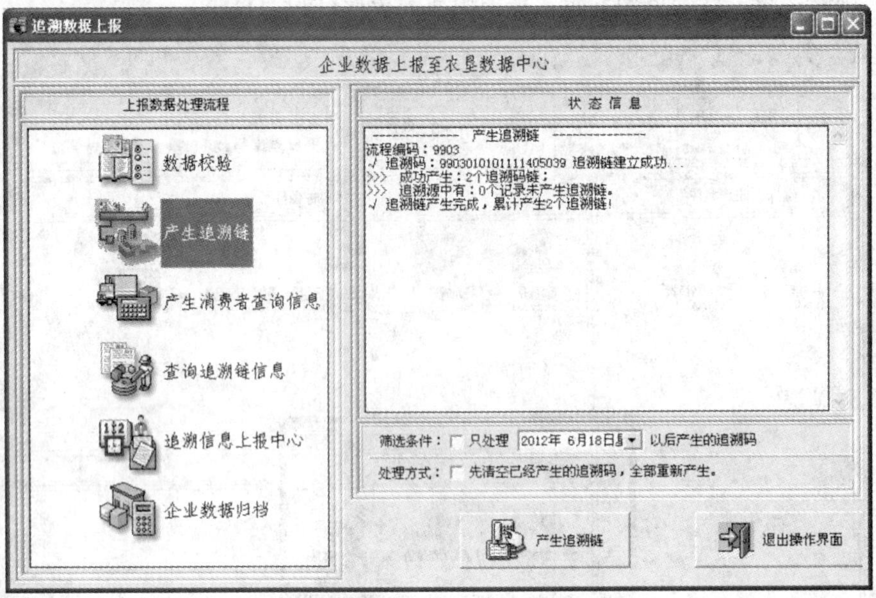

图 5-12　产生追溯链

三、产生消费者查询信息

在“追溯数据上报”界面中，选择左侧“上报数据处理流程”栏目中的“产生消费者查询信息”，点击“产生查询信息”按钮，产生消费者查询信息（包括短信、语音和网站），如图 5-13 所示。

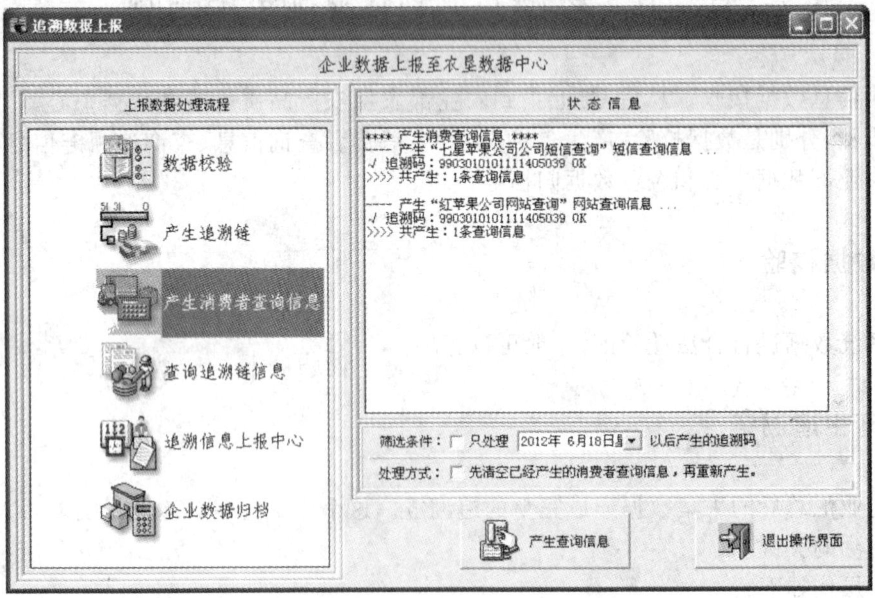

图 5-13　产生消费者查询信息

四、查询追溯链信息

该步骤可以查询追溯链和相应的采集信息产生的结果，如图 5-14 所示。

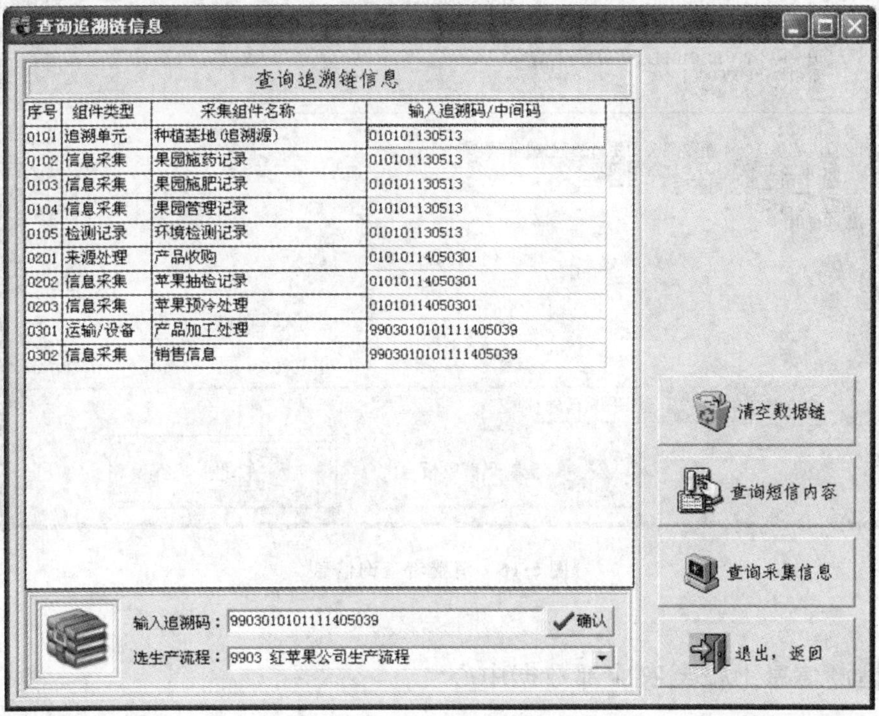

图 5-14　查询追溯链信息

这时在相应的组件对应的追溯码处双击鼠标，可以查询该追溯码对应的组件采集的信息，如图 5-15 所示。

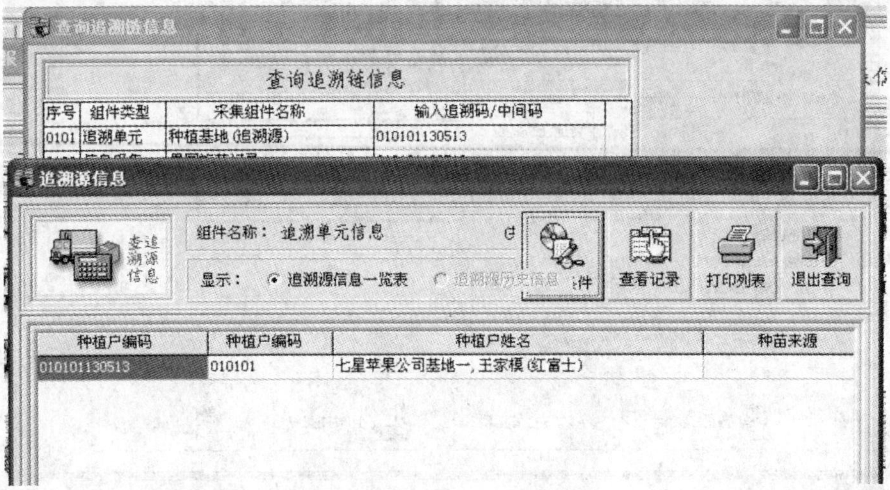

图 5-15　查询追溯链采集信息

点击“查询追溯链信息”界面右侧的“查询短信内容”则可以查询到形成的“消费者查询信息”，如图 5-16 所示。

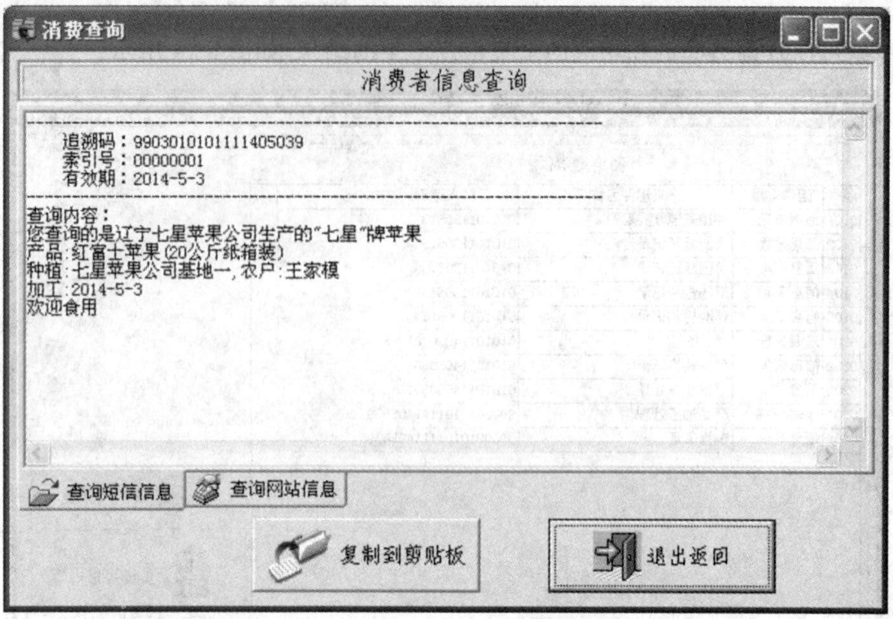

图 5-16　消费者查询信息

五、追溯信息上报至农业部数据中心

选择“追溯信息上报中心”，然后点击“上报追溯信息”，执行结果如图 5-17 所示。

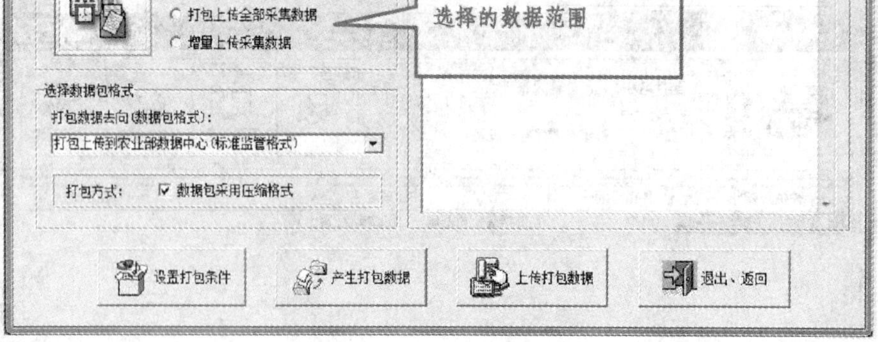

图 5-17　企业追溯信息上报

(一)选择打包内容

包含“打包上传农产品监管信息”和“打包上传消费者查询信息”2 个选项,也就是说企业在打包上传数据时,可以选择只打包消费者查询信息或者农产品监管信息。

(1)打包上传“农产品监管信息”。监管信息内容包含了涉及企业农产品生产全过程的信息,可以满足监管部门、质检中心等职能部门对该企业生产农产品的质量实施全程追溯与安全监管的需要。

(2)打包上传“消费者查询信息”。为满足消费者对所购产品的知情权而提供的产品信息;通常要求产品在上市前必须将相应的消费者信息上传至农业部数据中心,及时为消费者查询提供有效信息,因此企业必须根据实际情况做到实时上传,譬如生猪屠宰企业,由于屠宰后的猪肉每天都会进入市场,因此每天都必须在猪肉出厂前将消费者查询信息及时进行打包上传。

数据打包上传的时间节点:通常消费者查询信息要求产品在进入市场前必须完成“打包上传消费者查询信息”操作,确保消费者在买到产品时能够及时查询到该产品对应的追溯信息,避免引起不必要的投诉。因此,企业应根据自身产品上市的时间节点(譬如生猪屠宰企业,通常每天夜里屠宰,清晨上市)及时打包上传数据。

由于农产品监管信息主要是提供给政府监管部门、质检中心等查询、监管用的,且农产品监管信息涉及产品的完整生产链信息,数据采集量相对较大,其实时性没有消费者查询信息强,为此可以根据企业实际生产情况在一定时间间隔内打包上传。

(二)选择打包数据范围

(1)打包上传全部采集数据。如果你是第一次向农业部数据中心打包上传数据,那你必须选择该方式。该方式是将当前系统中完整的追溯数据全部打包、上传到农业部数据中心服务器,确保农业部数据中心服务器上能够接收到一套完整的企业追溯数据。

(2)按“设置打包条件”打包上传数据。如果你已经多次成功地向农业部数据中心服务器打包上传过数据,你可以选用该方式,以减少打包上传数据包的数据量,提高效率。

点击图 5-17 中的“设置打包条件”按钮可以完成相对复杂的设置(图 5-18)。如果你未进入图 5-17 所示界面设置过打包条件,则系统将自动选择如下缺省方式进行打包。

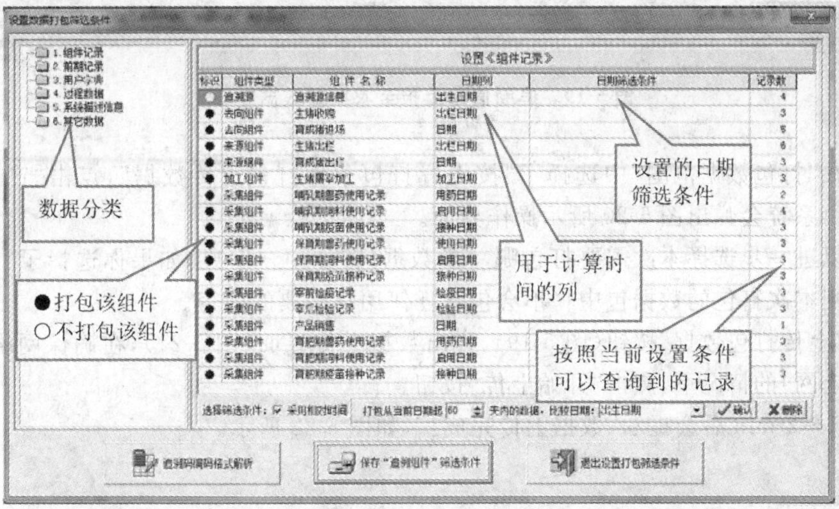

图 5-18　设置数据打包条件

组件记录:按照组件记录中记录输入或者修改日期,打包最近 60 d 的记录。

前期记录:按照前期记录中记录输入或者修改日期,打包最近 60 d 的记录。

字典及其他数据:在打包时选择。

如果你是一个初学者,建议你选择缺省方式打包。

(3)增量上传采集数据。每次打包只打包新增加的记录(即采用该方式,则系统中每条记录只有一次被打包的机会),由于该方式使用时需要一定的技巧,否则可能会造成上传到农业部数据中心服务器数据的缺失,因此不建议企业选用该打包方式。

(三)产生打包数据

点击图 5-17 所示界面中的“产生打包数据”按钮。如果这时“打包数据范围”选择的是“打包上传全部采集数据”,则会将当前系统中全部追溯相关数据都进行打包(图 5-19)。

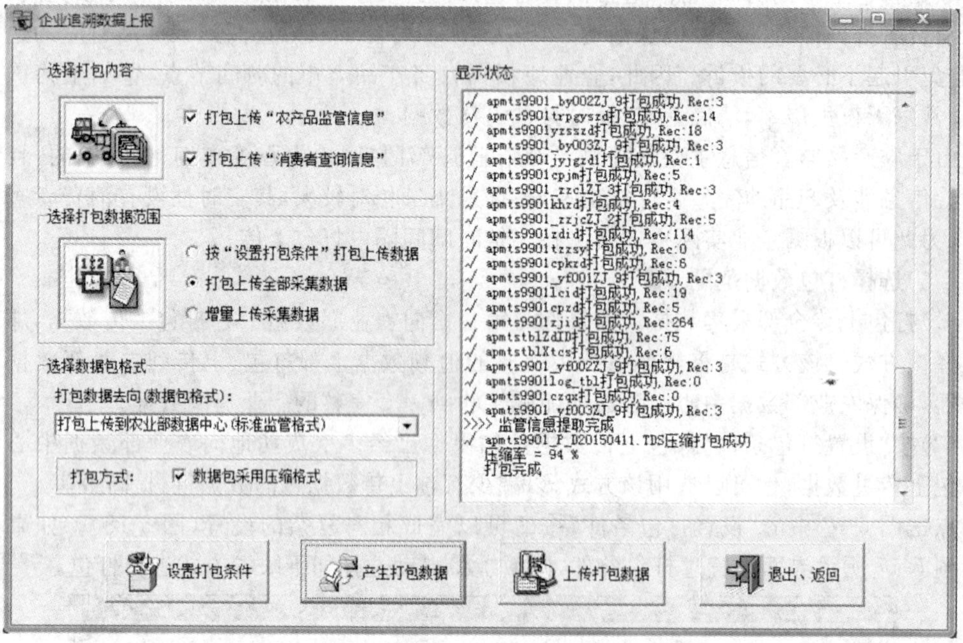

图 5-19 追溯信息上报至农业部数据中心

如果在“打包数据范围”中选择了“按设置打包条件打包上传数据”,点击“产生打包数据”按钮后,系统会弹出图 5-20 所示操作界面。

你可以进一步选择本次需要打包哪一类数据,譬如用户字典,如果你选择了“不打包该项内容”,则本次打包的数据包中将不会包含任何用户字典的内容。

点击“上传打包数据”按钮(图 5-19),弹出数据上传界面(图 5-21),在确保网络连通(服务器能够上网)的情况下,点击“开始上传”按钮。

通常 1~2 min 后会提示“数据上传完成!”,如图 5-22 所示。

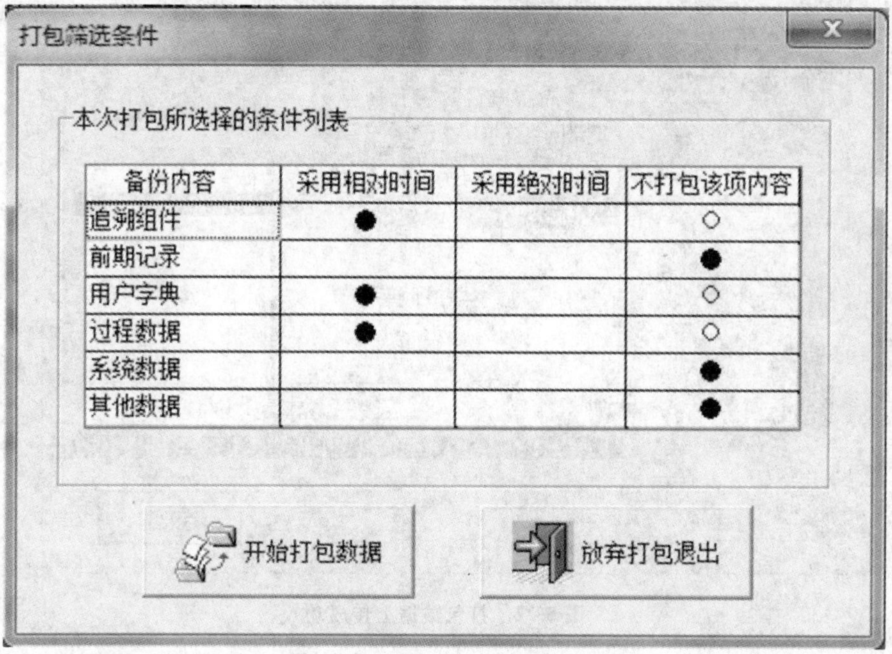

图 5-20　条件打包操作界面

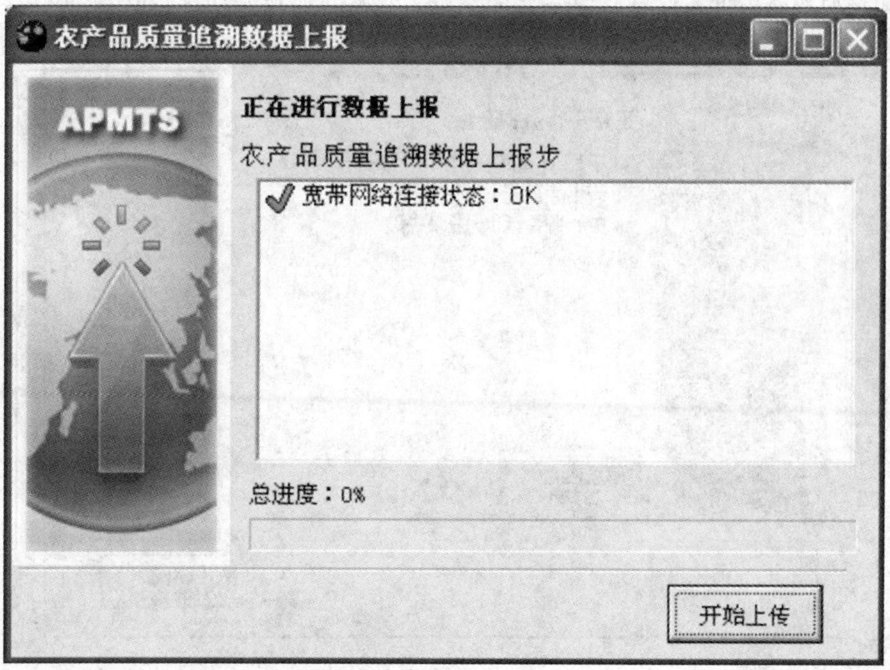

图 5-21　打包数据上传

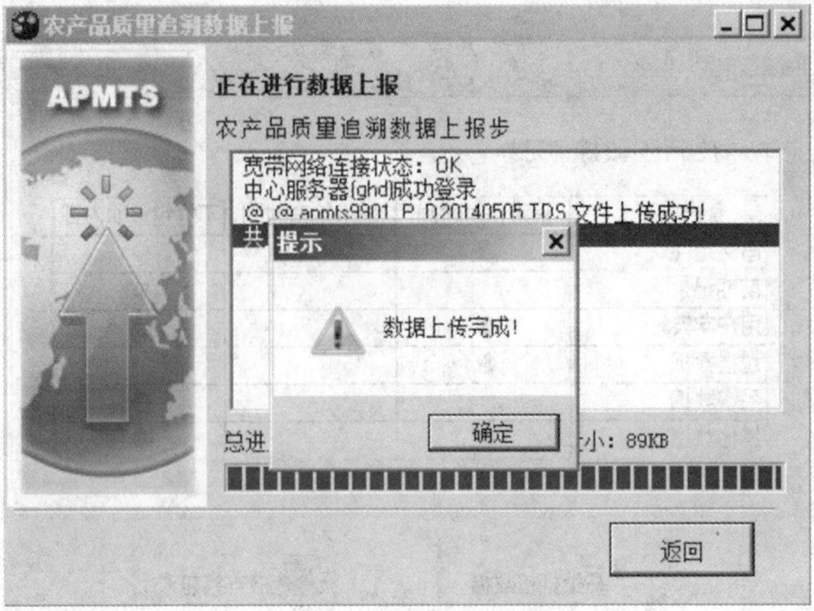

图 5-22　打包数据上传成功

注意：只有步骤（一）、步骤（二）和步骤（三）完成后，企业追溯数据才算正常地上传到了农业部数据中心，这时企业可通过短信、电话语音和网站等方法对上传数据进行查询。

假如数据无法正常上传或者与农业部数据中心服务器建立连接，如图 5-23 所示，在保

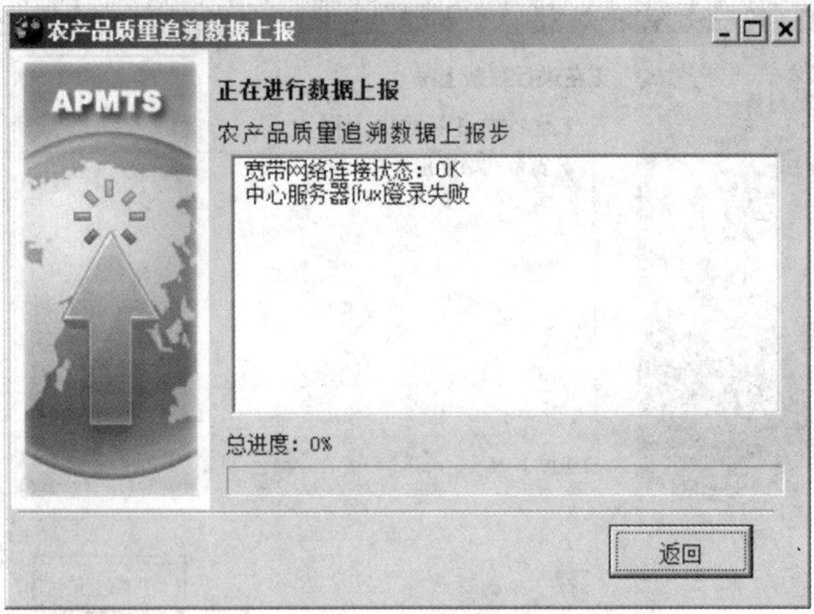

图 5-23　打包数据上传失败

证网络正常连通的情况下可重点检查一下追溯软件所在目录下的通信配置文件（FtpUpload. ini）内容是否正确，通信配置文件内容大致如下：

[FtpUpload]

Server＝202.127.42.139

Name＝apmts＋“企业注册码”

Password＝“密码”

Port＝21

FileName＝test.rar

AutoStart＝No

如果通信配置文件内容与上面内容不同，则需要和农垦农产品质量追溯项目组取得联系，寻求解决。

第六章　查询子系统

学习目标

熟悉追溯查询系统的使用，熟练掌握短信、语音、网站、多媒体触摸屏、二维码等几种常用查询方法。

一、短信查询

消费者通过移动、联通、电信等运营商提供的通信设备，编辑短信发送农产品质量追溯编号到特服号 1066958872，即可获得所需查询的追溯编号对应的农产品质量安全信息。

如编辑 10010301030109001167 发送到 1066958872，即可获得“您查的是江苏省农垦米业公司生产的苏垦真好吃(5 公斤)，种植基地：淮海农场，加工单位：临海米厂，加工日期：2009-1-16，产品认证绿色食品。”

二、语音查询

消费者通过拨打语音电话 4008190315，根据提示音输入需要查询的农垦农产品质量追溯编号，即可获得所需查询的追溯编号对应的农产品质量安全信息。

如输入 10010401030110006154，即可获得“您查的是江苏省农垦米业公司生产的苏垦真好吃(5 公斤)，种植基地：淮海农场，加工单位：淮海米业，加工日期：2010-5-15，产品认证绿色食品。”

三、网站查询

消费者通过登录农垦农产品质量追溯网站 http://www.safetyfood.gov.cn，输入农产品质量追溯编号，即可获得所需查询的追溯编号对应的农产品质量安全信息。如图 6-1 和图 6-2 所示(示例数据为江苏农垦米业集团有限公司)。

农垦农产品质量安全网
Reclamation of agricultural product quality safety net
首页
工作动态
重要通知
标准公告
质量有检测
农垦农产品质量追溯
追溯/防伪查询
0
1
2
3
4
5
6
7
8
9
清除
后退
The entrance
软件技术服务入口
Software technology service
展示平台填报
项目管理入口

图 6-1　网上查询界面

产品名称：　苏垦真好吃(5公斤)
产品认证：　绿色食品
生产企业：　江苏省农垦米业有限公司
种植基地：　淮海农场
加工基地：　临海米厂
加工日期：　2009-1-16
检测结果：　合格
Google
中国名牌产品
苏垦大米
江苏省农垦米业有限公司
江苏省农垦米业有限公司 成立于 2002 年，由江苏农垦着力发挥农业比较优势，提高稻米产业市场竞争力，整合垦区稻米产业资源组建而成。公司 始终坚持科、产、加、销、贸、储一体化的发展思路和产业化运作、标准化控制、组织化保障、科学化管理、品牌化经营、科技化支撑的运行模式， 率先发展成为江苏省稻米行业农业产业化国家重点龙头企业、江苏省粮食行业协会大米分会挂靠单位。“苏垦”牌大米发展成为江苏省第一批中国名牌农产品、中国名牌产品。 是江苏省综合实力最强的大型股份制国有粮食企业。截止 2007 年底，公司注册资金 6200 万元，资产总额62795 万元，员工 639 人；基地农场 18 家，其中股东农场 8 家；分 / 子公司 13 家，大米生产线 14 条，加工能力 60 万吨；稻谷烘干线 15 条，日烘干稻谷能力 4000 吨；总仓容能力 20 万吨，其中符合国家粮食储备标准的仓容 11.1 万吨。
公司坚持绿色经营理念。依托江苏农垦 “组织化、规模化、机械化、标准化”的种植模式 ，通过“公司 + 农场”实行 “六统一”管理，即“统一作物品种布局，统一生产资料供应，统一农艺栽培措施，统一机械化作业，统一病虫害防治，统一产品购销”， 建立无公害优质原粮基地近 90 万亩，其中： 绿色食品基地 50 万亩，有机食品基地 2 万亩。
公司实施科技创新发展战略。 各米厂配套国际先进水平的低温烘干线，稻谷收割后通过烘干直接入库储藏， 实现了稻谷不落地 。与高校院所合作，广泛运用 低温储粮、机械通风、粮情预警等先进的绿色、科学储粮技术， 保证同一品牌同一品种同一质量 。加工主设备均从日本佐竹和瑞士布勒等公司进口，设施装备国内一流。

图 6-2　查询结果界面

四、多媒体触摸屏查询

农产品生产企业也可以在专卖店、特约商户或展会现场，设置多媒体触摸屏查询设备，消费者不仅可以通过多媒体触摸屏查询到可追溯产品的质量追溯信息，还可以以更形象、更生动的方式获得更多农产品生产企业的其他展示信息。如江苏农垦米业集团有限公司专卖店多媒体触摸屏查询(图 6-3)。

图 6-3　多媒体触摸屏查询界面

通过触摸键盘或者条码扫描枪输入:1001030103010901167,即可获得如图 6-4 所示结果。

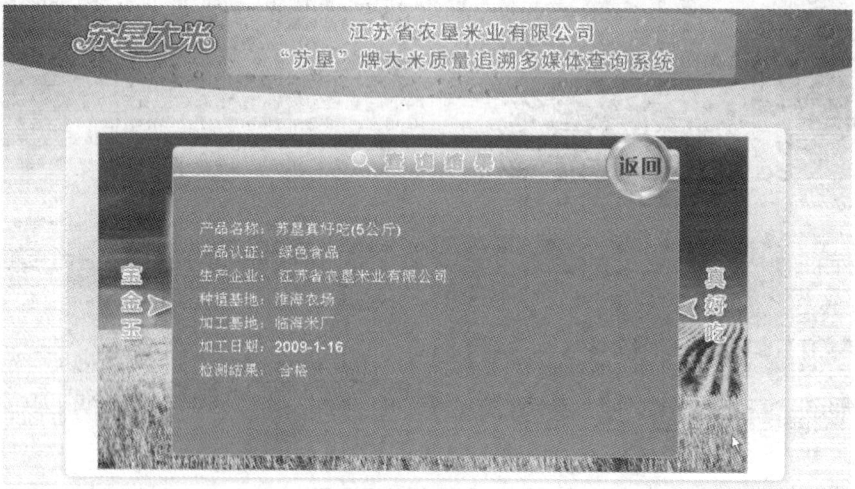

图 6-4　多媒体触摸屏查询结果界面

五、二维码查询

消费者通过智能终端(手机、ipad 等)里面安装的应用程序如微信、我查查等扫描二维码软件,对追溯产品包装上面的“二维码追溯标签”,如图 6-5 所示,进行扫描识别后,可以自动打开农垦追溯智能终端查询页面,即可获得所查询的追溯编号对应的农产品质量安全信息,如图 6-6 所示。

图 6-5　二维码追溯标签

图 6-6　二维码追溯查询结果

第七章　监管子系统

学习目标

通过本章的学习和实训，使学生了解监管系统的主要功能；掌握企业信息报送、网上监管、实地核查、质量检测、信息反馈、工作动态、统计分析、项目管理等实训操作技术；熟练掌握企业基本数据的填报及产品质量安全网络监管技术。

农垦农产品质量监管综合平台（以下简称“监管子系统”）是以信息网络为依托，整合产品认证、农业标准化、产品质量安全检测、投入品使用等质量安全相关信息，集信息填报、信息查看（监管）、信息交换（意见反馈）于一体，各级管理部门、质量监管部门、生产企业分级授权管理、实现实时动态监控产品质量安全信息的一个双向交流平台。

从业务要求看，监管子系统是一个信息枢纽，具备3方面功能：一是信息汇集功能，满足各级管理部门、质检部门、项目单位（创建单位、承担单位）间信息报送要求；二是内部交流功能，各级管理部门、质检机构针对项目单位在农产品生产过程中存在的问题，采用网上留言方式，监督、指导企业及时改进；三是汇总分析功能，通过监管子系统可以对农垦系统的农产品认证情况、基地建设情况进行综合统计分析。

一、信息报送

在“农垦农产品质量安全信息网”（http://www.safetyfood.gov.cn）右侧的“监管平台入口”栏目下，点击“监管平台入口”，弹出登录页面，如图7-1所示。

在登录页面输入用户名、密码、验证码，点击“登录”按钮即可登录，进入监管主界面。如图7-2所示。

不同用户进入监管平台后，系统会根据其权限自动调整界面功能菜单。

（一）基本情况的录入

主要填报企业名称、联系人、联系方式、企业简介等基本信息。企业简介文字控制在300字以内，应围绕质量安全反映企业主要农产品生产管理情况。

操作说明：在监管子系统界面的主菜单中选择“信息填报”→“基本情况”菜单。在打开的界面中（图7-3）点击本单位的名称，在弹出的输入框内输入相关信息（图7-4）。输入完成后点击“保存”按钮。

注意：“企业注册码”由追溯项目工作组统一分配，不允许修改，必须保证整个系统唯一。

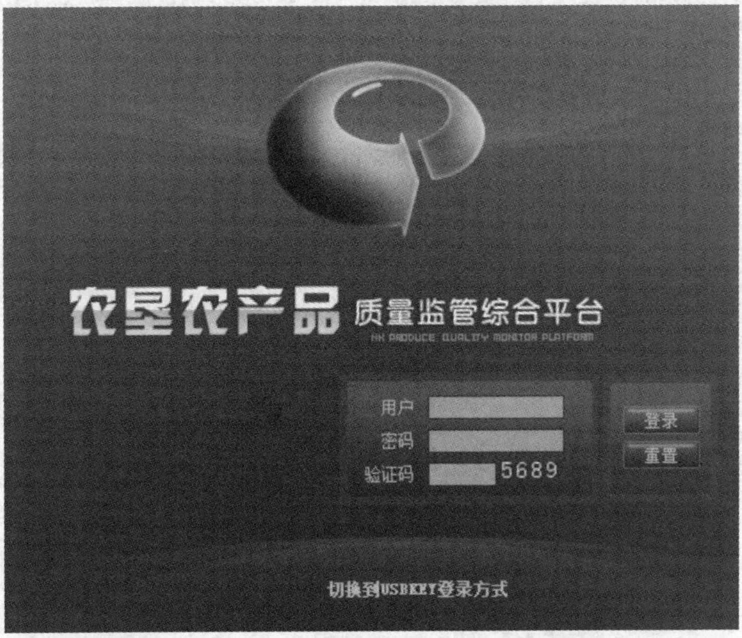

图 7-1　农垦农产品质量监管综合平台登录页面

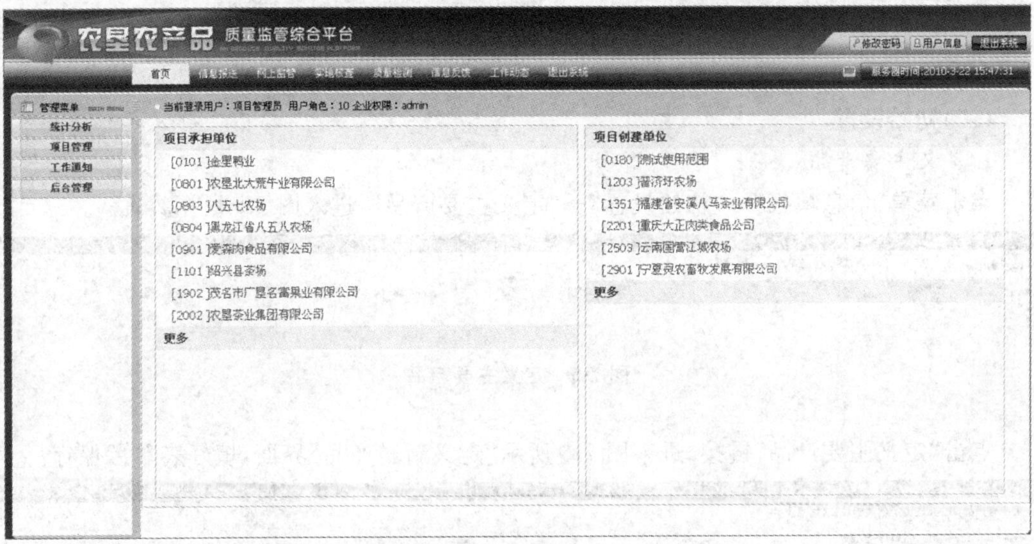

图 7-2　农垦农产品质量监管综合平台界面

企业列表　企业注册码　搜索　添加企业

企业注册码	企业全称	地址	法人代表	企业联系电话	企业网站	操作
0109	【创建单位】北京天高畜牧有限责任公司	北京市朝阳区农展南里12号	郑翼田	010-99999999 /13900009999	www.bjtq.com.cn	修改

1　Page 1/ 1　Prepage 12　Total 1

图 7-3　基本情况界面

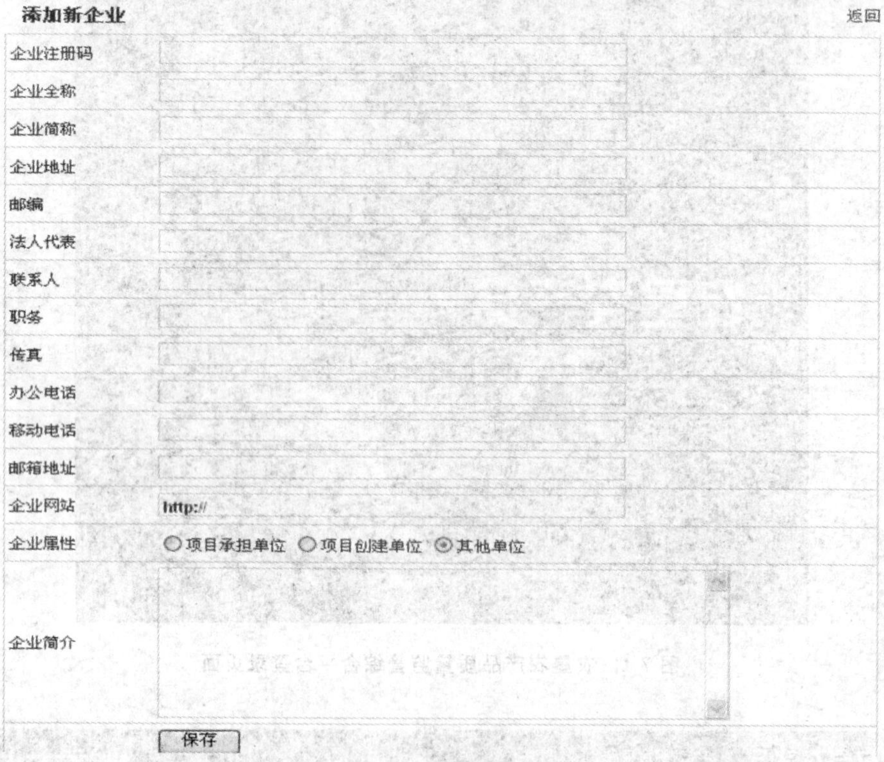

图 7-4　企业基本情况录入界面

(二)初始设置

1. 定义主要产品

点击菜单“信息填报”→“初始设置”→“定义主要产品”,进入图 7-5 所示界面。

图 7-5　定义主要产品

点击“定义主要产品”链接,进入图 7-6 所示“定义新增产品”界面,填好表单后保存。

图 7-6　定义新增产品

点击“点击这里选择产品分类”弹出产品分类列表，可选择产品如表 7-1 所示。

表 7-1 产品分类列表

序号	分类	产品	备注
1	种植业类		
1.1		茶叶	
1.2		水果	
1.3		米	
1.4		面	
1.5		油	
1.6		薯	
1.7		豆	
1.8		蔬菜	
2	养殖业类		
2.1		畜肉	
2.2		禽肉	
2.3		蛋	
2.4		水产	
2.5		乳品	

2. 定义投入品

软件系统根据创建单位选择的产品种类自动划分投入品种类，种植业自动分为肥料、农药、消毒剂、其他投入品 4 大类；养殖业自动分为饲料、疫苗、兽药、消毒剂、其他投入品 5 大类。用户定义投入品需要定义投入品明细。

点击菜单“信息填报”→“初始设置”→“定义投入品”，进入图 7-7 所示“定义投入品”界面。

选择企业、产品后，点击“查看”按钮，系统根据用户已经定义的“主要产品”类别自动生成产品生产流程及各环节记录表。点击“操作”栏下“登记投入品明细”进入图 7-8 所示“登记投入品明细”界面。

点击“新增”增加投入品（各类投入品登记内容明细见附件），点击“返回”返回到“定义投入品”界面。

(三)产品认证情况录入

产品认证是企业产品质量安全水平的一个重要评价指标。填报范围应包含企业取得的无公害、绿色、有机、农产品地理标识等各类产品认证。部分企业可能会持有多种认证，无论认证是否处于有效期，在运行此功能时应悉数填报。对有些单位取得的非农业部有关机构的认证，也应悉数填报。具体填报内容见操作说明。

信息填报->初始设置->定义投入品

选择企业 00000002 测试用xx创建单位 产品 -=请选择=- 查看

企业：【00000002】测试用xx创建单位　产品：猪肉　流程：猪肉生产流程

序号	环节名称		
20	养殖环节	记录	操作
	↓	兽药使用记录	登记投入品明细
	↓	疫苗使用记录	登记投入品明细
	↓	饲养喂食记录	登记投入品明细
	↓	其他投入品使用记录	登记投入品明细
21	运输环节	记录	操作
	↓	消毒剂使用记录	登记投入品明细
	↓	其他投入品使用记录	登记投入品明细
22	加工包装环节	记录	操作
	↓	其他投入品使用记录	登记投入品明细

图 7-7　定义投入品

信息填报->初始设置->定义投入品->登记投入品明细

登记投入品明细 新增 返回

企业信息：[00000002]测试用xx创建单位

投入品字典：[0101000001]农药投入品

农药编码	农药商品名	农药通用名	生产商名称	生产许可证号	农药登记证号	生产批准文号	农药执行标准编号	施用作物及防治对象	剂型及含量	施用量(克或毫升/次.亩)或稀释倍数	产品有效日期	安全间隔期(天)	生长期使用次数	操作

图 7-8　登记投入品明细

1. 无公害农产品操作说明

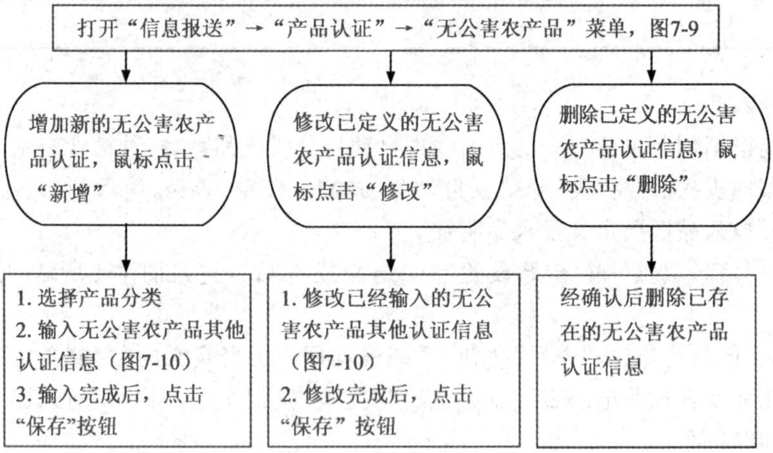

打开“信息报送”→“产品认证”→“无公害农产品”菜单，图7-9
增加新的无公害农产品认证，鼠标点击“新增”
修改已定义的无公害农产品认证信息，鼠标点击“修改”
删除已定义的无公害农产品认证信息，鼠标点击“删除”
1. 选择产品分类
2. 输入无公害农产品其他认证信息（图7-10）
3. 输入完成后，点击“保存”按钮
1. 修改已经输入的无公害农产品其他认证信息（图7-10）
2. 修改完成后，点击“保存”按钮
经确认后删除已存在的无公害农产品认证信息

无公害农产品 0109 北京天禽畜牧有限责任公司 查找 新增

序号	产品名称	产地地址	批准产量(吨)	证书编号	认证机构	认证日期	有效开始日期	有效终止日期	备注	操作
1	冷冻鸭批	北京天禽畜牧有限责任公司	300000	J200500090090	农业部无公害产品认证中心	2005-4-30	2005-5-1	2010-4-30		修改 删除

1　Page 1/1　Prepage 12　Total 1

图 7-9　无公害农产品认证

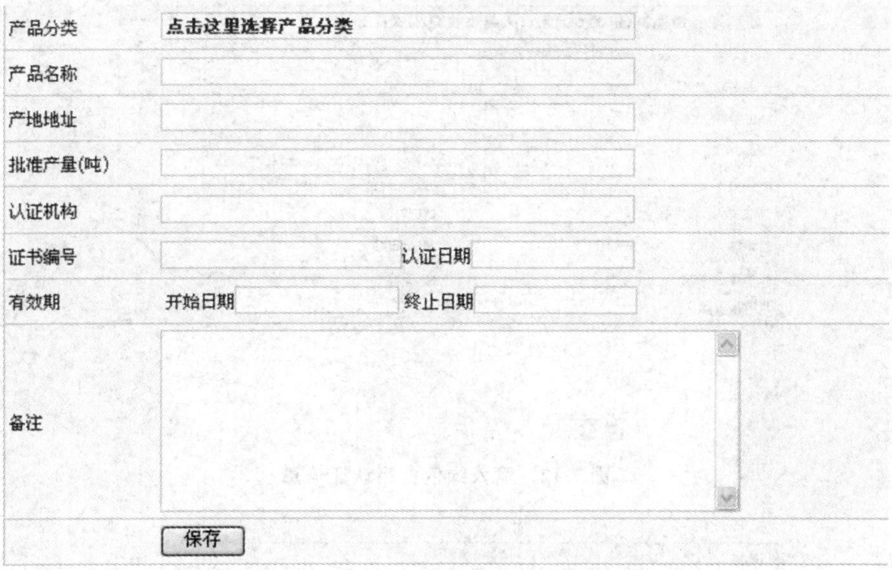
产品分类
点击这里选择产品分类
产品名称
产地地址
批准产量(吨)
认证机构
证书编号
认证日期
有效期
开始日期
终止日期
备注
保存

图 7-10　输入无公害农产品认证信息

2. 绿色食品操作说明

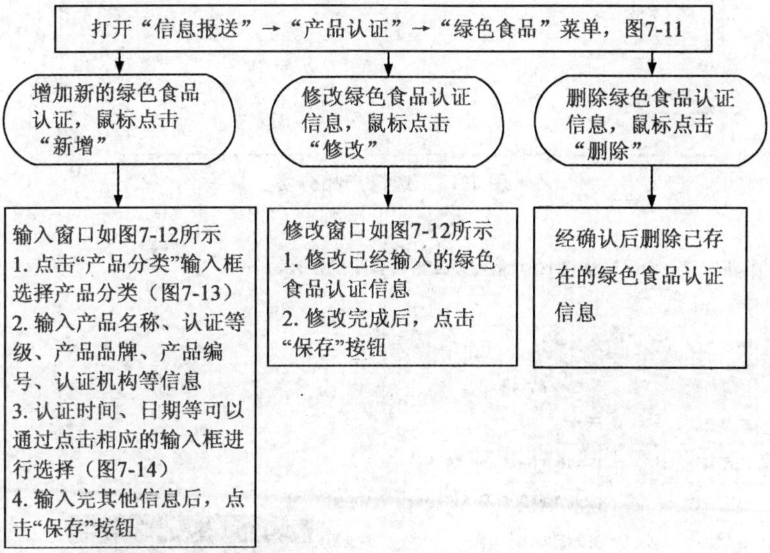
打开“信息报送”→“产品认证”→“绿色食品”菜单，图7-11
增加新的绿色食品认证，鼠标点击“新增”
修改绿色食品认证信息，鼠标点击“修改”
删除绿色食品认证信息，鼠标点击“删除”
输入窗口如图7-12所示
1. 点击“产品分类”输入框选择产品分类（图7-13）
2. 输入产品名称、认证等级、产品品牌、产品编号、认证机构等信息
3. 认证时间、日期等可以通过点击相应的输入框进行选择（图7-14）
4. 输入完其他信息后，点击“保存”按钮
修改窗口如图7-12所示
1. 修改已经输入的绿色食品认证信息
2. 修改完成后，点击“保存”按钮
经确认后删除已存在的绿色食品认证信息

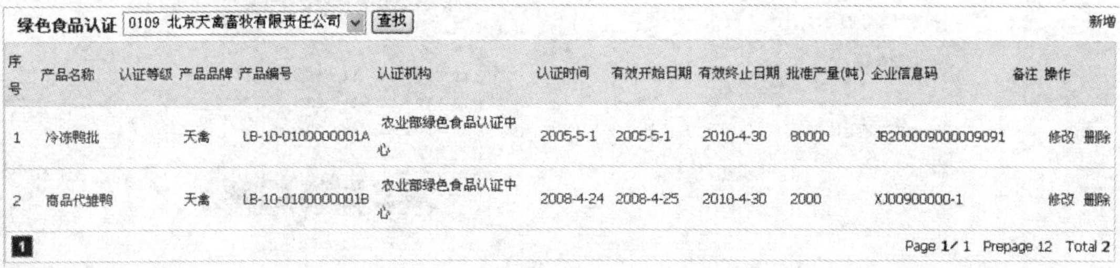
绿色食品认证　0109 北京天禽畜牧有限责任公司　查找　　新增

序号	产品名称	认证等级	产品品牌	产品编号	认证机构	认证时间	有效开始日期	有效终止日期	批准产量(吨)	企业信息码	备注	操作
1	冷冻鸭批		天禽	LB-10-0100000001A	农业部绿色食品认证中心	2005-5-1	2005-5-1	2010-4-30	80000	JB200009000009091		修改 删除
2	商品代雏鸭		天禽	LB-10-0100000001B	农业部绿色食品认证中心	2008-4-24	2008-4-25	2010-4-30	2000	XJ00900000-1		修改 删除

1　　Page 1/ 1　Prepage 12　Total 2

图 7-11　绿色食品认证

图 7-12　输入绿色食品认证信息

图 7-13　选择产品分类

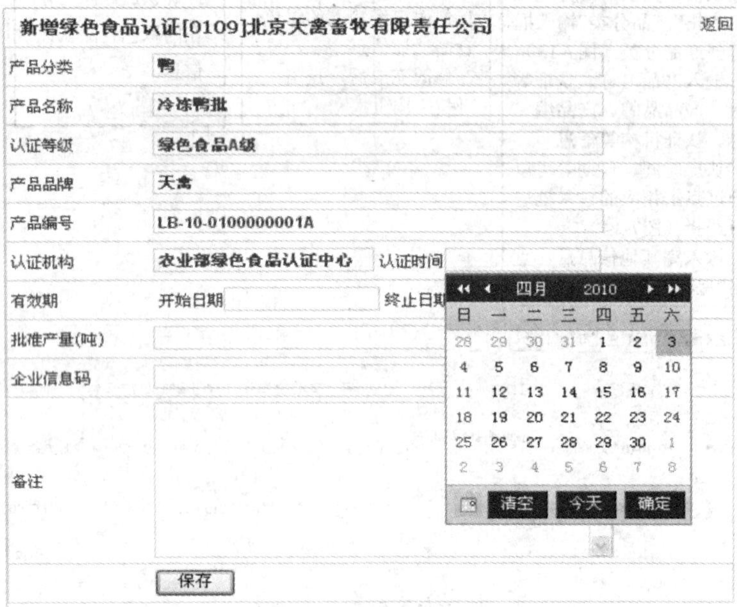

图 7-14　选择日期

3. 有机食品操作说明

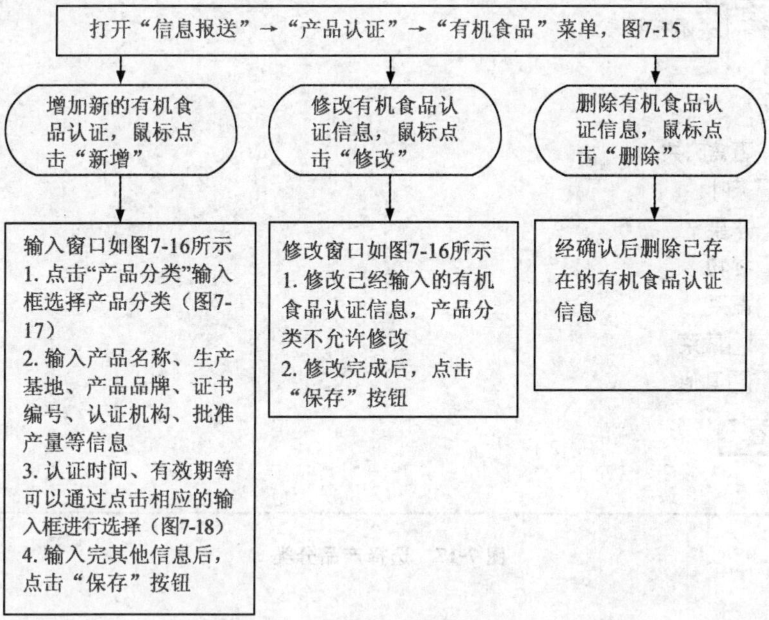
打开“信息报送”→“产品认证”→“有机食品”菜单，图7-15
增加新的有机食品认证，鼠标点击“新增”
修改有机食品认证信息，鼠标点击“修改”
删除有机食品认证信息，鼠标点击“删除”
输入窗口如图7-16所示
1. 点击“产品分类”输入框选择产品分类（图7-17）
2. 输入产品名称、生产基地、产品品牌、证书编号、认证机构、批准产量等信息
3. 认证时间、有效期等可以通过点击相应的输入框进行选择（图7-18）
4. 输入完其他信息后，点击“保存”按钮
修改窗口如图7-16所示
1. 修改已经输入的有机食品认证信息，产品分类不允许修改
2. 修改完成后，点击“保存”按钮
经确认后删除已存在的有机食品认证信息

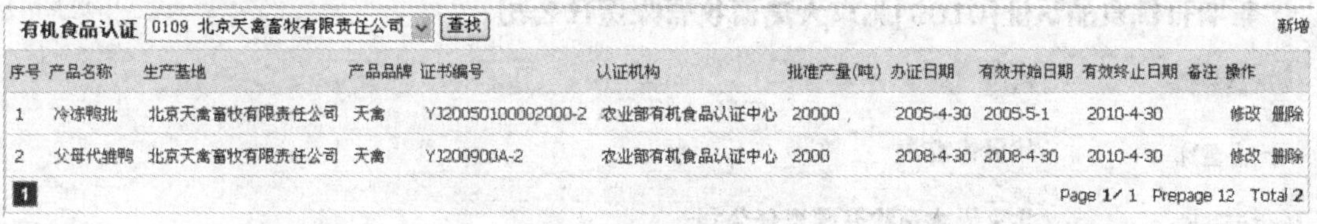
有机食品认证 0109 北京天禽畜牧有限责任公司 查找 新增

序号	产品名称	生产基地	产品品牌	证书编号	认证机构	批准产量(吨)	办证日期	有效开始日期	有效终止日期	备注	操作
1	冷冻鸭批	北京天禽畜牧有限责任公司	天禽	YJ20050100002000-2	农业部有机食品认证中心	20000	2005-4-30	2005-5-1	2010-4-30		修改 删除
2	父母代雏鸭	北京天禽畜牧有限责任公司	天禽	YJ200900A-2	农业部有机食品认证中心	2000	2008-4-30	2008-4-30	2010-4-30		修改 删除

1 Page 1/ 1 Prepage 12 Total 2

图 7-15　有机食品认证

新增有机食品认证[0109]北京天禽畜牧有限责任公司
返回
产品分类
点击这里选择产品分类
产品名称
生产基地
产品品牌
证书编号
批准产量(吨)
认证机构
认证时间
有效期
开始日期
终止日期
备注
保存

图 7-16　输入有机食品认证信息

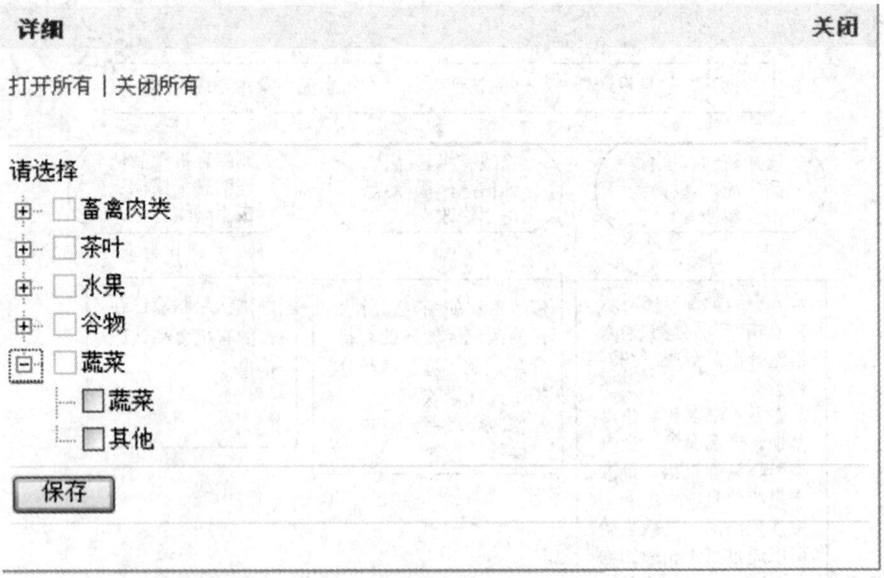

图 7-17　选择产品分类

图 7-18　选择日期

4. 地理标识操作说明

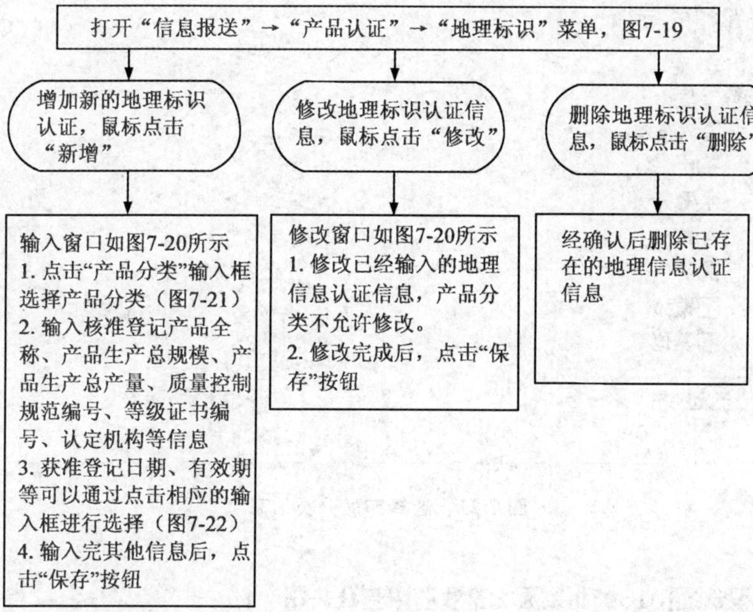
打开“信息报送”→“产品认证”→“地理标识”菜单，图7-19
增加新的地理标识认证，鼠标点击“新增”
修改地理标识认证信息，鼠标点击“修改”
删除地理标识认证信息，鼠标点击“删除”
输入窗口如图7-20所示
1. 点击“产品分类”输入框选择产品分类（图7-21）
2. 输入核准登记产品全称、产品生产总规模、产品生产总产量、质量控制规范编号、等级证书编号、认定机构等信息
3. 获准登记日期、有效期等可以通过点击相应的输入框进行选择（图7-22）
4. 输入完其他信息后，点击“保存”按钮
修改窗口如图7-20所示
1. 修改已经输入的地理信息认证信息，产品分类不允许修改。
2. 修改完成后，点击“保存”按钮
经确认后删除已存在的地理信息认证信息

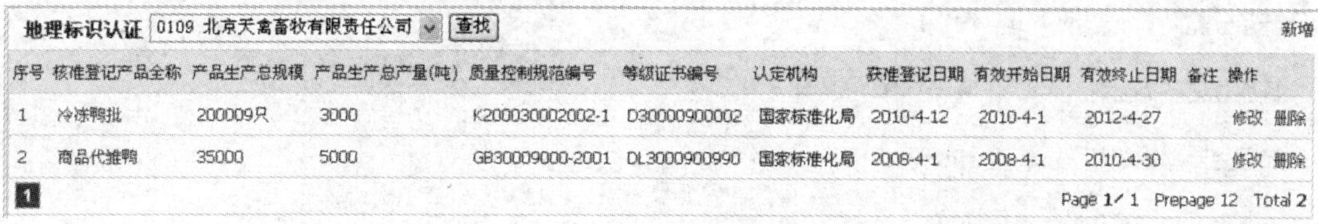
地理标识认证 0109 北京天禽畜牧有限责任公司 查找
新增

序号	核准登记产品全称	产品生产总规模	产品生产总产量(吨)	质量控制规范编号	等级证书编号	认定机构	获准登记日期	有效开始日期	有效终止日期	备注	操作
1	冷冻鸭批	200009只	3000	K200030002002-1	D30000900002	国家标准化局	2010-4-12	2010-4-1	2012-4-27		修改 删除
2	商品代雏鸭	35000	5000	GB30009000-2001	DL3000900990	国家标准化局	2008-4-1	2008-4-1	2010-4-30		修改 删除

1　Page 1⁄ 1 Prepage 12 Total 2

图 7-19　地理标识认证

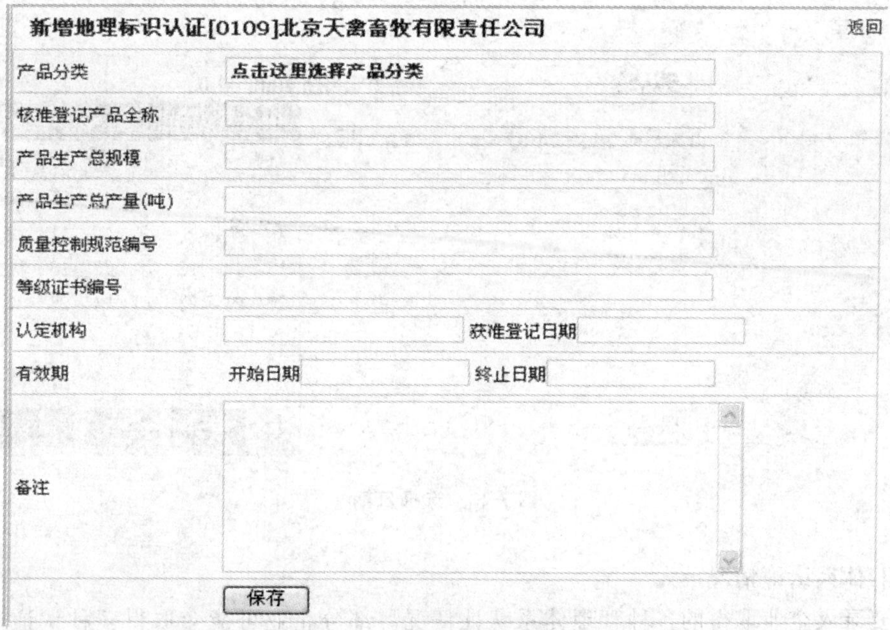
新增地理标识认证[0109]北京天禽畜牧有限责任公司
返回
产品分类
点击这里选择产品分类
核准登记产品全称
产品生产总规模
产品生产总产量(吨)
质量控制规范编号
等级证书编号
认定机构
获准登记日期
有效期
开始日期
终止日期
备注
保存

图 7-20　输入地理标识认证信息

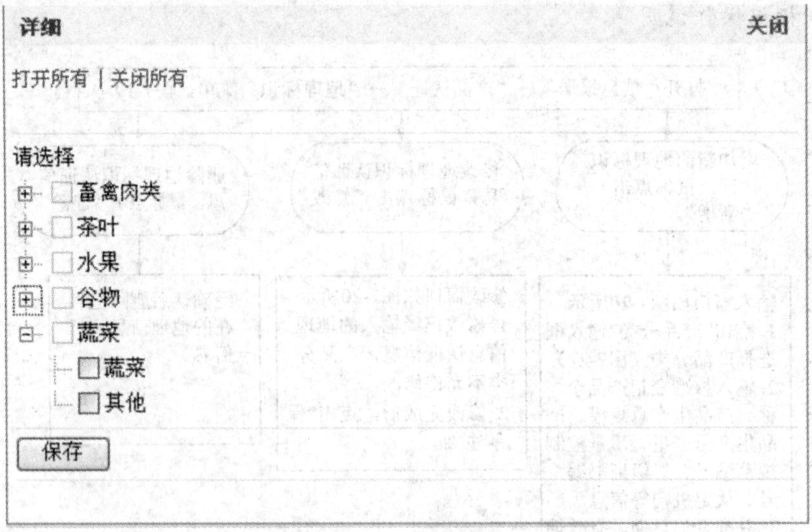

图 7-21　选择产品分类信息

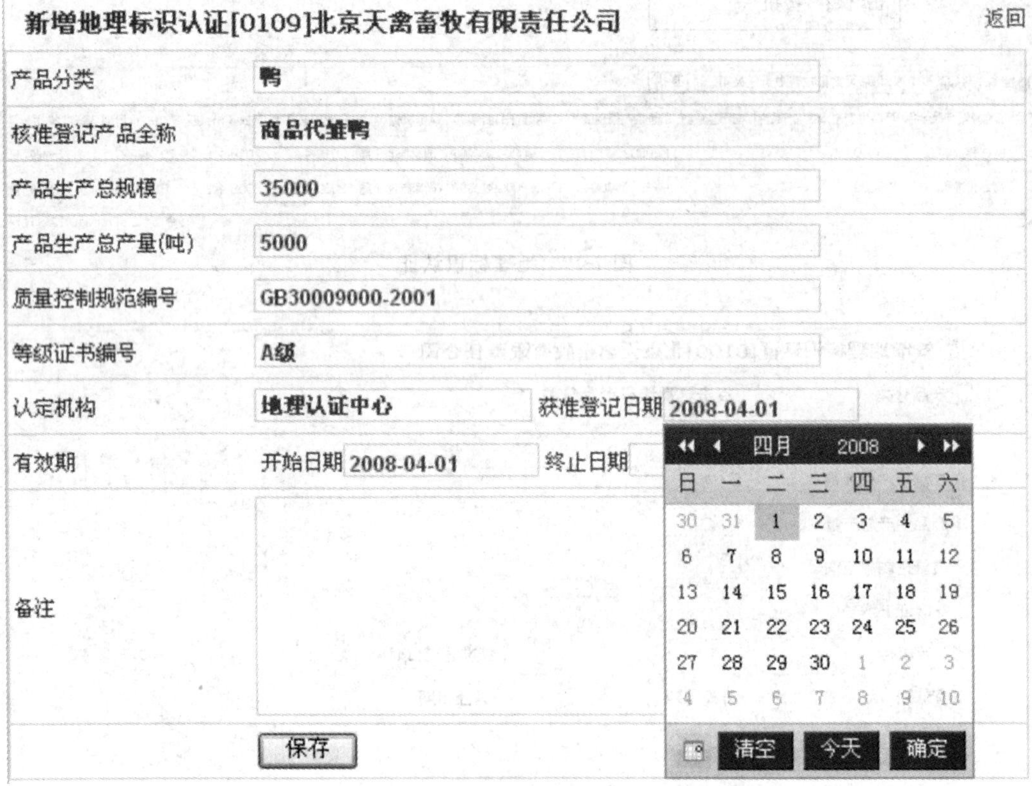

图 7-22　选择日期

(四)体系认证情况录入

主要录入企业取得的各种管理体系认证情况。部分企业可能会取得多种认证,应悉数填报。

操作说明：

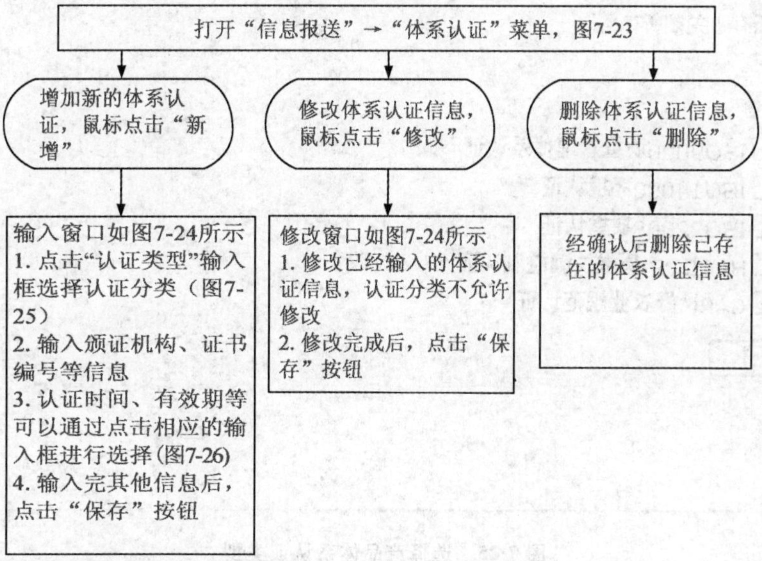
打开“信息报送”→“体系认证”菜单，图7-23
增加新的体系认证，鼠标点击“新增”
修改体系认证信息，鼠标点击“修改”
删除体系认证信息，鼠标点击“删除”
输入窗口如图7-24所示
1. 点击“认证类型”输入框选择认证分类（图7-25）
2. 输入颁证机构、证书编号等信息
3. 认证时间、有效期等可以通过点击相应的输入框进行选择(图7-26)
4. 输入完其他信息后，点击“保存”按钮
修改窗口如图7-24所示
1. 修改已经输入的体系认证信息，认证分类不允许修改
2. 修改完成后，点击“保存”按钮
经确认后删除已存在的体系认证信息

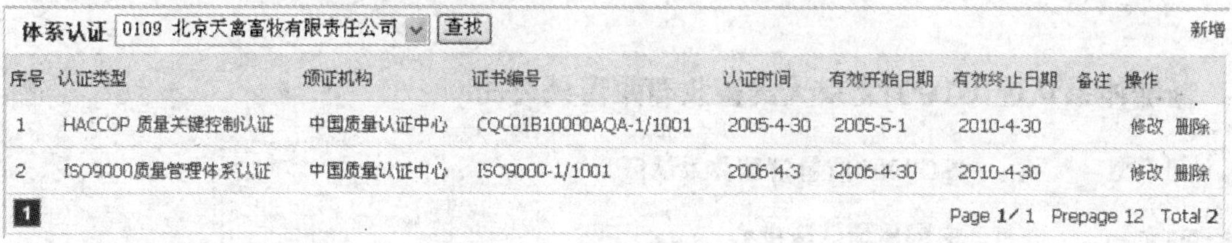
体系认证 0109 北京天禽畜牧有限责任公司 查找 新增

序号	认证类型	颁证机构	证书编号	认证时间	有效开始日期	有效终止日期	备注	操作
1	HACCOP 质量关键控制认证	中国质量认证中心	CQC01B10000AQA-1/1001	2005-4-30	2005-5-1	2010-4-30		修改 删除
2	ISO9000质量管理体系认证	中国质量认证中心	ISO9000-1/1001	2006-4-3	2006-4-30	2010-4-30		修改 删除

1　Page 1/ 1　Prepage 12　Total 2

图 7-23　产品体系认证

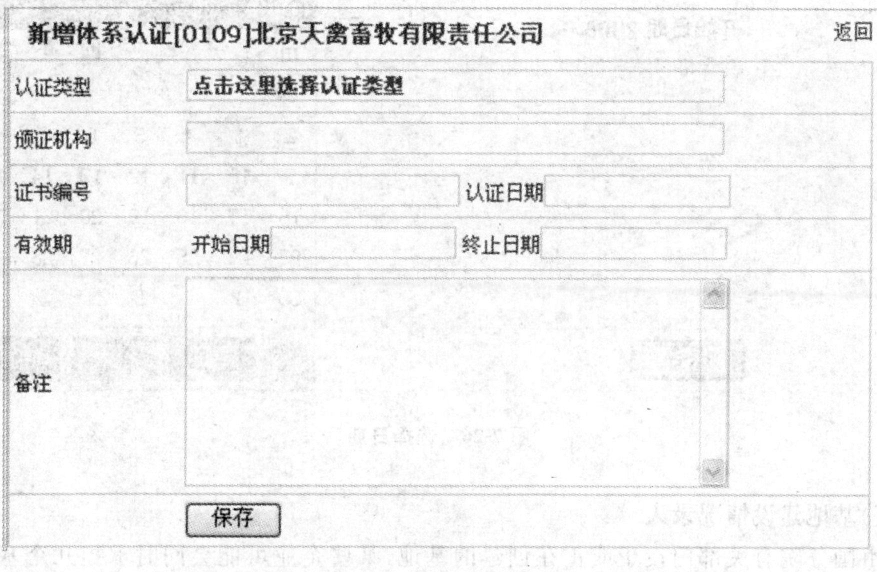
新增体系认证[0109]北京天禽畜牧有限责任公司
返回
认证类型
点击这里选择认证类型
颁证机构
证书编号
认证日期
有效期
开始日期
终止日期
备注
保存

图 7-24　输入产品体系认证信息

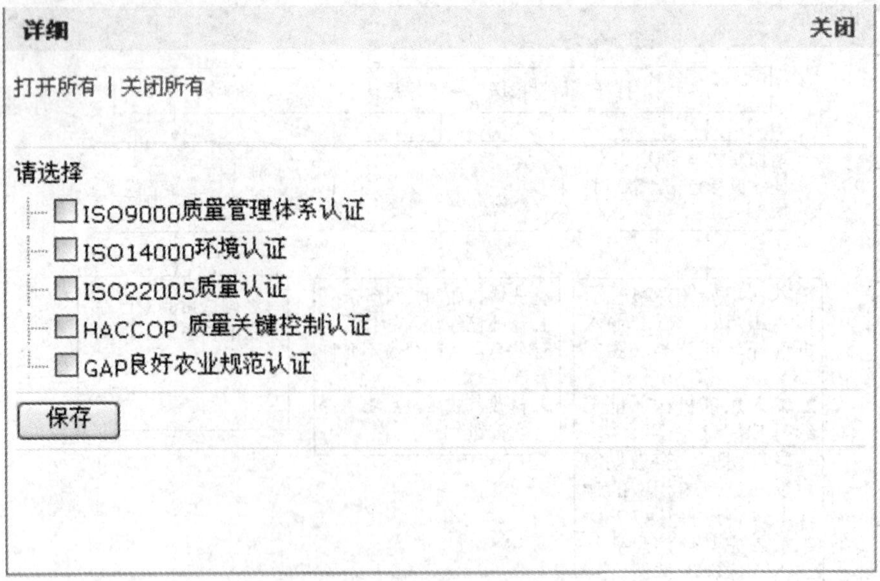

图 7-25　选择产品体系认证类型

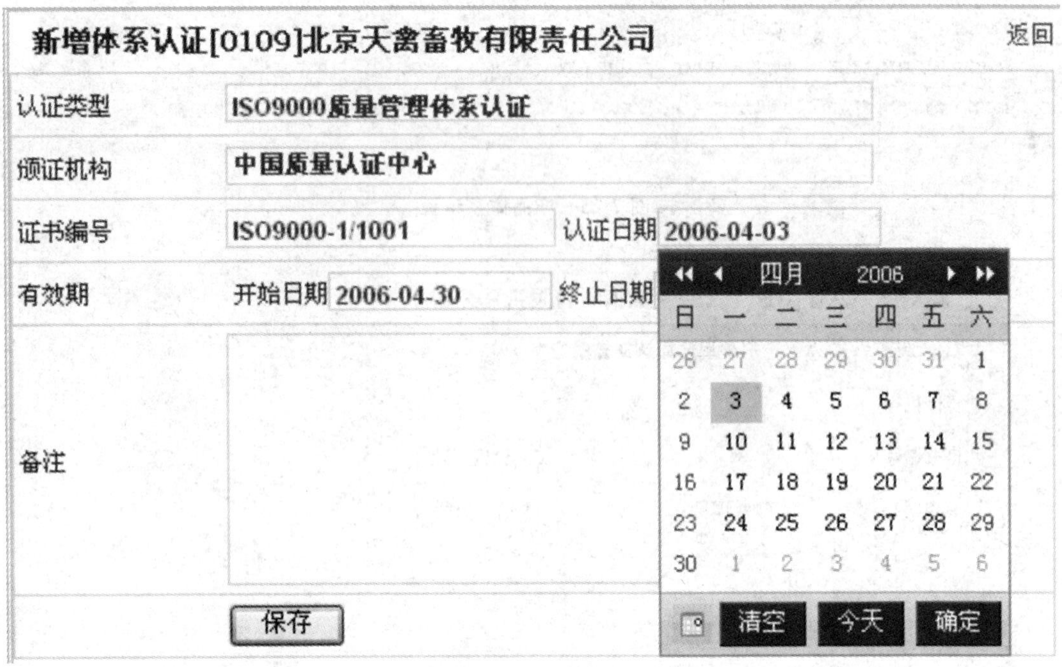

图 7-26　选择日期

(五)基地建设情况录入

指由国务院有关部门授予或正在创建的基地,某些企业可能会同时承担几个基地的建设任务,应悉数填报。

操作说明:

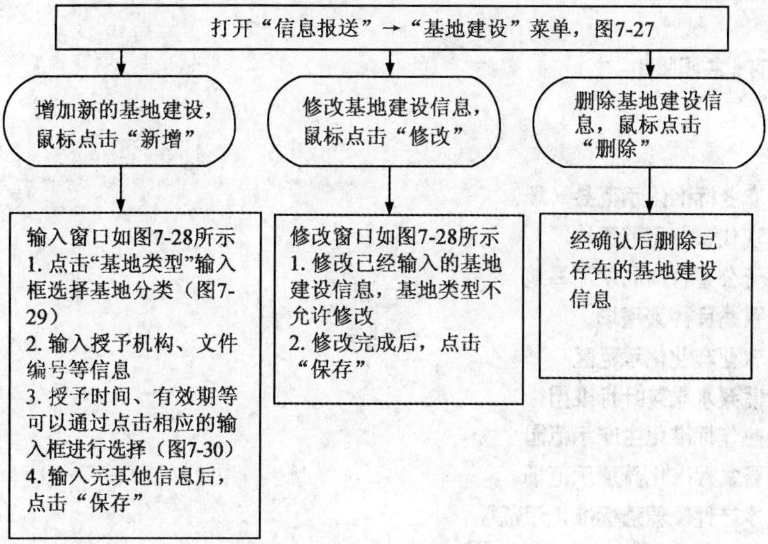
打开“信息报送”→“基地建设”菜单，图7-27
增加新的基地建设，鼠标点击“新增”
修改基地建设信息，鼠标点击“修改”
删除基地建设信息，鼠标点击“删除”
输入窗口如图7-28所示
1. 点击“基地类型”输入框选择基地分类（图7-29）
2. 输入授予机构、文件编号等信息
3. 授予时间、有效期等可以通过点击相应的输入框进行选择（图7-30）
4. 输入完其他信息后，点击“保存”
修改窗口如图7-28所示
1. 修改已经输入的基地建设信息，基地类型不允许修改
2. 修改完成后，点击“保存”
经确认后删除已存在的基地建设信息

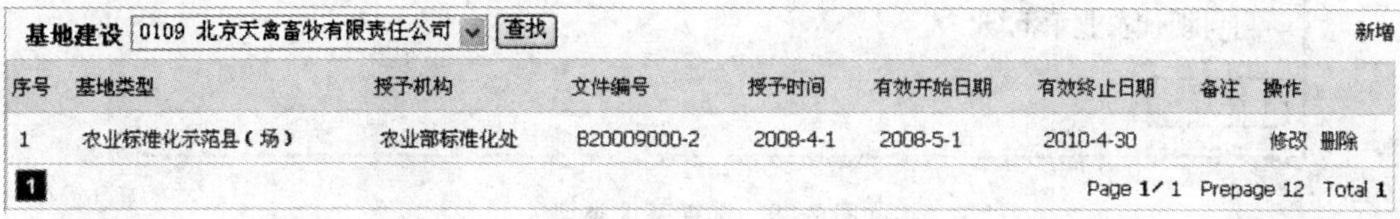
基地建设 0109 北京天禽畜牧有限责任公司 查找 新增

序号	基地类型	授予机构	文件编号	授予时间	有效开始日期	有效终止日期	备注	操作
1	农业标准化示范县（场）	农业部标准化处	B20009000-2	2008-4-1	2008-5-1	2010-4-30		修改 删除

1 Page 1/ 1 Prepage 12 Total 1

图 7-27 基地建设

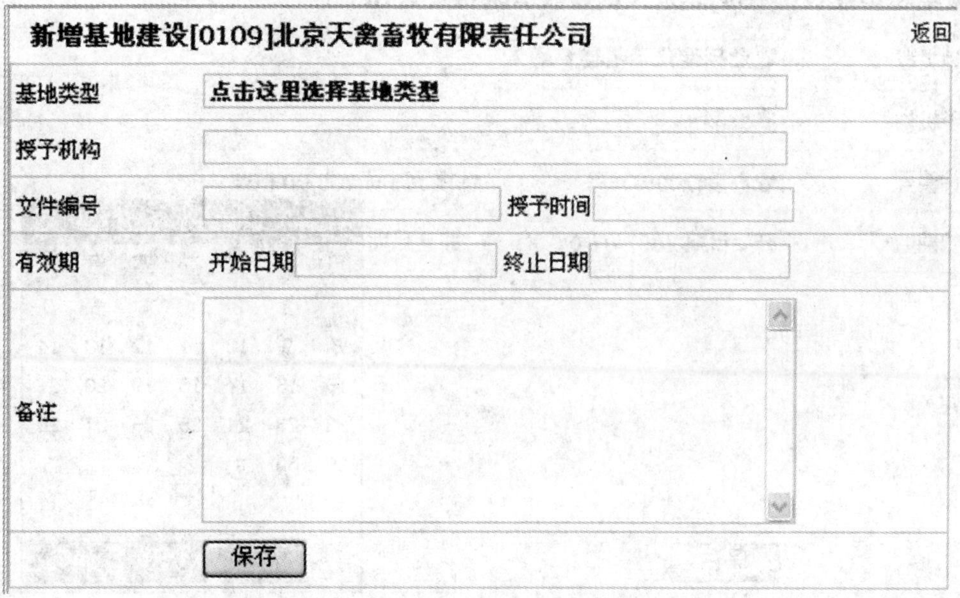
新增基地建设[0109]北京天禽畜牧有限责任公司
返回
基地类型
点击这里选择基地类型
授予机构
文件编号
授予时间
有效期
开始日期
终止日期
备注
保存

图 7-28 输入基地建设信息

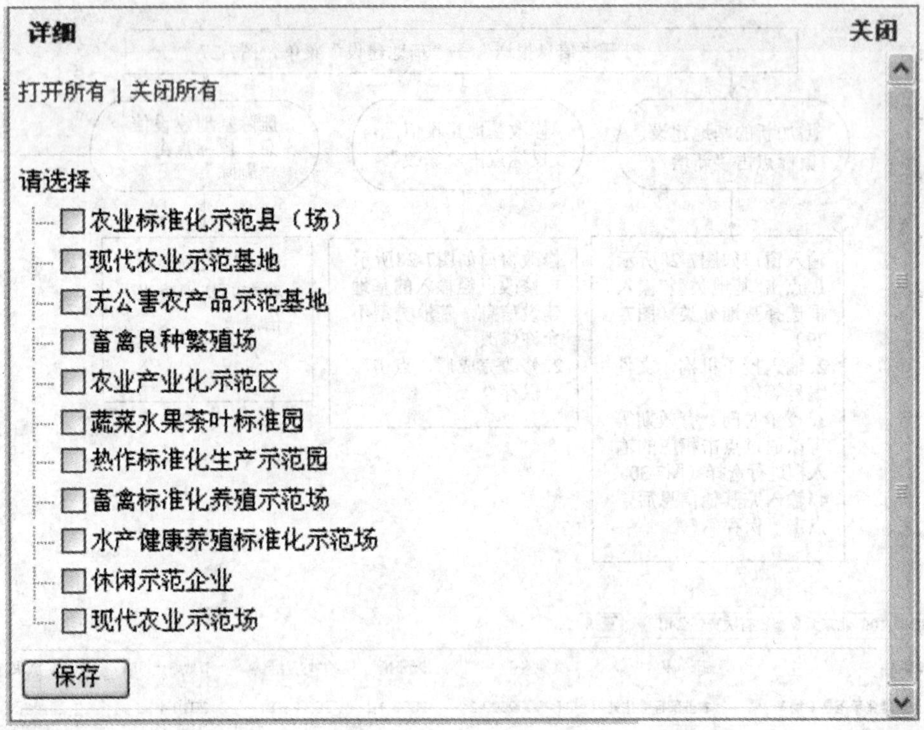

图 7-29　选择基地类型

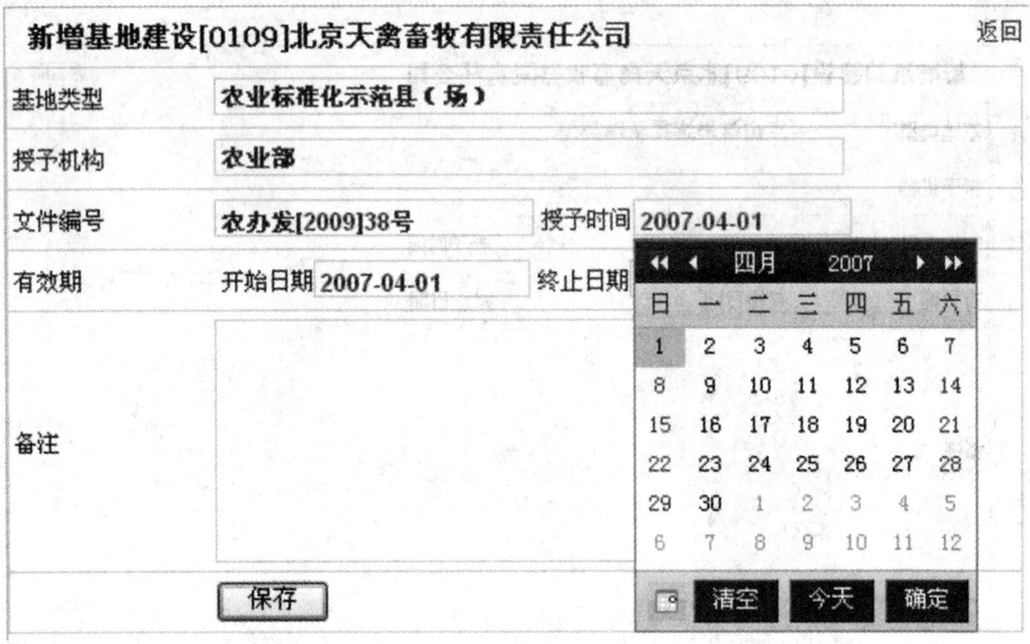

图 7-30　选择日期

(六)生产管理情况的录入

依据企业每类产品的生产流程，详细说明每个环节的生产是如何组织管理的。从目前情况看，农产品的生产组织比较复杂，多种模式并存。以养鸭企业为例，通常孵化环节由企业自行组织生产，雏中鸭生产由企业与农户共同承担，填鸭养殖、屠宰加工又是由企业统一生产。从质量安全角度看，监管重点应是雏中鸭养殖环节。

操作说明：

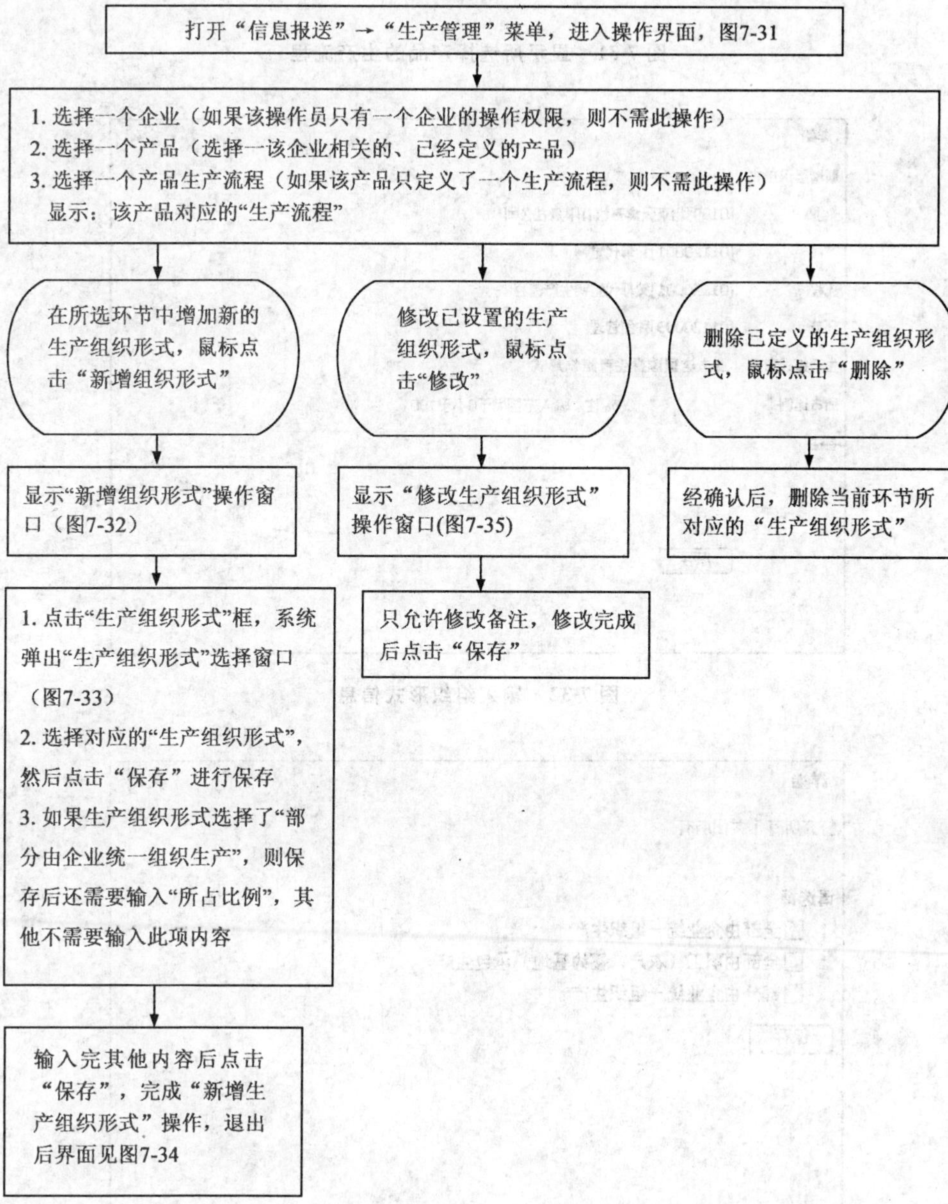

打开“信息报送”→“生产管理”菜单，进入操作界面，图7-31
1. 选择一个企业（如果该操作员只有一个企业的操作权限，则不需此操作）
2. 选择一个产品（选择一该企业相关的、已经定义的产品）
3. 选择一个产品生产流程（如果该产品只定义了一个生产流程，则不需此操作）
显示：该产品对应的“生产流程”
在所选环节中增加新的生产组织形式，鼠标点击“新增组织形式”
修改已设置的生产组织形式，鼠标点击“修改”
删除已定义的生产组织形式，鼠标点击“删除”
显示“新增组织形式”操作窗口（图7-32）
显示“修改生产组织形式”操作窗口(图7-35)
经确认后，删除当前环节所对应的“生产组织形式”
1. 点击“生产组织形式”框，系统弹出“生产组织形式”选择窗口（图7-33）
2. 选择对应的“生产组织形式”，然后点击“保存”进行保存
3. 如果生产组织形式选择了“部分由企业统一组织生产”，则保存后还需要输入“所占比例”，其他不需要输入此项内容
只允许修改备注，修改完成后点击“保存”
输入完其他内容后点击“保存”，完成“新增生产组织形式”操作，退出后界面见图7-34

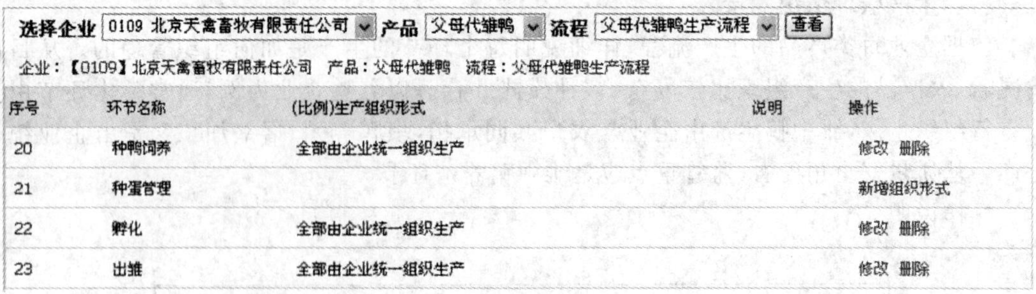

图 7-31 显示所选择产品的生产流程

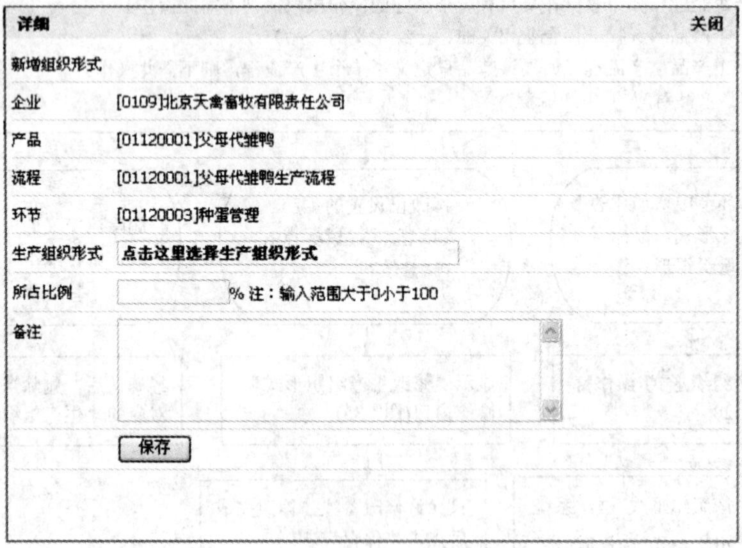

图 7-32 输入组织形式信息

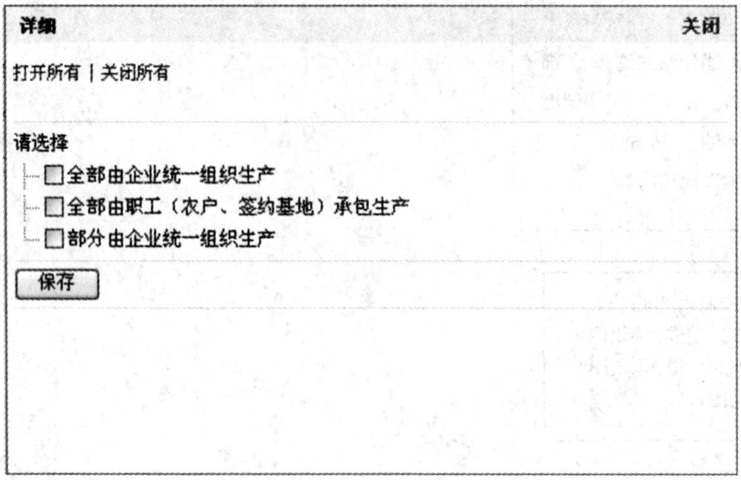

图 7-33 选择生产组织形式

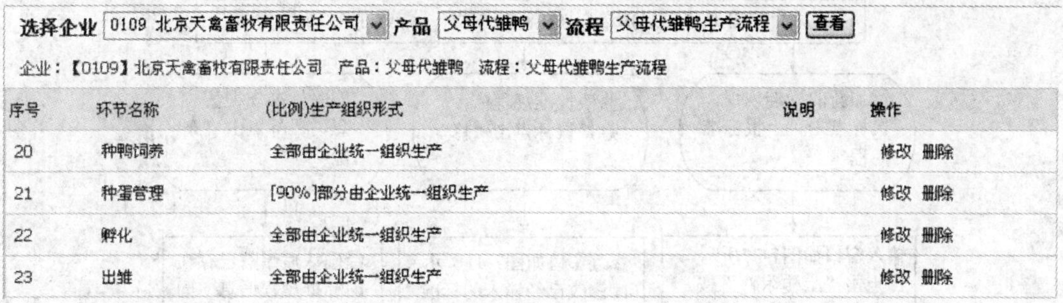

图 7-34 新增生产组织形式后界面

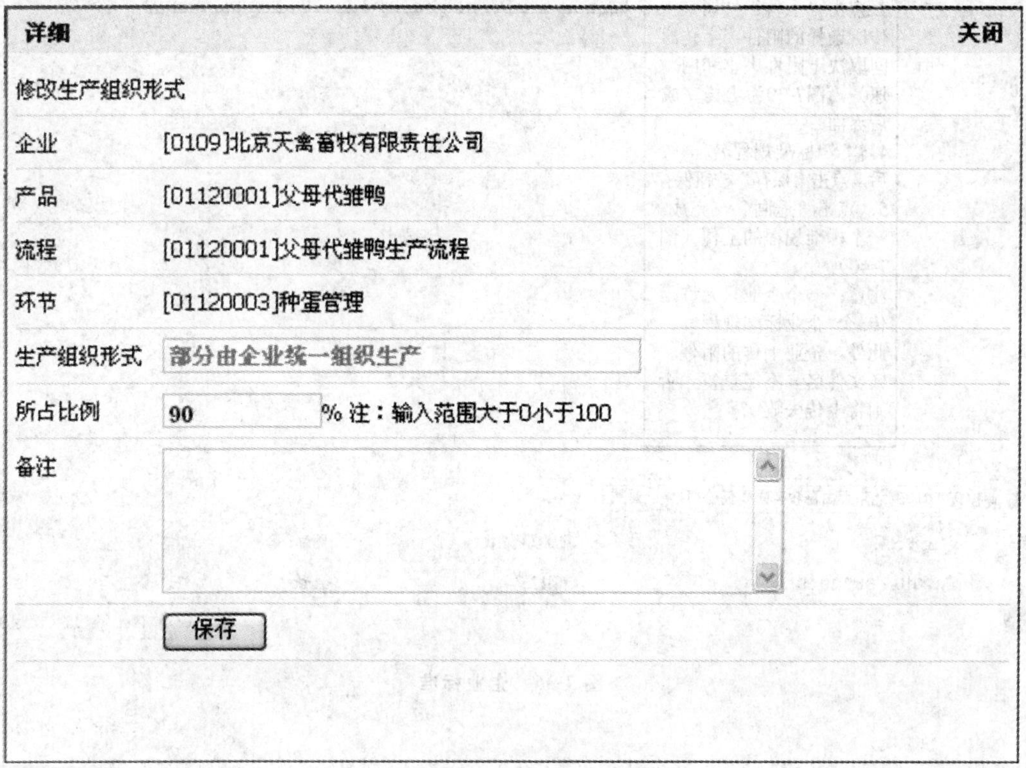

图 7-35 修改生产组织形式

(七)企业执行标准录入

要求报送企业种养、加工等重要环节有关技术操作规程电子文本(word)文件，数量不超过 3 个。

操作说明：

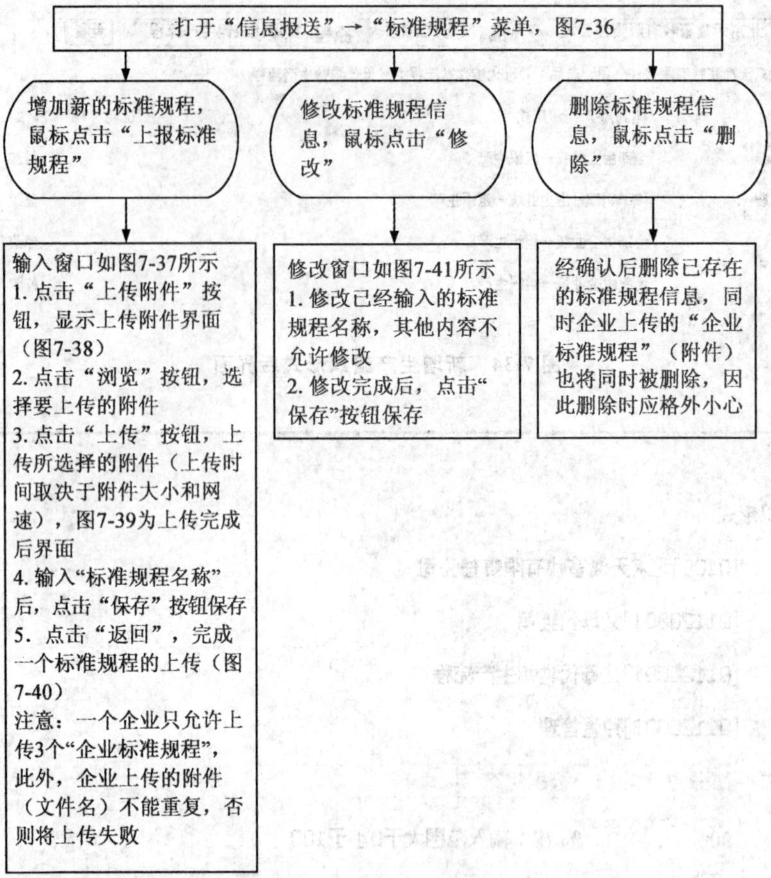
打开“信息报送”→“标准规程”菜单，图7-36
增加新的标准规程，鼠标点击“上报标准规程”
修改标准规程信息，鼠标点击“修改”
删除标准规程信息，鼠标点击“删除”
输入窗口如图7-37所示
1. 点击“上传附件”按钮，显示上传附件界面（图7-38）
2. 点击“浏览”按钮，选择要上传的附件
3. 点击“上传”按钮，上传所选择的附件（上传时间取决于附件大小和网速），图7-39为上传完成后界面
4. 输入“标准规程名称”后，点击“保存”按钮保存
5. 点击“返回”，完成一个标准规程的上传（图7-40）
注意：一个企业只允许上传3个“企业标准规程”，此外，企业上传的附件（文件名）不能重复，否则将上传失败
修改窗口如图7-41所示
1. 修改已经输入的标准规程名称，其他内容不允许修改
2. 修改完成后，点击“保存”按钮保存
经确认后删除已存在的标准规程信息，同时企业上传的“企业标准规程”（附件）也将同时被删除，因此删除时应格外小心

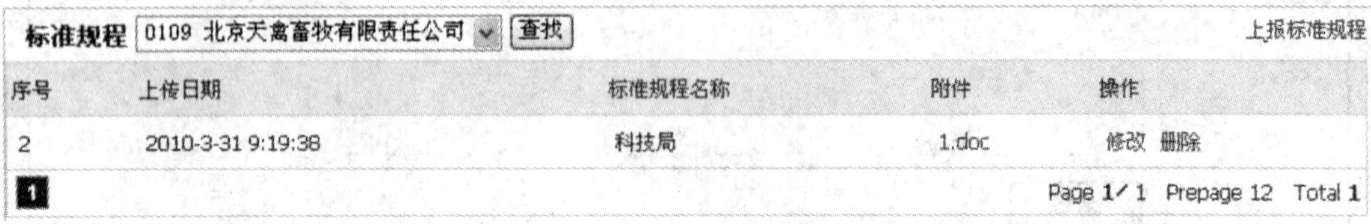
标准规程
0109 北京天禽畜牧有限责任公司
查找
上报标准规程
序号
上传日期
标准规程名称
附件
操作
2
2010-3-31 9:19:38
科技局
1.doc
修改 删除
1
Page 1/ 1 Prepage 12 Total 1

图 7-36 企业标准

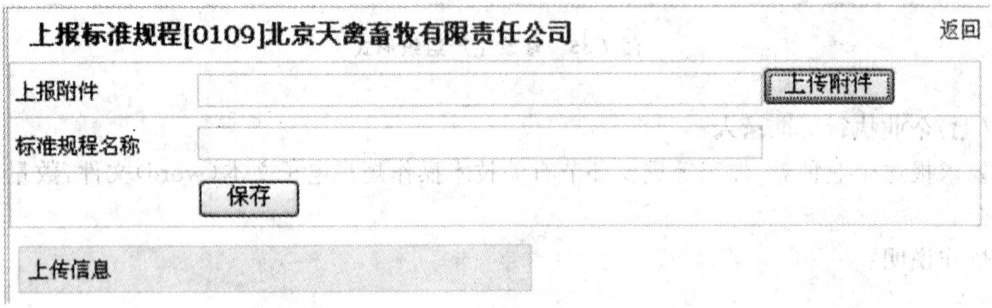
上报标准规程[0109]北京天禽畜牧有限责任公司
返回
上报附件
上传附件
标准规程名称
保存
上传信息

图 7-37 上报标准规程

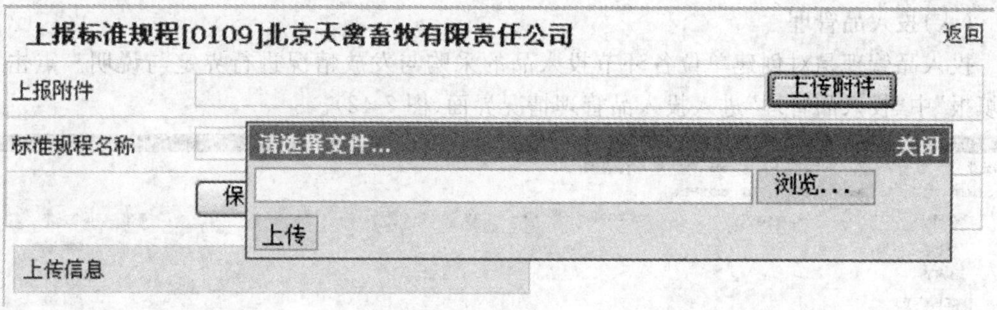

图 7-38　选择上报标准规程文档

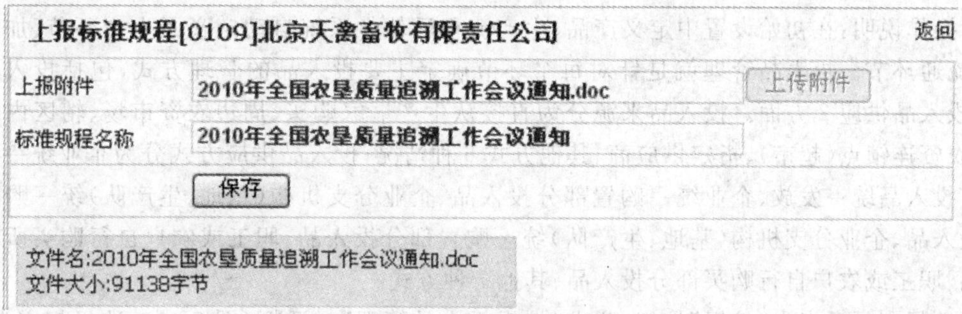

图 7-39　完成上传标准规程文档后界面

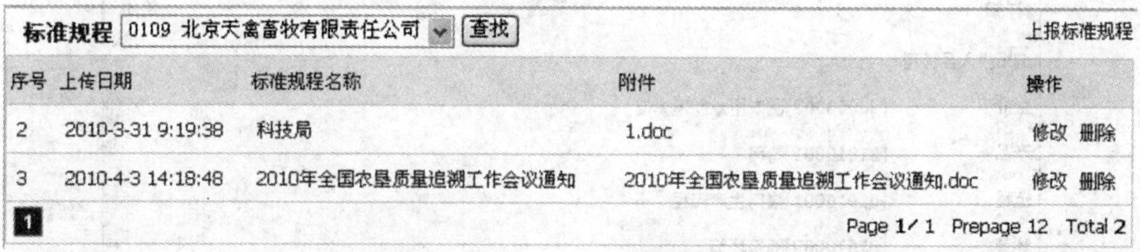

图 7-40　完成上报标准规程文档后界面

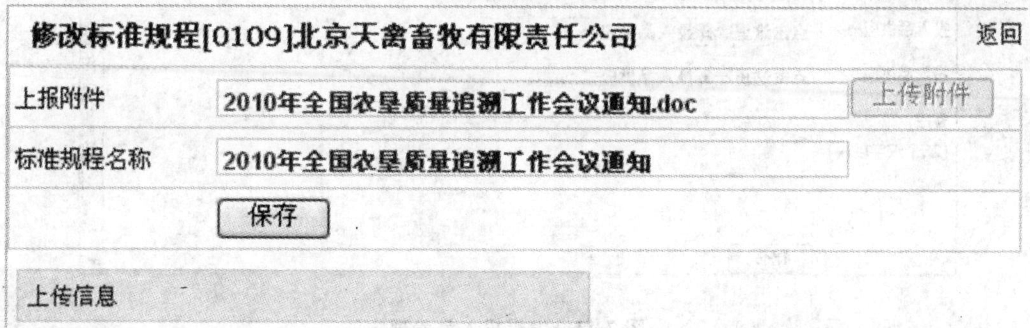

图 7-41　修改标准规程文档

(八)投入品管理

投入品管理是对创建单位各环节投入品的采购与发放情况进行界定与说明。点击“信息填报”中“投入品管理”进入投入品管理情况界面(图 7-42)。

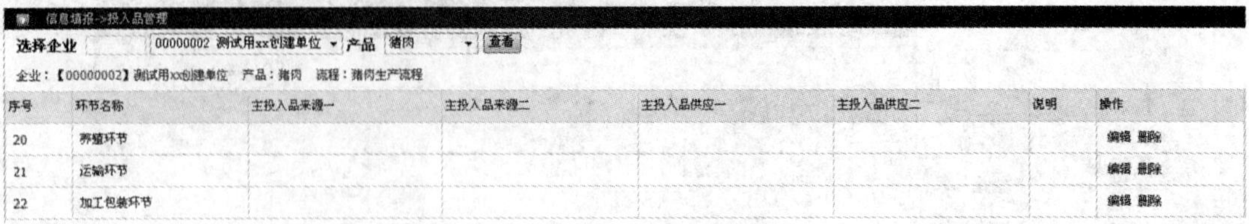

图 7-42 投入品管理

操作说明:在初始设置中定义产品、生产流程后软件系统自动定义了生产环节、加工环节、流通环节。投入品管理就是针对每个环节确定主要投入品的管理方式,包括投入品来源、投入品供应 2 方面。投入品来源分为直接从生产厂家购买、周边农资市场、辖区内农资店、农资连锁点(超市)、指定供应商、其他方式 6 种情况;投入品供应方式分为企业统一购置所有投入品统一发放、企业统一购置部分投入品、企业分支机构(基地、生产队)统一购置所有投入品、企业分支机构(基地、生产队)统一购置部分投入品、职工或农户自行购买所有投入品、职工或农户自行购买部分投入品、其他 7 种方式。

选择产品后点击“编辑”按钮,弹出“编辑投入品管理”对话框(图 7-43);选择相应类型,填报完成后保存。

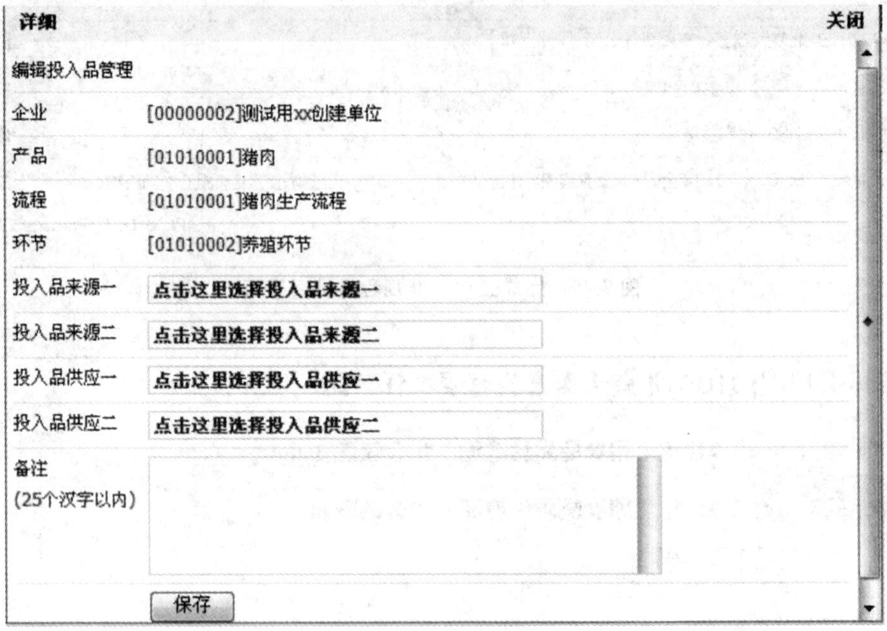

图 7-43 编辑投入品管理

(九)档案管理情况录入

档案管理反映企业在生产档案管理方面的具体做法,包括档案记录格式和记录主体,体现企业生产档案规范化管理水平。记录格式包括制定统一记录表格统一发放记录簿、制定统一记录表格、自行组织记录 3 种方式；记录主体包括职工或农户进行记录、基地生产队等分支机构进行统一记录、企业进行统一记录 3 种方式。

操作说明：点击“信息填报”→“档案管理”进入档案管理情况界面(图 7-44)；选择产品后点击“编辑”按钮，弹出“编辑档案管理”对话框(图 7-45)；选择相应类型，填报完成后保存。

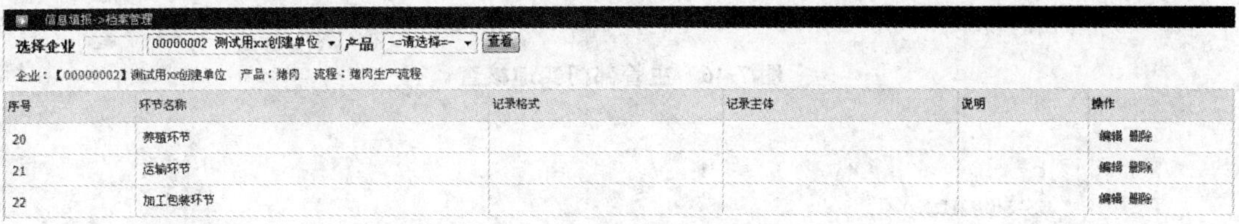

图 7-44 档案管理情况

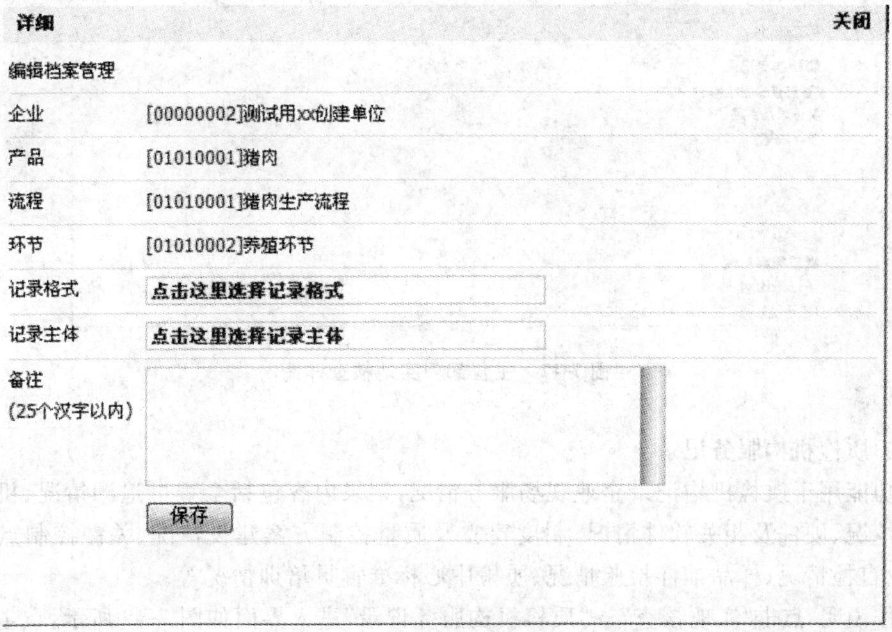

图 7-45 编辑档案管理

二、实地核查

(一)主管部门实地核查

本功能由主管部门使用，用于反映主管部门对下属企业追溯系统实地核查情况，记录内容包括原始档案记录、纸质档案与电子记录比对、标签标识、人员操作能力、追溯产品生产情况。

操作说明：点击“实地核查”→“主管部门实地核查”进入界面如图 7-46 所示，点击右上角“填报实地核查意见”则弹出窗口如图 7-47 所示，选择被核查企业，在原始档案记录等空白表格处录入有关信息，最后在滚动窗口最下方点击“保存”按钮存储核查信息。

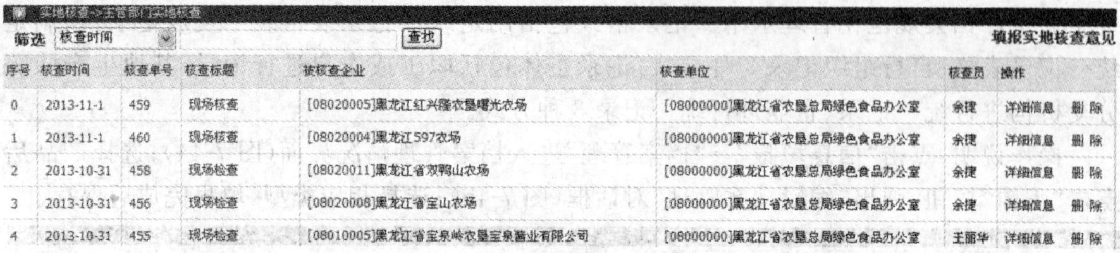
实地核查->主管部门实地核查

筛选 核查时间 查找 填报实地核查意见

序号	核查时间	核查单号	核查标题	被核查企业	核查单位	核查员	操作
0	2013-11-1	459	现场核查	[08020005]黑龙江红兴隆农垦曙光农场	[08000000]黑龙江省农垦总局绿色食品办公室	余捷	详细信息 删除
1	2013-11-1	460	现场核查	[08020004]黑龙江597农场	[08000000]黑龙江省农垦总局绿色食品办公室	余捷	详细信息 删除
2	2013-10-31	458	现场检查	[08020011]黑龙江省双鸭山农场	[08000000]黑龙江省农垦总局绿色食品办公室	余捷	详细信息 删除
3	2013-10-31	456	现场检查	[08020008]黑龙江省宝山农场	[08000000]黑龙江省农垦总局绿色食品办公室	余捷	详细信息 删除
4	2013-10-31	455	现场检查	[08010005]黑龙江省宝泉岭农垦宝泉酱业有限公司	[08000000]黑龙江省农垦总局绿色食品办公室	王丽华	详细信息 删除

图 7-46 主管部门实地核查

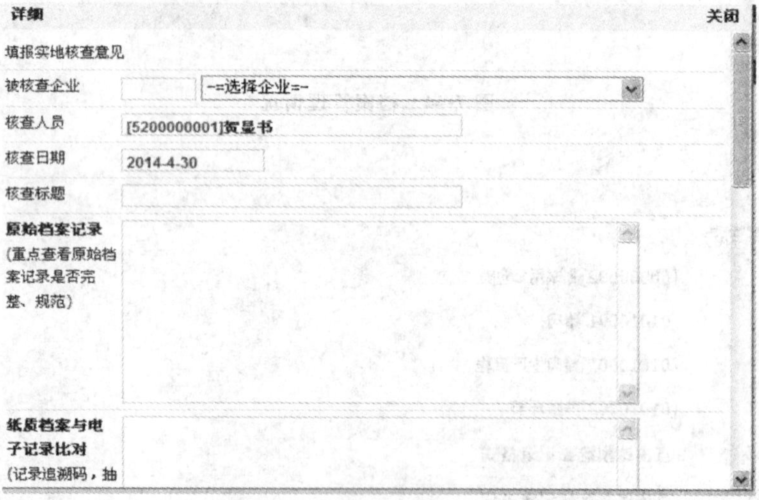

图 7-47 主管部门实地核查详情

(二)质检机构服务记录

本功能用于质检机构记录企业现场服务情况，记录内容包括全程可追溯情况、机构或人员配备情况、硬件及相关软件情况、制度建立及质量控制方案建设情况、关键控制点设置情况、企业自检情况、样品抽样检验情况、质检中心标准宣贯培训情况等。

操作说明：点击“实地核查”→“质检机构服务记录”进入界面如图 7-48 所示，点击右上角“填报质检机构服务记录”则弹出窗口如图 7-49 所示，选择被检查企业，在全程可追溯情况等空白表格处录入项目执行情况和建议，最后在滚动窗口最下方点击“保存”按钮存储服务记录信息。

实地核查->质检机构服务记录

筛选 检查时间 查找 填报质检机构服务记录

序号	检查时间	检查单编号	检查项目标题	被检查企业	检查单位名称	检查人员	操作
0	2013-9-13	265	农垦农产品质量追溯工作现场服务记录表	[08000006]黑龙江省完达山乳业股份有限公司	[52000000]农业部食品质检中心（佳木斯）	贺显书	详细信息 编辑 删除
1	2013-9-12	266	农垦农产品质量追溯工作现场服务记录表	[08000005]黑龙江垦丰种业有限公司	[52000000]农业部食品质检中心（佳木斯）	贺显书	详细信息 编辑 删除
2	2013-9-5	272	农垦农产品质量追溯工作现场服务记录表	[08010008]黑龙江省绥滨农场	[52000000]农业部食品质检中心（佳木斯）	张海珍	详细信息 编辑 删除
3	2013-8-21	275	农垦农产品质量追溯工作现场服务记录表	[08010015]黑龙江省梧桐河农场	[52000000]农业部食品质检中心（佳木斯）	张海珍	详细信息 编辑 删除

图 7-48 质检机构服务记录

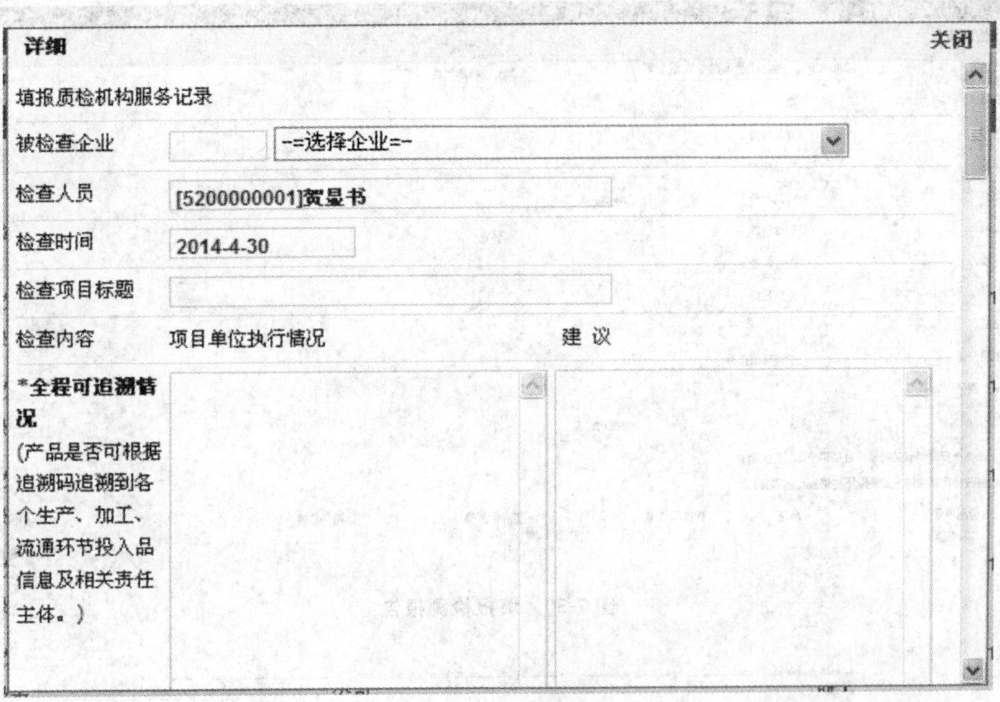

图 7-49　质检机构服务详情

按照现有追溯项目管理办法，主管部门实地核查被作为量化考核指标对主管部门进行绩效评价，具体考核要求参见统计分析中“主管部门”一节；质检机构服务记录暂时未列入量化考核指标。

三、产品检测

按照追溯项目管理要求，部级质检机构每年要对项目建设单位、当年新增项目创建单位进行一次质量抽检，产品检测功能用于质检机构填写或查询检测报告。

(一)填报检测报告

质检机构按照检测任务分配情况，在出具纸质检测报告后在监管平台填写检测结果。

操作说明：点击“产品检测”→“填报检测报告”进入界面如图 7-50 所示。操作人员首先选择被检测单位、检测产品，再填写型号规格、样品等级、抽样地点等抽样信息。填写完毕在屏幕下方“检测项目”处双击鼠标则弹出窗口如图 7-51 所示，根据被检测产品种类及质量认证情况选择检测项目，最后点击“保存”按钮保存所选择的检测项目，系统自动返回检测项目填报界面，如图 7-52 所示。

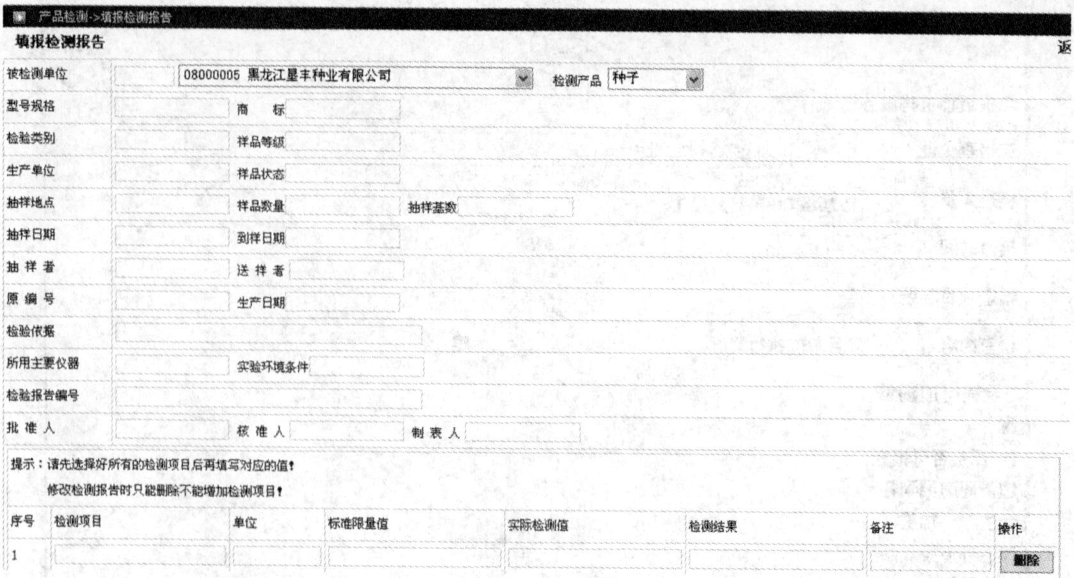

图 7-50　填报检测报告

图 7-51　选择检测项目

逐项填写每个检测项目计量单位、标准限量值、实际检测值、检测结果及备注，填报完毕，在图 7-52 点击“保存”按钮。如果在图 7-52 中没有要选择的检测项目，则在图 7-50 中点击“新增检测项目”按钮，在如图 7-53 所示界面中选择检测项目分类、录入新的检测项目名称，软件系统自动进行名称查重，如果没有出现重复情况，点击“保存”按钮即可完成新增检测项目操作。

（二）评估检测报告

检测报告评估功能由质检机构使用。功能包括两方面，一是修改或删除已经填报的检测报告；二是根据检测结果给被检测单位或被检测产品填写反馈意见。

操作说明：点击“产品检测”→“查询检测报告”进入界面如图 7-54 所示。操作人员可直接点击右侧的“修改”、“删除”按钮，对检测报告进行编辑，也可以点击“单据编号”一栏，系统自动弹出当前检测报告，如图 7-55 所示。点击“反馈意见”按钮则弹出窗口请当前的操作人员填写反馈意见。

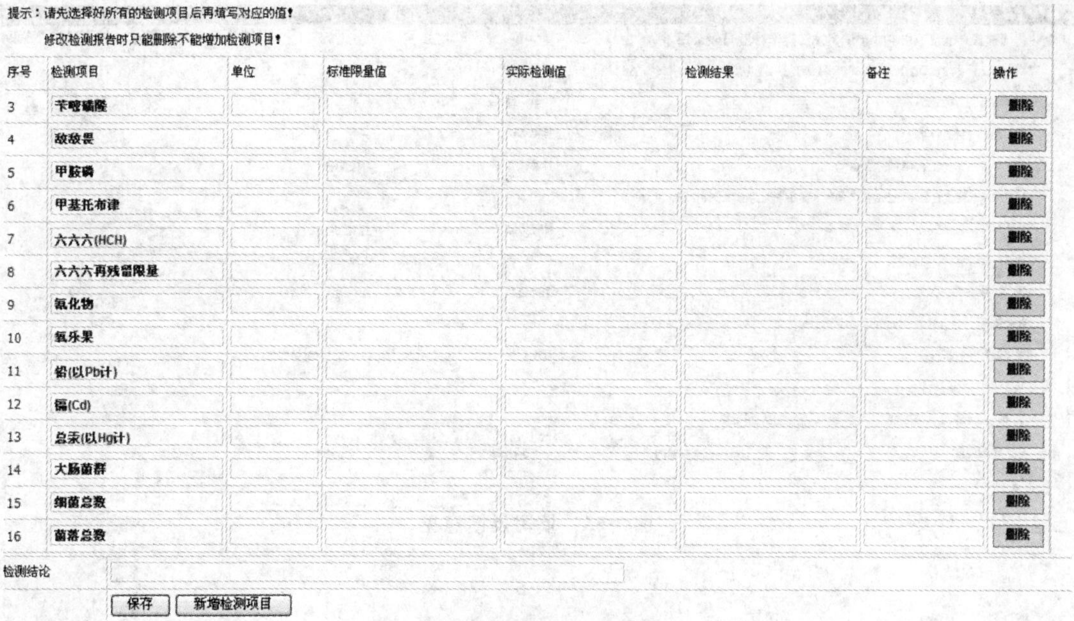

图 7-52　填报检测结果

图 7-53　增加检测项目

图 7-54　查询检测报告

图 7-55 填写反馈意见

四、网上监管

网上监管功能主要由省级主管部门、质检机构使用,目的是对项目建设单位追溯系统运行情况、追溯产品质量安全情况进行动态跟踪监管,确保追溯系统运行规范,不断提高追溯产品质量安全水平。

(一)信息上报审核监管

信息上报审核监管分为信息上报监管和信息审核监管 2 部分内容,信息上报监管主要是根据权限查看项目建设单位农产品质量追溯信息上报的日期、文件大小等信息;信息审核监管主要是根据权限查看项目建设单位的追溯信息被系统自动审核追加的日期、追溯码等信息。

1. 信息上报监管

操作步骤:

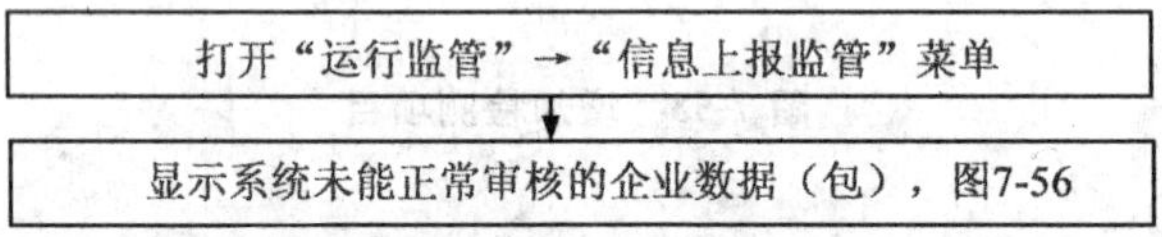

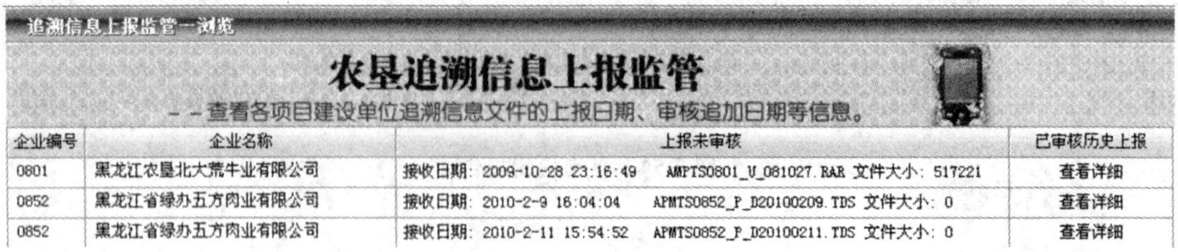

图 7-56 企业信息上报监管

2. 信息审核监管

该功能显示的是通过数据中心审核的追溯信息上报情况。在图 7-57 中“记录数”一列显示成功上传的有效追溯码数量。项目建设单位要运用此功能来验证上报数据的有效性。

操作步骤：

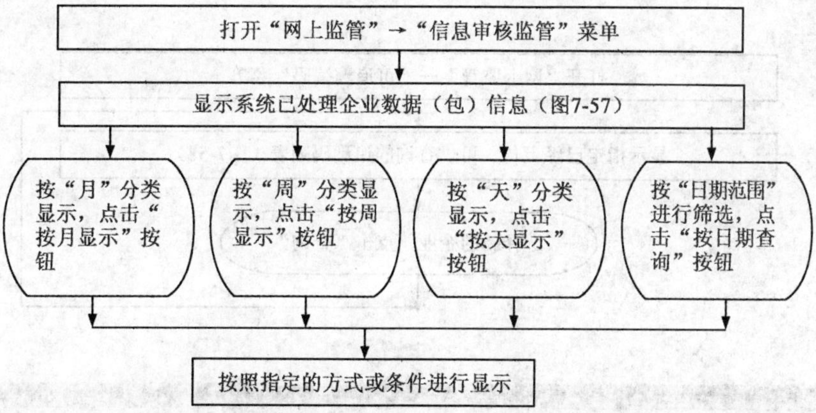

打开“网上监管”→“信息审核监管”菜单
显示系统已处理企业数据（包）信息（图7-57）
按“月”分类显示，点击“按月显示”按钮
按“周”分类显示，点击“按周显示”按钮
按“天”分类显示，点击“按天显示”按钮
按“日期范围”进行筛选，点击“按日期查询”按钮
按照指定的方式或条件进行显示

追溯信息审核监管—浏览
农垦追溯信息审核监管
－－查看各项目建设单位追溯信息文件的上报日期、审核追加日期等信息。
开始时间：
结束时间：
按日期查询

审核时间	操作&结果	企业名称	上报文件	记录数	上报日期
2010-3-29 10:14:58	追加成功	[0803]黑龙江八五七农场	APMTS0803_U_D20100329.TDS	3	
2010-3-29 9:44:56	追加成功	[0101]北京金星鸭业中心	APMTS0101_U_D20100329.TDS	22	
2010-3-29 9:14:55	追加成功	[1102]浙江浙江泰顺县三洋茶业有限公司	APMTS1102_U_D20100329.TDS	0	
2010-3-29 9:14:55	追加成功	[2004]广西广西永新畜牧集团有限公司	APMTS2004_U_D20100329.TDS	3	
2010-3-29 9:14:54	追加成功	[0801]黑龙江农垦北大荒牛业有限公司	APMTS0801_U_100329.MDB	1033	
2010-3-29 9:14:54	追加成功	[0903]上海上海万事发实业有限公司	APMTS0903_U_D20100314.TDS	0	
2010-3-29 9:14:54	追加成功	[0903]上海上海万事发实业有限公司	APMTS0903_U_D20100329.TDS	3	
2010-3-29 9:14:54	追加成功	[1102]浙江浙江泰顺县三洋茶业有限公司	APMTS1102_U_D20100328.TDS	0	
2010-3-29 8:44:32	追加成功	[1001]江苏农垦米业有限公司	APMTS1001_U_D20100329.TDS	9	
2010-3-29 8:14:31	追加成功	[0901]上海爱森肉食品有限公司	APMTS0901UD100329	529	
2010-3-28 20:13:49	追加成功	[0102]北京北京世新华盛牧业科技有限公司	APMTS0102_U_D20100328.TDS	10	
2010-3-28 17:13:42	追加成功	[2901]宁夏宁夏灵农畜牧发展有限公司	APMTS2901_U_D20100328.TDS	1	
2010-3-28 10:12:49	追加成功	[2901]宁夏宁夏灵农畜牧发展有限公司	APMTS2901_C_D20100327.TDS	40	
2010-3-28 10:12:39	追加成功	[2901]宁夏宁夏灵农畜牧发展有限公司	APMTS2901_U_D20100327.TDS	0	
2010-3-28 10:09:52	追加成功	[2004]广西广西永新畜牧集团有限公司	APMTS2004_C_D20100326.TDS	316	
2010-3-28 10:09:03	追加成功	[2004]广西广西永新畜牧集团有限公司	APMTS2004_U_D20100326.TDS	0	
2010-3-28 10:06:16	追加成功	[1201]安徽大圹圩农场	APMTS1201_C_D20100326.TDS	4	
2010-3-28 10:06:13	追加成功	[1201]安徽大圹圩农场	APMTS1201_U_D20100326.TDS	0	
2010-3-28 10:04:52	追加成功	[1001]江苏农垦米业有限公司	APMTS1001_C_D20100324.TDS	1502	
2010-3-28 10:02:08	追加成功	[1001]江苏农垦米业有限公司	APMTS1001_U_D20100324.TDS	0	

执行时间：3.9827(毫秒)　共 3561 条记录　第 2 页（每页20条）共 179 页　首页 上页 下页 末页

按月显示　按周显示　按天显示

图 7-57　企业信息上报追溯数据(包)列表

第七章　监管子系统

（二）可追溯编号监管

该功能显示的是项目建设单位提供的追溯码。在列表中显示每个追溯码的短信、语音、网站查询情况，点击后可以显示查询者所在的地理位置。项目建设单位应运行此功能，从侧面了解消费者对本企业追溯产品的关注及市场反应。

操作步骤：

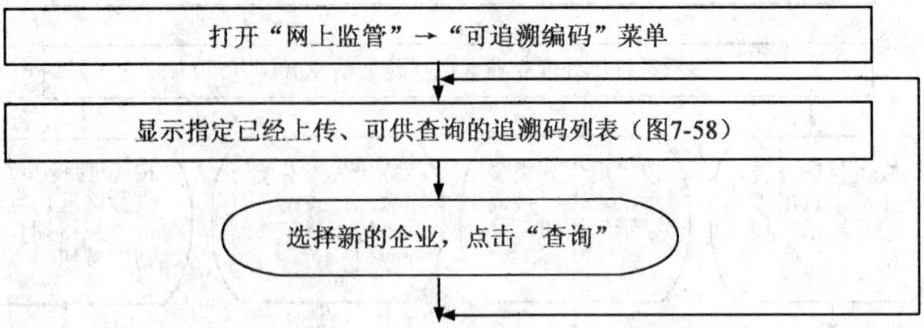

打开“网上监管”→“可追溯编码”菜单
显示指定已经上传、可供查询的追溯码列表（图7-58）
选择新的企业，点击“查询”

系统可追溯编码

0102 [北京]北京世新华盛牧业科技有限公司　查 询

序	可追溯编号	系统内部号	模拟追溯		被查询情况		
1	010202011003302904	09001977	语音短信	网站查询	语音(0)	短信(0)	网站(0)
2	010202011003302803	09001976	语音短信	网站查询	语音(0)	短信(0)	网站(0)
3	010202011003302678	09001975	语音短信	网站查询	语音(0)	短信(0)	网站(0)
4	010202011003302601	09001974	语音短信	网站查询	语音(0)	短信(0)	网站(0)
5	010202011003302566	09001973	语音短信	网站查询	语音(0)	短信(0)	网站(0)
6	010202011003302454	09001972	语音短信	网站查询	语音(0)	短信(0)	网站(0)
7	010202011003302342	09001971	语音短信	网站查询	语音(0)	短信(0)	网站(0)
8	010202011003302139	09001970	语音短信	网站查询	语音(0)	短信(0)	网站(0)
9	010202011003302005	09001969	语音短信	网站查询	语音(0)	短信(0)	网站(0)
10	010202011003293903	09001968	语音短信	网站查询	语音(0)	短信(0)	网站(0)
11	010202011003293802	09001967	语音短信	网站查询	语音(0)	短信(0)	网站(0)
12	010202011003293701	09001966	语音短信	网站查询	语音(0)	短信(0)	网站(0)
13	010202011003293677	09001965	语音短信	网站查询	语音(0)	短信(0)	网站(1)
14	010202011003293600	09001964	语音短信	网站查询	语音(0)	短信(0)	网站(0)
15	010202011003293565	09001963	语音短信	网站查询	语音(0)	短信(0)	网站(0)
16	010202011003293509	09001962	语音短信	网站查询	语音(0)	短信(0)	网站(0)
17	010202011003293453	09001961	语音短信	网站查询	语音(0)	短信(0)	网站(0)
18	010202011003293408	09001960	语音短信	网站查询	语音(0)	短信(0)	网站(0)
19	010202011003293341	09001959	语音短信	网站查询	语音(0)	短信(0)	网站(0)
20	010202011003293307	09001958	语音短信	网站查询	语音(0)	短信(0)	网站(0)
21	010202011003293239	09001957	语音短信	网站查询	语音(0)	短信(0)	网站(0)
22	010202011003293206	09001956	语音短信	网站查询	语音(0)	短信(0)	网站(0)
23	010202011003293127	09001955	语音短信	网站查询	语音(0)	短信(0)	网站(0)
24	010202011003293105	09001954	语音短信	网站查询	语音(0)	短信(0)	网站(0)

执行时间：8.0946（毫秒）　共 1977 条记录　第 1 页 （每页24条） 共 83 页　首页 上页 下页 末页

图 7-58　指定企业可追溯的追溯码列表

（三）标签使用情况监管

运行此功能，系统依据企业的操作，显示每次标签打印情况，并结合产品包装规格，计算出追溯产品产量。省级主管部门要重点运用此功能对项目建设单位是否严格按照合同规范运行追溯系统进行监管，既要防止追溯系统不运行或者少运行，也要防止超范围生产。同时，要结合企业追溯单元、追溯产品的生产实际，监管追溯系统运行过程的误操作情况，例如，一个追溯地块一次收获的产量是有限度的，如果一个批次的标签使用量大幅度增加，有可能是企业在操作中出现失误。

操作步骤：

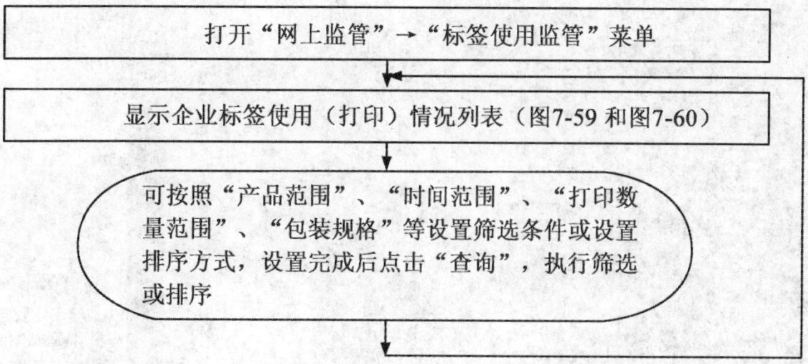

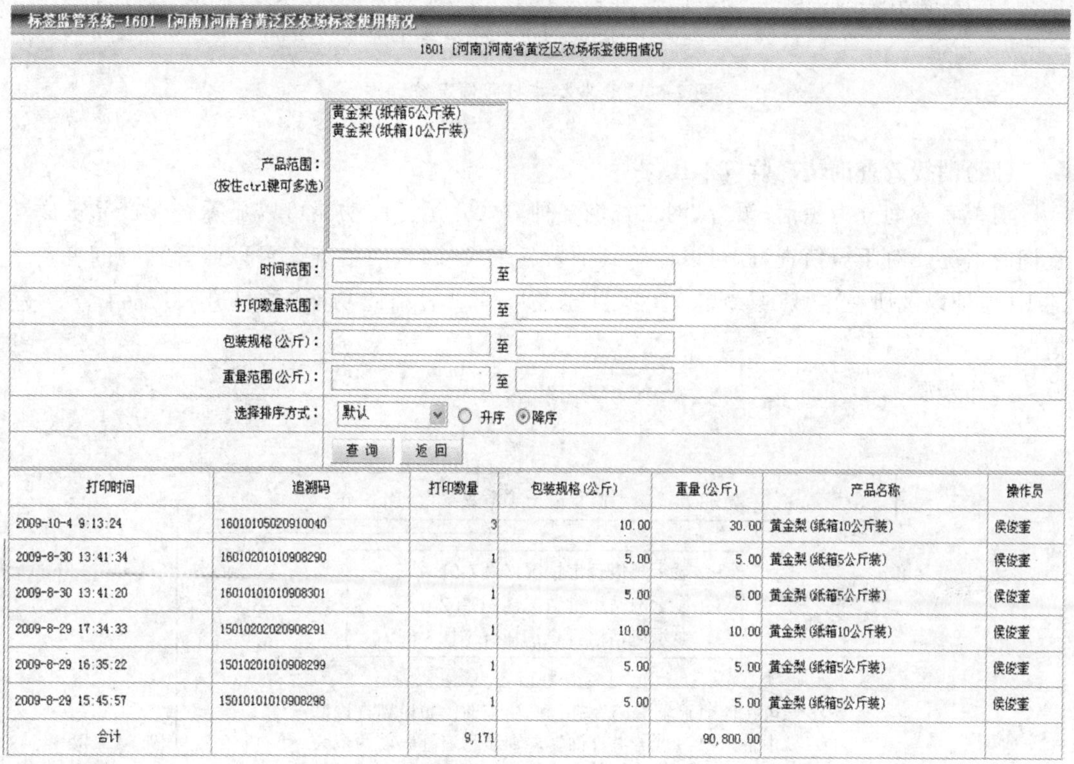

打印时间	追溯码	打印数量	包装规格(公斤)	重量(公斤)	产品名称	操作员
2009-10-4 9:13:24	16010105020910040	3	10.00	30.00	黄金梨(纸箱10公斤装)	侯俊峰
2009-8-30 13:41:34	16010201010908290	1	5.00	5.00	黄金梨(纸箱5公斤装)	侯俊峰
2009-8-30 13:41:20	16010101010908301	1	5.00	5.00	黄金梨(纸箱5公斤装)	侯俊峰
2009-8-29 17:34:33	15010202020908291	1	10.00	10.00	黄金梨(纸箱10公斤装)	侯俊峰
2009-8-29 16:35:22	15010201010908299	1	5.00	5.00	黄金梨(纸箱5公斤装)	侯俊峰
2009-8-29 15:45:57	15010101010908298	1	5.00	5.00	黄金梨(纸箱5公斤装)	侯俊峰
合计		9,171		90,800.00		

图 7-59 企业标签使用(打印)情况列表

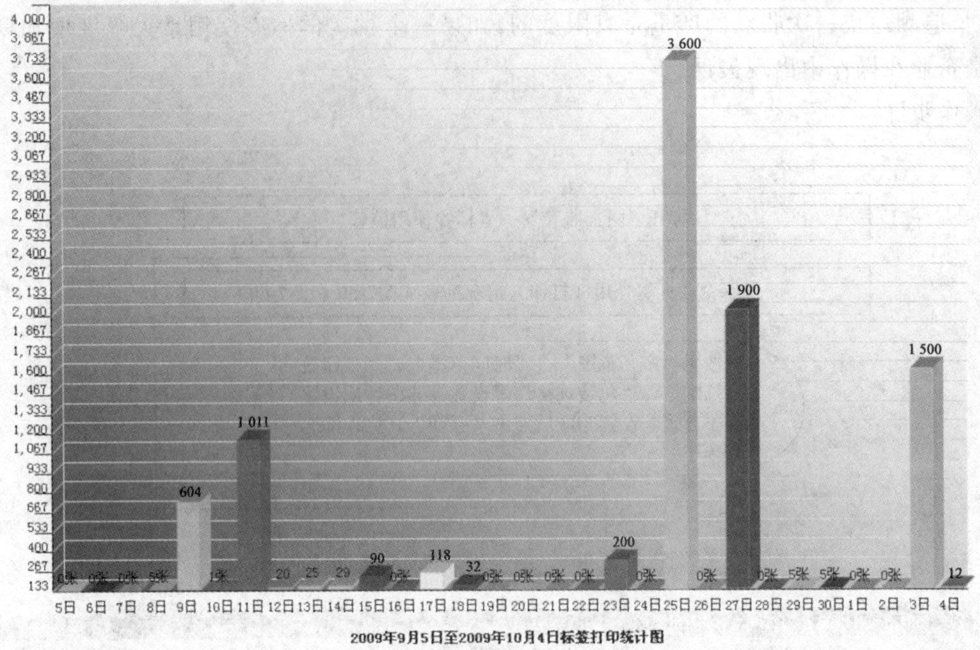

图 7-60　企业标签打印情况统计图

(四)消费者查询情况监管

消费者查询分为短信、语音、网络查询 3 种方式。运行此功能可以显示企业产品被成功查询的情况。对于短信查询,可以监管到消费者手机号码;网络查询可以监管到查询者登录的 IP 地址以及所在区域(县级市)。项目建设单位应运用此功能,了解追溯产品社会关注情况。

操作步骤:

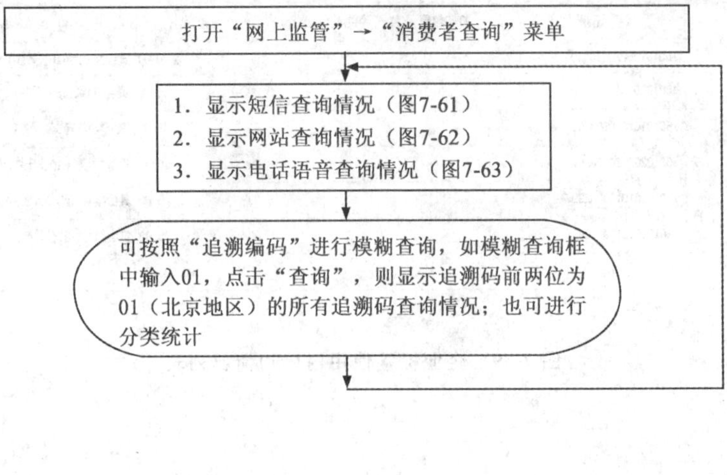

公众短信查询统计 （本功能实现对符合编码规则的追溯编号浏览和统计，无效追溯号请使用“无效查询监管”

模糊查询 [ ] 查 询 统 计 提示：模糊查询不需要使用通配符号

序	追溯编号△▽	查询时间△▽	企业名称	城市△▽	手机号△▽	反馈信息情况
1	3004010210010912183	2010-3-31 20:22:01	和田昆仑山枣业有限公...	北京.北京	13501287621	您查的是新疆和田昆仑山枣业有限公...
2	3004010210011001105	2010-3-31 19:30:15	和田昆仑山枣业有限公...	湖北.武汉	13607169620	您查的是新疆和田昆仑山枣业有限公...
3	13510111030910231	2010-3-31 17:50:33	福建省安溪八马茶业有...	福建.泉州	13808534278	您查的是福建安溪八马茶业生产的“...
4	13510111030910231	2010-3-31 17:50:18	福建省安溪八马茶业有...	福建.厦门	13606019046	您查的是福建安溪八马茶业生产的“...
5	0853010101010912080	2010-3-31 16:10:22	黑龙江泰利马铃薯制品...	黑龙江.七台河	13846481188	您查询的是黑龙江泰利马铃薯制品有...
6	3004010210010912295	2010-3-31 16:01:43	和田昆仑山枣业有限公...	辽宁.沈阳	13478162716	您查的是新疆和田昆仑山枣业有限公...
7	3004010210011001105	2010-3-31 15:58:34	和田昆仑山枣业有限公...	辽宁.沈阳	13478162716	您查的是新疆和田昆仑山枣业有限公...
8	3004010210010912183	2010-3-31 10:47:57	和田昆仑山枣业有限公...	辽宁.沈阳	13898130786	您查的是新疆和田昆仑山枣业有限公...
9	3004010210010912183	2010-3-31 10:46:56	和田昆仑山枣业有限公...	辽宁.沈阳	13898130786	您查的是新疆和田昆仑山枣业有限公...
10	3004010310010911026	2010-3-30 8:43:44	和田昆仑山枣业有限公...	北京.北京	13910794449	您查的是新疆和田昆仑山枣业有限公...
11	3004010310010911026	2010-3-30 8:43:28	和田昆仑山枣业有限公...	北京.北京	13910794449	您查的是新疆和田昆仑山枣业有限公...
12	3004010310010911026	2010-3-29 22:15:23	和田昆仑山枣业有限公...	北京.北京	13910794449	您查的是新疆和田昆仑山枣业有限公...
13	3004010310010911026	2010-3-29 22:14:39	和田昆仑山枣业有限公...	北京.北京	13910794449	您查的是新疆和田昆仑山枣业有限公...
14	3004010310010911026	2010-3-29 22:13:38	和田昆仑山枣业有限公...	北京.北京	13910794449	您查的是新疆和田昆仑山枣业有限公...
15	3004010310010911026	2010-3-29 18:55:55	和田昆仑山枣业有限公...	北京.北京	13910794449	您查的是新疆和田昆仑山枣业有限公...
16	120210011004032503252	2010-3-29 16:43:42	敬亭山茶场	安徽.宣城	13063233023	您查询的是安徽敬亭山茶场生产的敬...
17	120210011004032503252	2010-3-29 16:43:42	敬亭山茶场	安徽.宣城	13063233023	谢!...
18	120210011004032503252	2010-3-29 16:41:57	敬亭山茶场	安徽.宣城	13063233023	您查询的是安徽敬亭山茶场生产的敬...
19	120210011004032503252	2010-3-29 16:41:57	敬亭山茶场	安徽.宣城	13063233023	谢!...
20	3004010210011001105	2010-3-29 16:06:37	和田昆仑山枣业有限公...	辽宁.沈阳	13889334105	您查的是新疆和田昆仑山枣业有限公...

执行时间：8.2386(毫秒)　共 2544 条记录　第 1 页（每页20条）共 128 页　首页 上页 下页 末页

图 7-61　短信查询记录表

公众网站查询统计 （本功能实现对符合编码规则的追溯编号浏览和统计，无效追溯号请使用“无效查询监管”

模糊查询 [ ] 查 询 统 计 提示：模糊查询不需要使用通配符号

序	追溯编号△▽	查询时间△▽	企业名称	所在位置△▽	IP地址
1	3004010210010912295	2010-3-31 22:21:48	和田昆仑山枣业有限公...	[福建省莆田市]网通	58.22.135.9
2	3004010210010912295	2010-3-31 22:20:58	和田昆仑山枣业有限公...	[福建省莆田市]网通	58.22.135.9
3	3004010310010911239	2010-3-31 22:07:58	和田昆仑山枣业有限公...	[北京市]网通	123.118.217.29
4	3004010210011001105	2010-3-31 22:06:40	和田昆仑山枣业有限公...	[北京市]网通	123.118.217.29
5	3004010110010910258	2010-3-31 22:00:32	和田昆仑山枣业有限公...	[北京市]网通	123.118.217.29
6	3004010110010911293	2010-3-31 21:59:11	和田昆仑山枣业有限公...	[北京市]网通	123.118.217.29
7	3004010310010912241	2010-3-31 21:56:59	和田昆仑山枣业有限公...	[浙江省杭州市]电信ADSL	220.191.108.52
8	120210011003032203225	2010-3-31 21:55:48	敬亭山茶场	[江苏省南京市]广电网(网通出口)	221.6.3.73
9	3004010210011001105	2010-3-31 21:55:35	和田昆仑山枣业有限公...	[浙江省杭州市]电信ADSL	220.191.108.52
10	3004010210011001105	2010-3-31 21:39:43	和田昆仑山枣业有限公...	[辽宁省沈阳市]网通ADSL	119.119.46.159
11	3004010210011001105	2010-3-31 21:39:22	和田昆仑山枣业有限公...	[辽宁省沈阳市]网通ADSL	119.119.46.159
12	3004010210011001105	2010-3-31 21:38:48	和田昆仑山枣业有限公...	[辽宁省沈阳市]网通ADSL	119.119.46.159
13	(01)96944606600638(251)2000200448	2010-3-31 21:24:58	金星鸭业中心	[北京市海淀区]网通ADSL	221.222.164.229
14	3004010310010911026	2010-3-31 20:25:46	和田昆仑山枣业有限公...	[辽宁省沈阳市]网通ADSL	221.200.232.141
15	3004010210011001105	2010-3-31 20:22:21	和田昆仑山枣业有限公...	[辽宁省沈阳市]网通ADSL	221.200.232.141
16	3004010210011001105	2010-3-31 20:10:37	和田昆仑山枣业有限公...	[山东省]网通	123.129.108.253
17	3004010210010912295	2010-3-31 20:10:11	和田昆仑山枣业有限公...	[辽宁省沈阳市]网通ADSL	221.200.232.141
18	3004010310010911239	2010-3-31 20:09:40	和田昆仑山枣业有限公...	[辽宁省沈阳市]网通ADSL	221.200.232.141
19	3004010110010910258	2010-3-31 20:08:56	和田昆仑山枣业有限公...	[辽宁省沈阳市]网通ADSL	221.200.232.141
20	3004010210011001105	2010-3-31 19:57:37	和田昆仑山枣业有限公...	[欧洲]未知	120.8.206.171

执行时间：8.2540(毫秒)　共 17829 条记录　第 1 页（每页20条）共 892 页　首页 上页 下页 末页

图 7-62　网站查询记录表

公众语音查询统计

模糊查询 查 询 提示：模糊查询不需要使用通配符号

序	追溯编号△▽	查询时间△▽	企业名称	城市△▽	手机号△▽	反馈信息情况
1	3004010110010910258	2010-3-31 21:51:12	和田昆仑山枣业有限公...	未知	未知	您查的是新疆和田昆仑山枣业有限公...
2	3004010110010911293	2010-3-31 21:39:22	和田昆仑山枣业有限公...	未知	未知	您查的是新疆和田昆仑山枣业有限公...
3	3004010210011001105	2010-3-31 21:37:46	和田昆仑山枣业有限公...	未知	未知	您查的是新疆和田昆仑山枣业有限公...
4	3004010210011001105	2010-3-31 21:34:29	和田昆仑山枣业有限公...	未知	未知	您查的是新疆和田昆仑山枣业有限公...
5	3004010110010911293	2010-3-31 21:30:33	和田昆仑山枣业有限公...	未知	未知	您查的是新疆和田昆仑山枣业有限公...
6	3004010310010912241	2010-3-31 21:16:13	和田昆仑山枣业有限公...	未知	未知	您查的是新疆和田昆仑山枣业有限公...
7	3004010210011001105	2010-3-31 19:43:07	和田昆仑山枣业有限公...	未知	未知	您查的是新疆和田昆仑山枣业有限公...
8	3004010210011001105	2010-3-31 18:31:19	和田昆仑山枣业有限公...	未知	未知	您查的是新疆和田昆仑山枣业有限公...
9	3004010210010912295	2010-3-31 18:10:32	和田昆仑山枣业有限公...	未知	未知	您查的是新疆和田昆仑山枣业有限公...
10	3004010410010911263	2010-3-31 17:39:23	和田昆仑山枣业有限公...	未知	未知	您查的是新疆和田昆仑山枣业有限公...
11	3004010410010911263	2010-3-31 17:38:57	和田昆仑山枣业有限公...	未知	未知	您查的是新疆和田昆仑山枣业有限公...
12	3004010210011001105	2010-3-31 17:17:08	和田昆仑山枣业有限公...	未知	未知	您查的是新疆和田昆仑山枣业有限公...
13	3004010210011001105	2010-3-31 16:43:10	和田昆仑山枣业有限公...	未知	未知	您查的是新疆和田昆仑山枣业有限公...
14	3004010210011001105	2010-3-31 16:17:51	和田昆仑山枣业有限公...	未知	未知	您查的是新疆和田昆仑山枣业有限公...
15	3004010210011001105	2010-3-31 16:01:59	和田昆仑山枣业有限公...	未知	未知	您查的是新疆和田昆仑山枣业有限公...
16	3004010210011001105	2010-3-31 16:00:40	和田昆仑山枣业有限公...	未知	未知	您查的是新疆和田昆仑山枣业有限公...
17	3004010210011001105	2010-3-31 15:59:08	和田昆仑山枣业有限公...	未知	未知	您查的是新疆和田昆仑山枣业有限公...
18	3004010210011001105	2010-3-31 15:58:43	和田昆仑山枣业有限公...	未知	未知	您查的是新疆和田昆仑山枣业有限公...
19	3004010410010912073	2010-3-31 15:35:40	和田昆仑山枣业有限公...	未知	未知	您查的是新疆和田昆仑山枣业有限公...
20	3004010210010912295	2010-3-31 14:28:29	和田昆仑山枣业有限公...	未知	未知	您查的是新疆和田昆仑山枣业有限公...

执行时间：8.2619(毫秒)　共 4435 条记录　第 1 页（每页20条）共 222 页　首页 上页 下页 末页

图 7-63　电话语音查询记录表

(五)无效查询监管

该功能显示的是消费者没有查询成功的详细情况。查询失败可以分为 3 种情况：一是消费者发送追溯码错误；二是网络系统出现错误；三是企业数据报送不及时。省级主管部门、项目建设单位要高度重视无效查询，对与本单位相关的无效查询要进行逐一分析，联系项目工作组，查明原因后及时跟消费者解释沟通。

操作步骤：

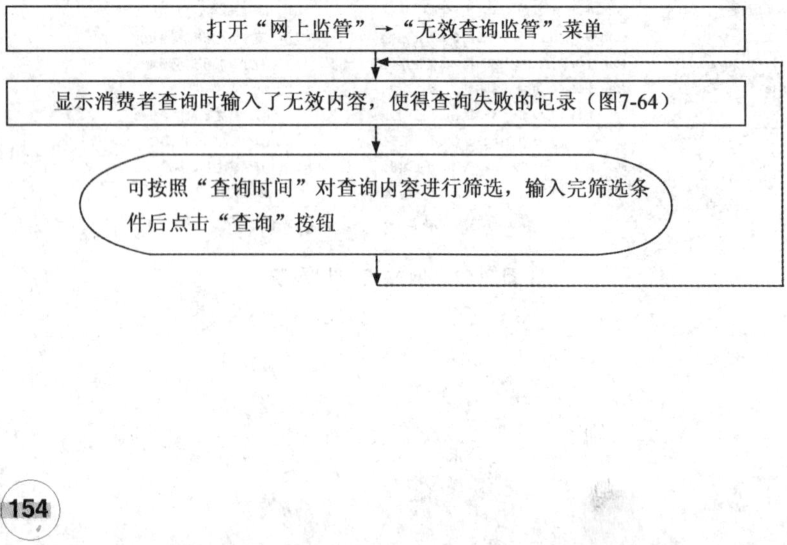

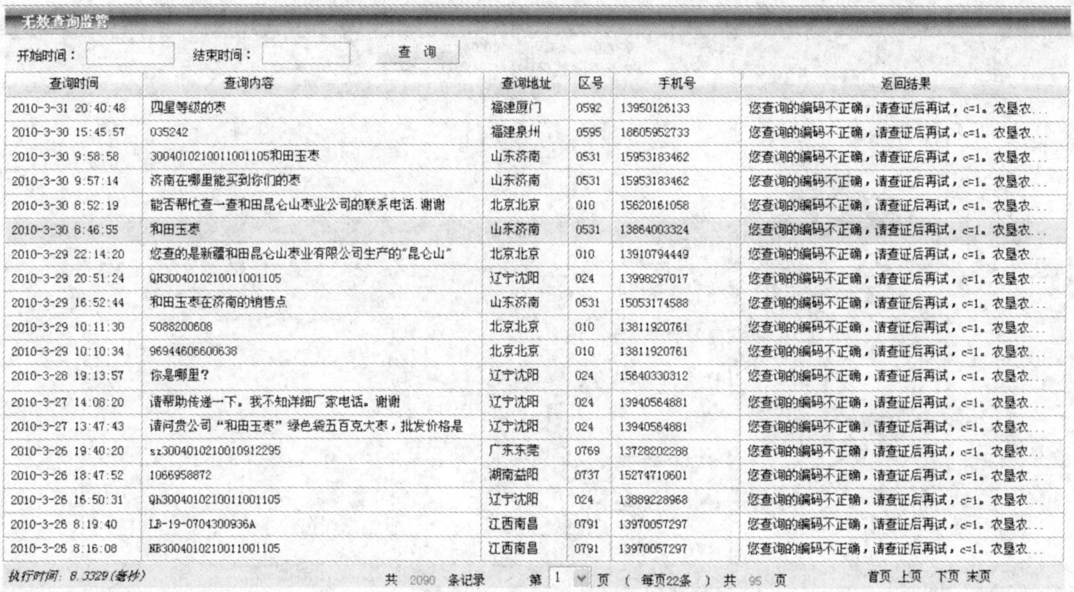

无效查询监管

开始时间：　　结束时间：　　查 询

查询时间	查询内容	查询地址	区号	手机号	返回结果
2010-3-31 20:40:48	四星等级的枣	福建厦门	0592	13950126133	您查询的编码不正确，请查证后再试，c=1。农垦农...
2010-3-30 15:45:57	035242	福建泉州	0595	18605952733	您查询的编码不正确，请查证后再试，c=1。农垦农...
2010-3-30 9:58:58	3004010210011001105和田玉枣	山东济南	0531	15953183462	您查询的编码不正确，请查证后再试，c=1。农垦农...
2010-3-30 9:57:14	济南在哪里能买到你们的枣	山东济南	0531	15953183462	您查询的编码不正确，请查证后再试，c=1。农垦农...
2010-3-30 8:52:19	能否帮忙查一查和田昆仑山枣业公司的联系电话.谢谢	北京北京	010	15620161058	您查询的编码不正确，请查证后再试，c=1。农垦农...
2010-3-30 8:46:55	和田玉枣	山东济南	0531	13864003324	您查询的编码不正确，请查证后再试，c=1。农垦农...
2010-3-29 22:14:20	您查的是新疆和田昆仑山枣业有限公司生产的"昆仑山"	北京北京	010	13910794449	您查询的编码不正确，请查证后再试，c=1。农垦农...
2010-3-29 20:51:24	QH3004010210011001105	辽宁沈阳	024	13998297017	您查询的编码不正确，请查证后再试，c=1。农垦农...
2010-3-29 16:52:44	和田玉枣在济南的销售点	山东济南	0531	15053174588	您查询的编码不正确，请查证后再试，c=1。农垦农...
2010-3-29 10:11:30	5088200608	北京北京	010	13811920761	您查询的编码不正确，请查证后再试，c=1。农垦农...
2010-3-29 10:10:34	96944606600638	北京北京	010	13811920761	您查询的编码不正确，请查证后再试，c=1。农垦农...
2010-3-28 19:13:57	你是哪里？	辽宁沈阳	024	15840330312	您查询的编码不正确，请查证后再试，c=1。农垦农...
2010-3-27 14:08:20	请帮助传递一下。我不知详细厂家电话。谢谢	辽宁沈阳	024	13940584881	您查询的编码不正确，请查证后再试，c=1。农垦农...
2010-3-27 13:47:43	请问贵公司"和田玉枣"绿色袋五百克大枣，批发价格是	辽宁沈阳	024	13940584881	您查询的编码不正确，请查证后再试，c=1。农垦农...
2010-3-26 19:40:20	sz3004010210010912295	广东东莞	0769	13728202288	您查询的编码不正确，请查证后再试，c=1。农垦农...
2010-3-26 18:47:52	1066958872	湖南益阳	0737	15274710601	您查询的编码不正确，请查证后再试，c=1。农垦农...
2010-3-26 16:50:31	Qh3004010210011001105	辽宁沈阳	024	13889228968	您查询的编码不正确，请查证后再试，c=1。农垦农...
2010-3-26 8:19:40	LB-19-0704300936A	江西南昌	0791	13970057297	您查询的编码不正确，请查证后再试，c=1。农垦农...
2010-3-26 8:16:08	NB3004010210011001105	江西南昌	0791	13970057297	您查询的编码不正确，请查证后再试，c=1。农垦农...

执行时间：8.3329(毫秒)　共 2090 条记录　第 1 页 （每页22条）共 95 页　首页 上页 下页 末页

图 7-64　所有无效查询情况列表

(六)全程质量监管

依据追溯码，显示追溯产品生产流程中每个环节的详细记录。通过此功能能够随时查询一件带有追溯码的上市产品生产过程中的详细信息，包括来源、各种投入品的使用等。

操作步骤：

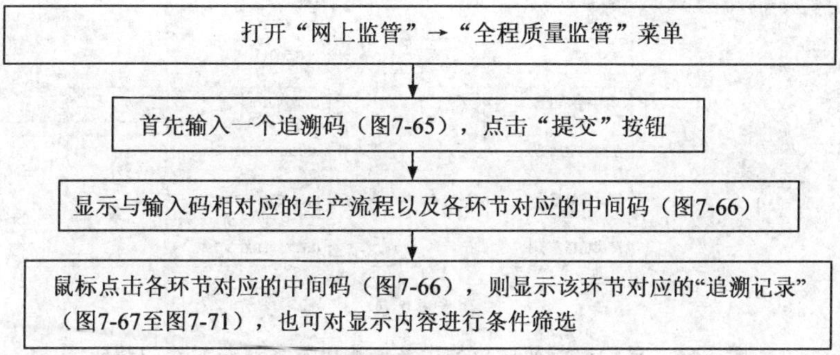

打开"网上监管"→"全程质量监管"菜单
首先输入一个追溯码（图7-65），点击"提交"按钮
显示与输入码相对应的生产流程以及各环节对应的中间码（图7-66）
鼠标点击各环节对应的中间码（图7-66），则显示该环节对应的"追溯记录"（图7-67至图7-71），也可对显示内容进行条件筛选

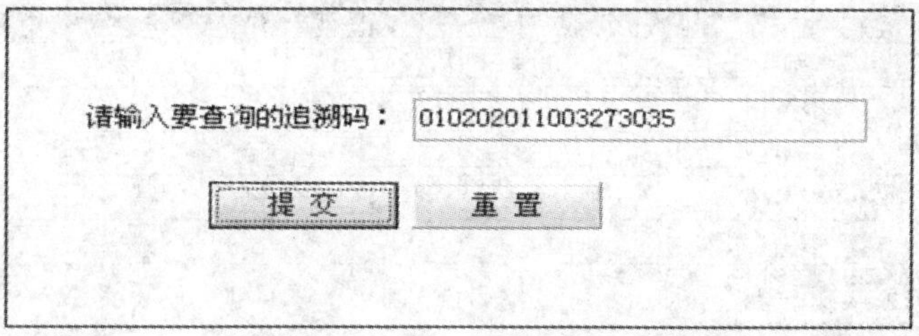

请输入要查询的追溯码：
010202011003273035
提 交
重 置

图 7-65　输入一个完整的追溯码

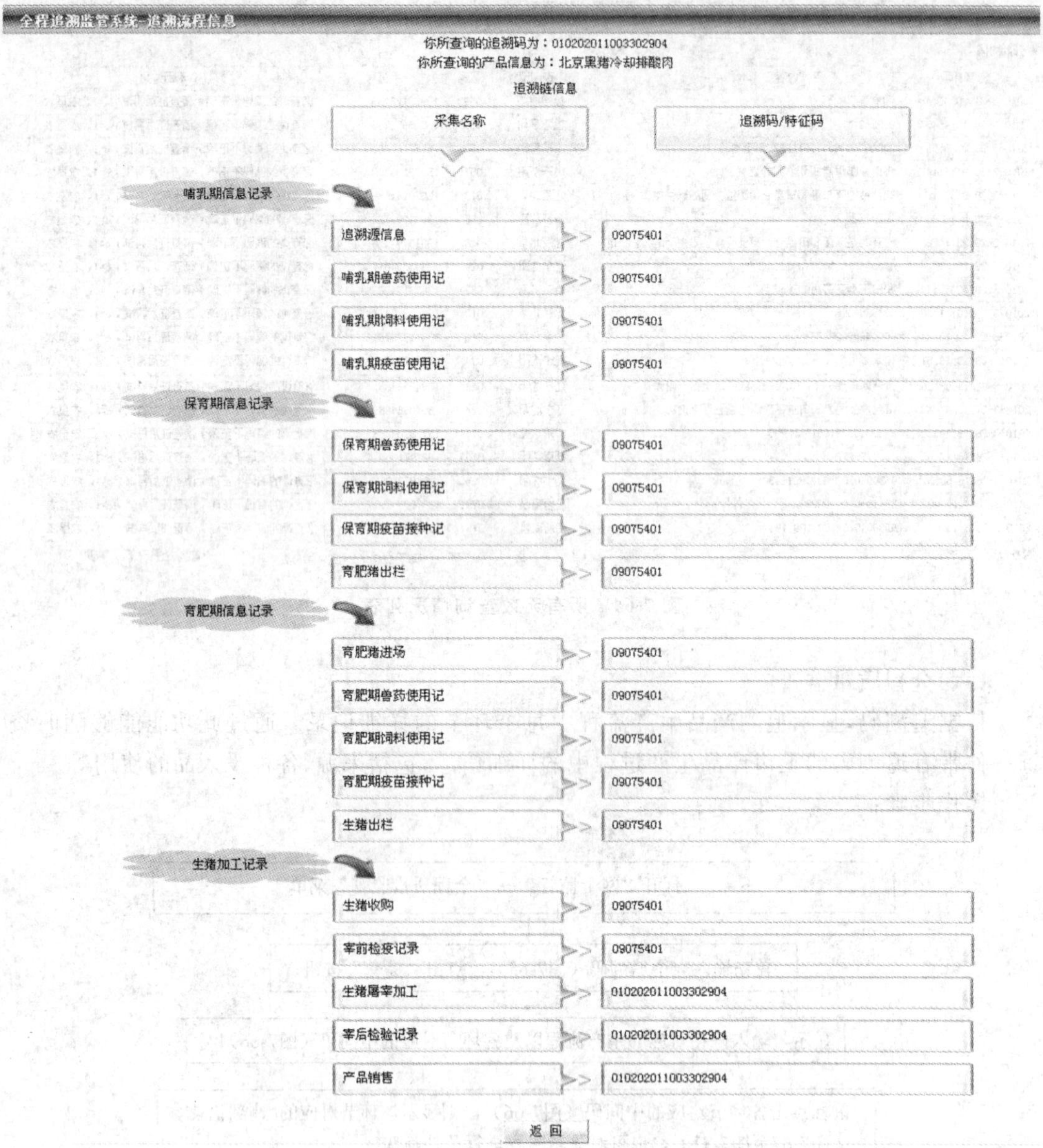

图 7-66　显示追溯码对应的生产流程以及各环节对应的编码

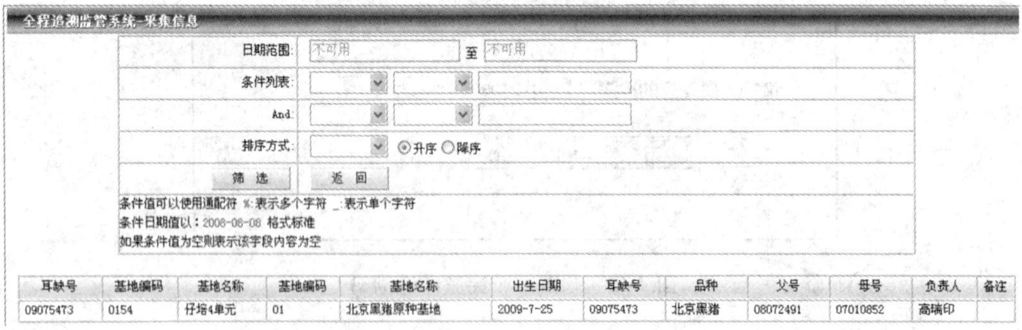

图 7-67　追溯源信息(即追溯码对应的养殖场所信息)

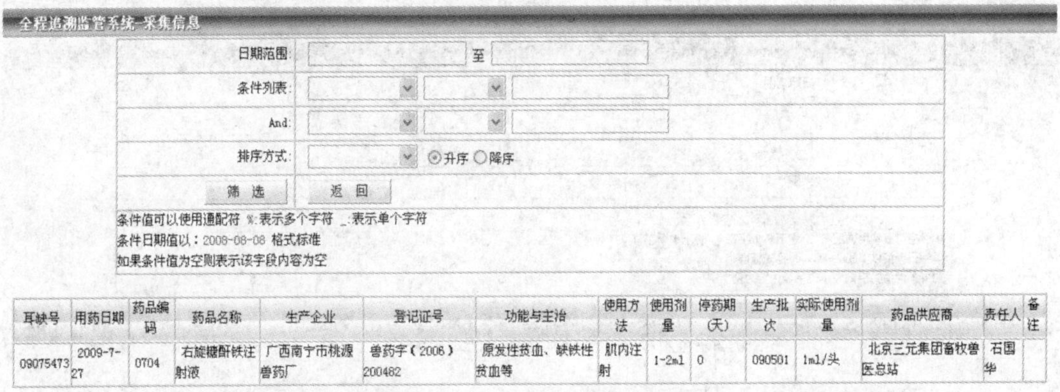

耳缺号	用药日期	药品编码	药品名称	生产企业	登记证号	功能与主治	使用方法	使用剂量	停药期(天)	生产批次	实际使用剂量	药品供应商	责任人	备注
09075473	2009-7-27	0704	右旋糖酐铁注射液	广西南宁市桃源兽药厂	兽药字（2006）200482	原发性贫血、缺铁性贫血等	肌内注射	1-2ml	0	090501	1ml/头	北京三元集团畜牧兽医总站	石国华	

图 7-68　兽药使用记录(追溯码对应的哺乳期兽药使用记录)

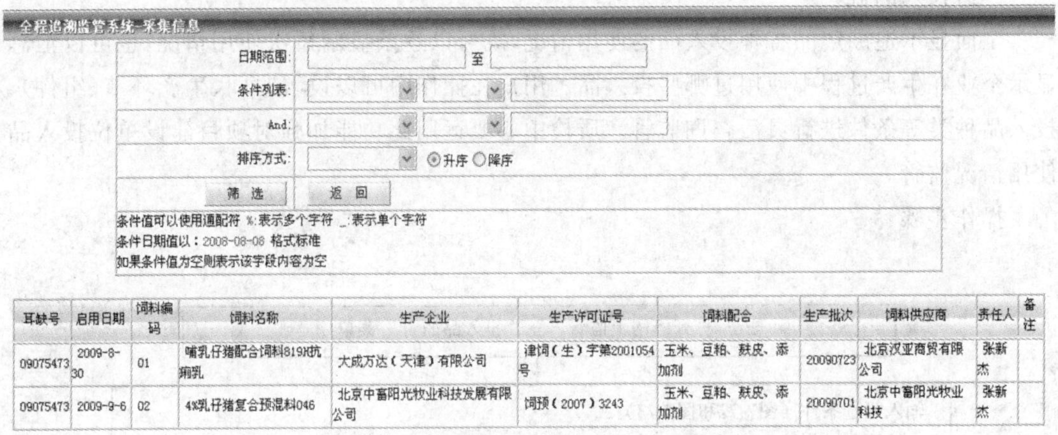

耳缺号	启用日期	饲料编码	饲料名称	生产企业	生产许可证号	饲料配合	生产批次	饲料供应商	责任人	备注
09075473	2009-8-30	01	哺乳仔猪配合饲料819H抗痢乳	大成万达（天津）有限公司	津饲（生）字第2001054号	玉米、豆粕、麸皮、添加剂	20090723	北京汉亚商贸有限公司	张新杰	
09075473	2009-9-6	02	4%乳仔猪复合预混料046	北京中畜阳光牧业科技发展有限公司	饲预（2007）3243	玉米、豆粕、麸皮、添加剂	20090701	北京中畜阳光牧业科技	张新杰	

图 7-69　饲料使用记录(追溯码对应的保育期饲料使用记录)

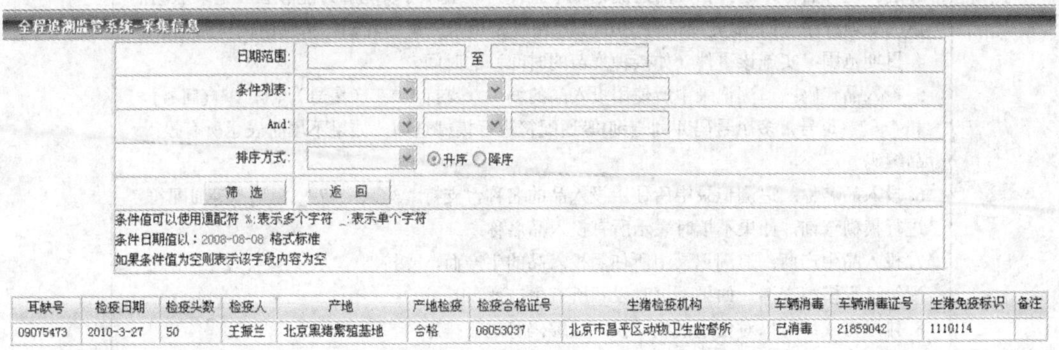

耳缺号	检疫日期	检疫头数	检疫人	产地	产地检疫	检疫合格证号	生猪检疫机构	车辆消毒	车辆消毒证号	生猪免疫标识	备注
09075473	2010-3-27	50	王振兰	北京黑猪繁殖基地	合格	08053037	北京市昌平区动物卫生监督所	已消毒	21859042	1110114	

图 7-70　宰前检验记录(追溯码对应的检验记录)

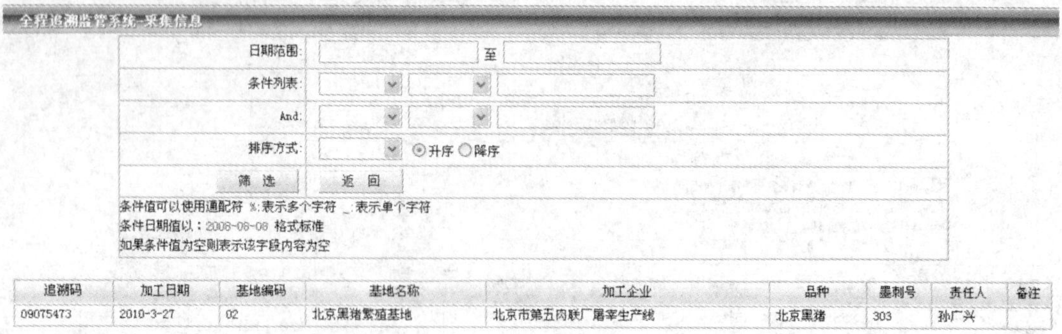

图 7-71 屠宰加工记录(追溯码对应的加工记录)

(七)投入品监管

全面显示追溯产品各种投入品的使用情况,既可以逐条显示每次使用情况,也可以汇总显示企业在生产过程中使用过哪些投入品。用户在操作中可以设置时间、生产环节(组件)、投入品种类等条件进行灵活查询监管。质检中心要运用此功能加强对项目建设单位投入品使用情况监管。

操作步骤:

打开“网上监管”→“投入品监管”菜单

↓

输入筛选条件（图7-72和图7-73）：

1. 追溯码：在这里可以输入一个具体的追溯码，不输入则表示该系统中全部的追溯码
2. 选择投入品类型：根据不同类型的企业，显示的内容会不同，如种植类企业显示“农药”和“肥料”，而对于养殖类企业则显示“饲料”、“兽药”、“疫苗”、“消毒”等
3. 选择组件名称：选择相应的追溯记录（组件）。组件可以理解为能够独立记录追溯信息的处理程序（如“哺乳期饲料使用记录”组件是用来采集哺乳期仔猪使用饲料的记录）
4. 日期范围：实施该事件（如接种疫苗的时间）的时间
5. 投入品代码：追溯记录中所使用投入品的编码，支持 " * " （星号）、 " ? " (问号) 和 " , " (逗号，多个号码并列查询)等通配符进行模糊查询，如果不填时表示所有投入品编码
6. 投入品名称：追溯记录中所使用投入品的名称，支持 " * " 、 " ? " 、 " , " 等通配符进行模糊查询，如果不填时表示所有投入品名称
7. 投入品生产商：追溯记录中所使用投入品的生产商，支持 " * " 、 " ? " 、 " , " 等通配符进行模糊查询，如果不填时表示所有生产商
8. 排序方式：可以对使用日期、投入品编码等进行排序
9. 显示模式：简略模式（图7-74）、详细模式（图7-75）

设置完上述条件或排序方式、显示模式后，点击“查询”按钮按所设置条件显示新的内容

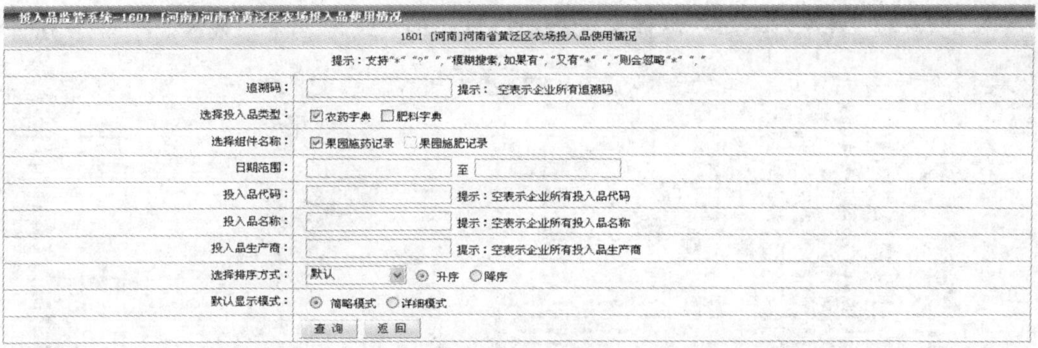

图 7-72 设置投入品监管条件(种植类企业)

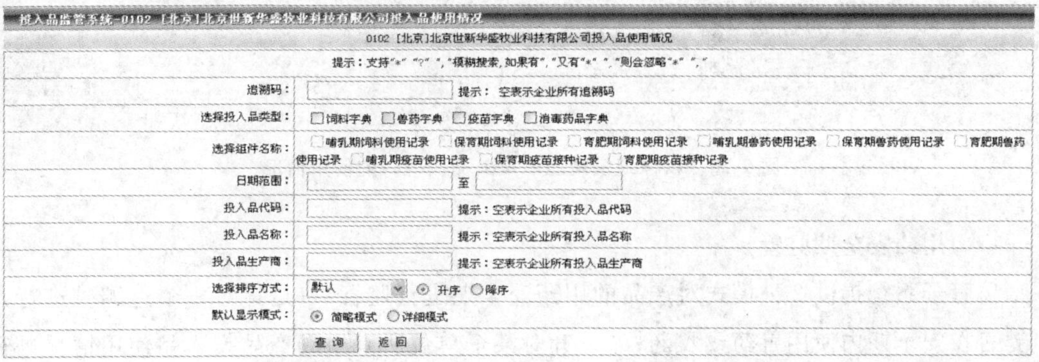

图 7-73 设置投入品监管条件(养殖类企业)

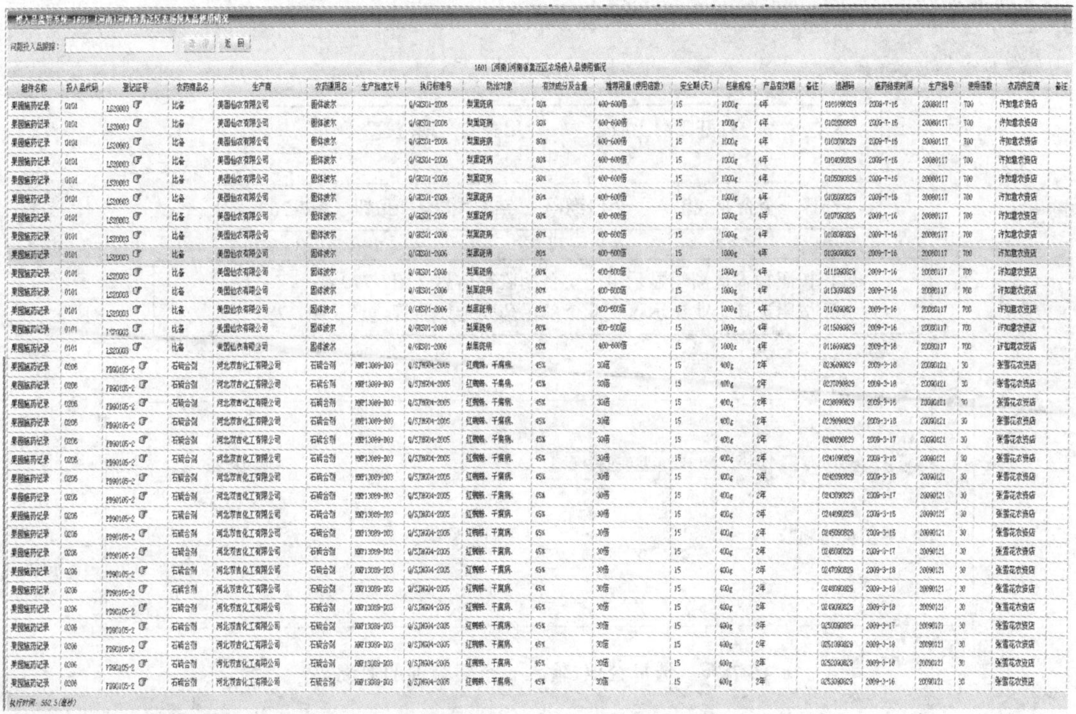

投入品监管系统-1601 [河南]河南省黄泛区农场投入品使用情况

问题投入品跟踪： 查 询 返 回

1601 [河南]河南省黄泛区农场投入品使用情况

组件名称	投入品代码	登记证号	农药商品名	生产商	农药通用名	生产批准文号	执行标准号	防治对象	有效成分及含量	推荐用量(使用倍数)	安全期(天)	包装规格	产品有效期	备注	追溯码	施药结束时间	生产批号	使用倍数	农药供应商	备注
果园施药记录	0101	LS20003	比备	美国仙农有限公司	固体波尔		Q/GRS01-2006	梨黑斑病	80%	400-600倍	15	1000g	4年		0101090829	2009-7-15	20080117	700	许加意农资店	
果园施药记录	0101	LS20003	比备	美国仙农有限公司	固体波尔		Q/GRS01-2006	梨黑斑病	80%	400-600倍	15	1000g	4年		0102090829	2009-7-15	20080117	700	许加意农资店	
果园施药记录	0101	LS20003	比备	美国仙农有限公司	固体波尔		Q/GRS01-2006	梨黑斑病	80%	400-600倍	15	1000g	4年		0103090829	2009-7-15	20080117	700	许加意农资店	
果园施药记录	0101	LS20003	比备	美国仙农有限公司	固体波尔		Q/GRS01-2006	梨黑斑病	80%	400-600倍	15	1000g	4年		0104090829	2009-7-16	20080117	700	许加意农资店	
果园施药记录	0101	LS20003	比备	美国仙农有限公司	固体波尔		Q/GRS01-2006	梨黑斑病	80%	400-600倍	15	1000g	4年		0105090829	2009-7-15	20080117	700	许加意农资店	
果园施药记录	0101	LS20003	比备	美国仙农有限公司	固体波尔		Q/GRS01-2006	梨黑斑病	80%	400-600倍	15	1000g	4年		0106090829	2009-7-16	20080117	700	许加意农资店	
果园施药记录	0101	LS20003	比备	美国仙农有限公司	固体波尔		Q/GRS01-2006	梨黑斑病	80%	400-600倍	15	1000g	4年		0107090829	2009-7-16	20080117	700	许加意农资店	
果园施药记录	0101	LS20003	比备	美国仙农有限公司	固体波尔		Q/GRS01-2006	梨黑斑病	80%	400-600倍	15	1000g	4年		0108090829	2009-7-16	20080117	700	许加意农资店	
果园施药记录	0101	LS20003	比备	美国仙农有限公司	固体波尔		Q/GRS01-2006	梨黑斑病	80%	400-600倍	15	1000g	4年		0109090829	2009-7-16	20080117	700	许加意农资店	
果园施药记录	0101	LS20003	比备	美国仙农有限公司	固体波尔		Q/GRS01-2006	梨黑斑病	80%	400-600倍	15	1000g	4年		0111090829	2009-7-16	20080117	700	许加意农资店	
果园施药记录	0101	LS20003	比备	美国仙农有限公司	固体波尔		Q/GRS01-2006	梨黑斑病	80%	400-600倍	15	1000g	4年		0113090829	2009-7-16	20080117	700	许加意农资店	
果园施药记录	0101	LS20003	比备	美国仙农有限公司	固体波尔		Q/GRS01-2006	梨黑斑病	80%	400-600倍	15	1000g	4年		0114090829	2009-7-16	20080117	700	许加意农资店	
果园施药记录	0101	LS20003	比备	美国仙农有限公司	固体波尔		Q/GRS01-2006	梨黑斑病	80%	400-600倍	15	1000g	4年		0115090829	2009-7-16	20080117	700	许加意农资店	
果园施药记录	0101	LS20003	比备	美国仙农有限公司	固体波尔		Q/GRS01-2006	梨黑斑病	80%	400-600倍	15	1000g	4年		0116090829	2009-7-16	20080117	700	许加意农资店	
果园施药记录	0206	PD90105-2	石硫合剂	河北双吉化工有限公司	石硫合剂	HNP13089-D03	Q/SJHG04-2005	红蜘蛛、干腐病.	45%	30倍	15	400g	2年		0236090829	2009-3-18	20090121	30	张雪花农资店	
果园施药记录	0206	PD90105-2	石硫合剂	河北双吉化工有限公司	石硫合剂	HNP13089-D03	Q/SJHG04-2005	红蜘蛛、干腐病.	45%	30倍	15	400g	2年		0237090829	2009-3-18	20090121	30	张雪花农资店	
果园施药记录	0206	PD90105-2	石硫合剂	河北双吉化工有限公司	石硫合剂	HNP13089-D03	Q/SJHG04-2005	红蜘蛛、干腐病.	45%	30倍	15	400g	2年		0238090829	2009-3-16	20090121	30	张雪花农资店	
果园施药记录	0206	PD90105-2	石硫合剂	河北双吉化工有限公司	石硫合剂	HNP13089-D03	Q/SJHG04-2005	红蜘蛛、干腐病.	45%	30倍	15	400g	2年		0239090829	2009-3-18	20090121	30	张雪花农资店	
果园施药记录	0206	PD90105-2	石硫合剂	河北双吉化工有限公司	石硫合剂	HNP13089-D03	Q/SJHG04-2005	红蜘蛛、干腐病.	45%	30倍	15	400g	2年		0240090829	2009-3-17	20090121	30	张雪花农资店	
果园施药记录	0206	PD90105-2	石硫合剂	河北双吉化工有限公司	石硫合剂	HNP13089-D03	Q/SJHG04-2005	红蜘蛛、干腐病.	45%	30倍	15	400g	2年		0241090829	2009-3-18	20090121	30	张雪花农资店	
果园施药记录	0206	PD90105-2	石硫合剂	河北双吉化工有限公司	石硫合剂	HNP13089-D03	Q/SJHG04-2005	红蜘蛛、干腐病.	45%	30倍	15	400g	2年		0242090829	2009-3-18	20090121	30	张雪花农资店	
果园施药记录	0206	PD90105-2	石硫合剂	河北双吉化工有限公司	石硫合剂	HNP13089-D03	Q/SJHG04-2005	红蜘蛛、干腐病.	45%	30倍	15	400g	2年		0243090829	2009-3-17	20090121	30	张雪花农资店	
果园施药记录	0206	PD90105-2	石硫合剂	河北双吉化工有限公司	石硫合剂	HNP13089-D03	Q/SJHG04-2005	红蜘蛛、干腐病.	45%	30倍	15	400g	2年		0244090829	2009-3-15	20090121	30	张雪花农资店	
果园施药记录	0206	PD90105-2	石硫合剂	河北双吉化工有限公司	石硫合剂	HNP13089-D03	Q/SJHG04-2005	红蜘蛛、干腐病.	45%	30倍	15	400g	2年		0245090829	2009-3-15	20090121	30	张雪花农资店	
果园施药记录	0206	PD90105-2	石硫合剂	河北双吉化工有限公司	石硫合剂	HNP13089-D03	Q/SJHG04-2005	红蜘蛛、干腐病.	45%	30倍	15	400g	2年		0246090829	2009-3-17	20090121	30	张雪花农资店	
果园施药记录	0206	PD90105-2	石硫合剂	河北双吉化工有限公司	石硫合剂	HNP13089-D03	Q/SJHG04-2005	红蜘蛛、干腐病.	45%	30倍	15	400g	2年		0247090829	2009-3-18	20090121	30	张雪花农资店	
果园施药记录	0206	PD90105-2	石硫合剂	河北双吉化工有限公司	石硫合剂	HNP13089-D03	Q/SJHG04-2005	红蜘蛛、干腐病.	45%	30倍	15	400g	2年		0248090829	2009-3-18	20090121	30	张雪花农资店	
果园施药记录	0206	PD90105-2	石硫合剂	河北双吉化工有限公司	石硫合剂	HNP13089-D03	Q/SJHG04-2005	红蜘蛛、干腐病.	45%	30倍	15	400g	2年		0249090829	2009-3-18	20090121	30	张雪花农资店	
果园施药记录	0206	PD90105-2	石硫合剂	河北双吉化工有限公司	石硫合剂	HNP13089-D03	Q/SJHG04-2005	红蜘蛛、干腐病.	45%	30倍	15	400g	2年		0250090829	2009-3-17	20090121	30	张雪花农资店	
果园施药记录	0206	PD90105-2	石硫合剂	河北双吉化工有限公司	石硫合剂	HNP13089-D03	Q/SJHG04-2005	红蜘蛛、干腐病.	45%	30倍	15	400g	2年		0251090829	2009-3-18	20090121	30	张雪花农资店	
果园施药记录	0206	PD90105-2	石硫合剂	河北双吉化工有限公司	石硫合剂	HNP13089-D03	Q/SJHG04-2005	红蜘蛛、干腐病.	45%	30倍	15	400g	2年		0252090829	2009-3-18	20090121	30	张雪花农资店	
果园施药记录	0206	PD90105-2	石硫合剂	河北双吉化工有限公司	石硫合剂	HNP13089-D03	Q/SJHG04-2005	红蜘蛛、干腐病.	45%	30倍	15	400g	2年		0253090829	2009-3-16	20090121	30	张雪花农资店	

执行时间：552.5(毫秒)

图 7-74 以简略模式显示投入品(农药)的使用情况

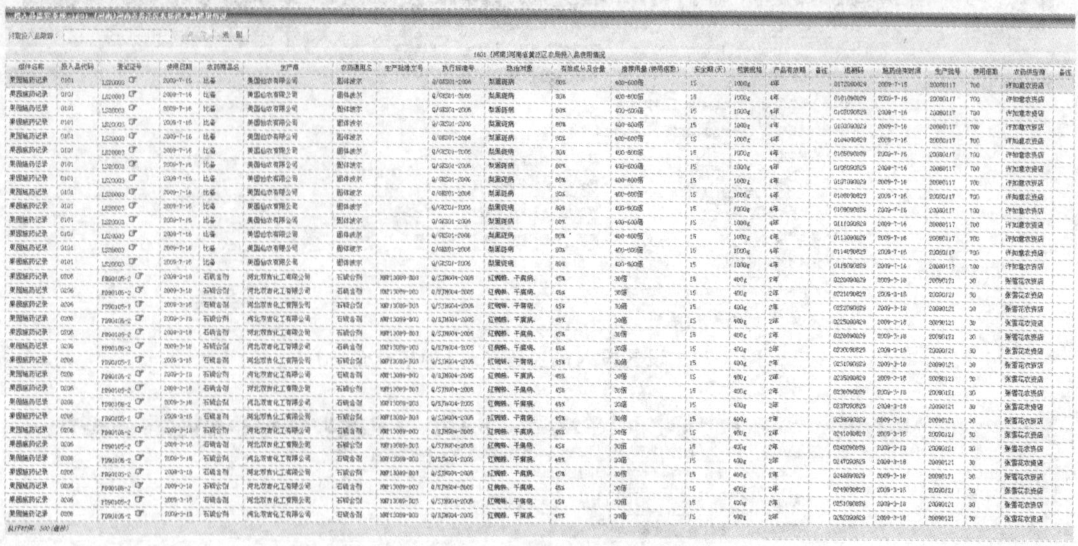

图 7-75　以详细模式显示投入品(农药)的使用情况

(八)用药安全期监管

监管子系统提供 2 种模式对产品的用药安全期进行监管:一是针对一个追溯号进行判别是否在安全期内使用兽药或农药;二是针对某个单位所有追溯产品投入品使用情况进行判断。各级主管部门、质检部门要利用此功能,加强对企业用药安全期进行监管。

操作步骤:

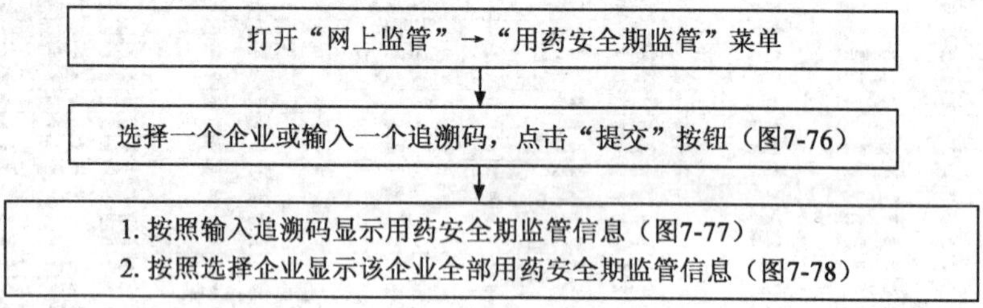

打开“网上监管”→“用药安全期监管”菜单
选择一个企业或输入一个追溯码，点击“提交”按钮（图7-76）
1. 按照输入追溯码显示用药安全期监管信息（图7-77）
2. 按照选择企业显示该企业全部用药安全期监管信息（图7-78）

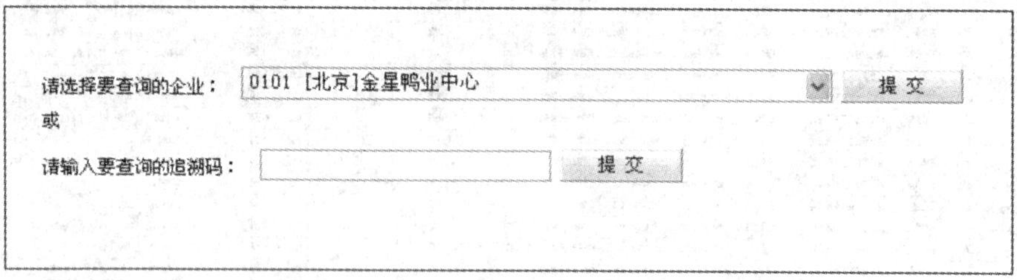

请选择要查询的企业：
0101 [北京]金星鸭业中心
提 交
或
请输入要查询的追溯码：
提 交

图 7-76　选择企业、输入一个要查询的追溯码

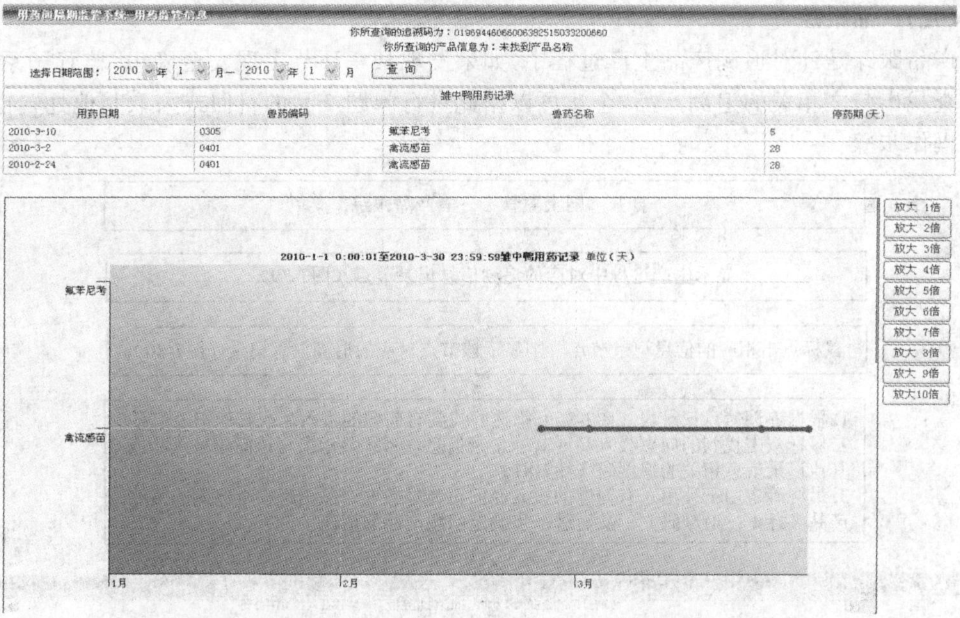

用药间隔期监管系统-用药监管信息

你所查询的追溯码为：01969446066006382515033200660

你所查询的产品信息为：未找到产品名称

选择日期范围：2010 年 1 月—2010 年 1 月 查询

雏中鸭用药记录

用药日期	兽药编码	兽药名称	停药期(天)
2010-3-10	0305	氟苯尼考	5
2010-3-2	0401	禽流感苗	28
2010-2-24	0401	禽流感苗	28

图 7-77　按照指定(输入)追溯码查询结果

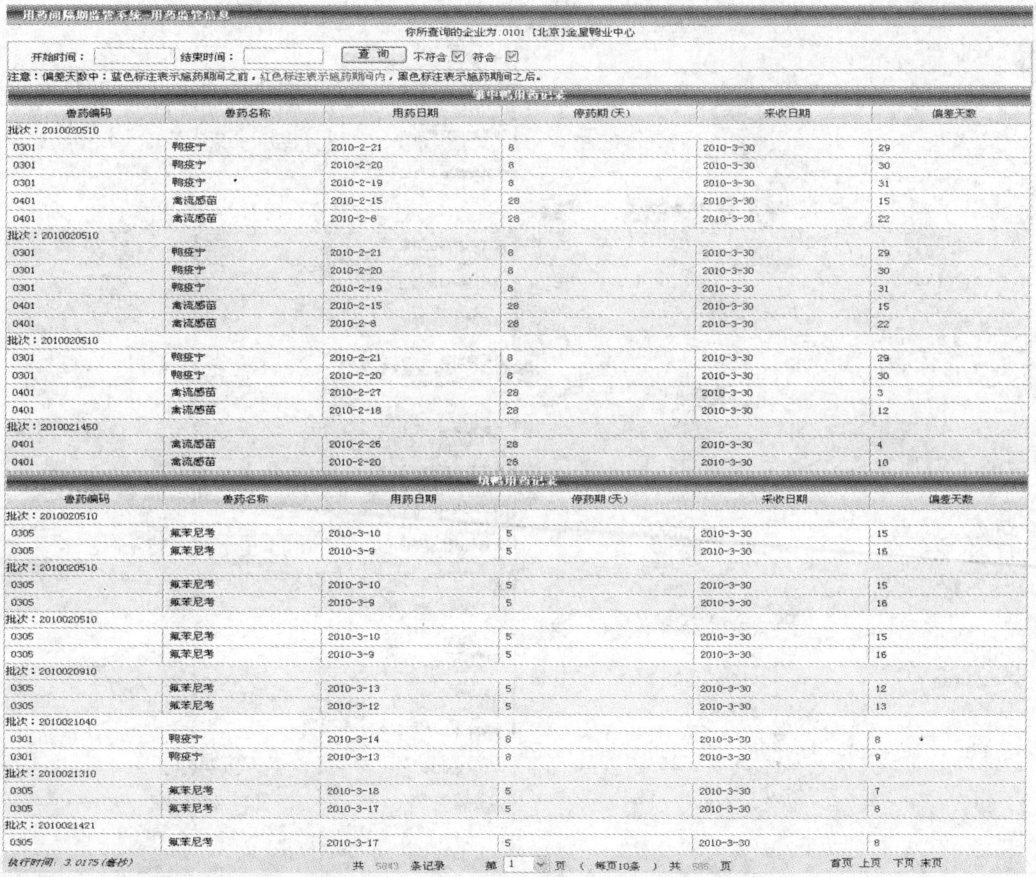

用药间隔期监管系统-用药监管信息

你所查询的企业为:0101 [北京]金星鸭业中心

开始时间：　结束时间：　查询　不符合 ☑ 符合 ☑

注意：偏差天数中：蓝色标注表示施药期间之前，红色标注表示施药期间内，黑色标注表示施药期间之后。

雏中鸭用药记录

兽药编码	兽药名称	用药日期	停药期(天)	采收日期	偏差天数
批次：2010020510					
0301	鸭疫宁	2010-2-21	8	2010-3-30	29
0301	鸭疫宁	2010-2-20	8	2010-3-30	30
0301	鸭疫宁	2010-2-19	8	2010-3-30	31
0401	禽流感苗	2010-2-15	28	2010-3-30	15
0401	禽流感苗	2010-2-8	28	2010-3-30	22
批次：2010020510					
0301	鸭疫宁	2010-2-21	8	2010-3-30	29
0301	鸭疫宁	2010-2-20	8	2010-3-30	30
0301	鸭疫宁	2010-2-19	8	2010-3-30	31
0401	禽流感苗	2010-2-15	28	2010-3-30	15
0401	禽流感苗	2010-2-8	28	2010-3-30	22
批次：2010020510					
0301	鸭疫宁	2010-2-21	8	2010-3-30	29
0301	鸭疫宁	2010-2-20	8	2010-3-30	30
0401	禽流感苗	2010-2-27	28	2010-3-30	3
0401	禽流感苗	2010-2-18	28	2010-3-30	12
批次：2010021450					
0401	禽流感苗	2010-2-26	28	2010-3-30	4
0401	禽流感苗	2010-2-20	28	2010-3-30	10

填鸭用药记录

兽药编码	兽药名称	用药日期	停药期(天)	采收日期	偏差天数
批次：2010020510					
0305	氟苯尼考	2010-3-10	5	2010-3-30	15
0305	氟苯尼考	2010-3-9	5	2010-3-30	16
批次：2010020510					
0305	氟苯尼考	2010-3-10	5	2010-3-30	15
0305	氟苯尼考	2010-3-9	5	2010-3-30	16
批次：2010020510					
0305	氟苯尼考	2010-3-10	5	2010-3-30	15
0305	氟苯尼考	2010-3-9	5	2010-3-30	16
批次：2010020910					
0305	氟苯尼考	2010-3-13	5	2010-3-30	12
0305	氟苯尼考	2010-3-12	5	2010-3-30	13
批次：2010021040					
0301	鸭疫宁	2010-3-14	8	2010-3-30	8
0301	鸭疫宁	2010-3-13	8	2010-3-30	9
批次：2010021310					
0305	氟苯尼考	2010-3-18	5	2010-3-30	7
0305	氟苯尼考	2010-3-17	5	2010-3-30	8
批次：2010021421					
0305	氟苯尼考	2010-3-17	5	2010-3-30	8

执行时间: 3.0175(毫秒)　共 5843 条记录　第 1 页 (每页10条) 共 585 页　首页 上页 下页 末页

图 7-78　未输入追溯码查询全部结果

(九)产品跟踪

产品跟踪是针对追溯产品生产过程中,如果发现某一环节出现安全隐患,监管子系统会自动查找出与之相关的追溯产品,企业可以据此进行问题产品的召回或采取其他处置措施。

操作步骤:

打开"网上监管"→"产品跟踪"菜单

↓

显示生产过程中对应的追溯信息记录节点(图7-79)

↓

鼠标点击相应的信息记录节点,则显示该节点对应的追溯信息记录(图7-80)

↓

1. 根据追溯信息记录表(图7-80)筛选并找到有问题的投入品或其他记录信息
2. 鼠标双击找到的问题投入品或其他记录信息,系统显示出与该问题投入品或其他记录信息相关的追溯码(图7-81)
3. 最终确定由于使用了有问题的投入品而可能导致农产品出现安全问题的最终产品(标识:追溯码),从而进一步确定问题产品的流向

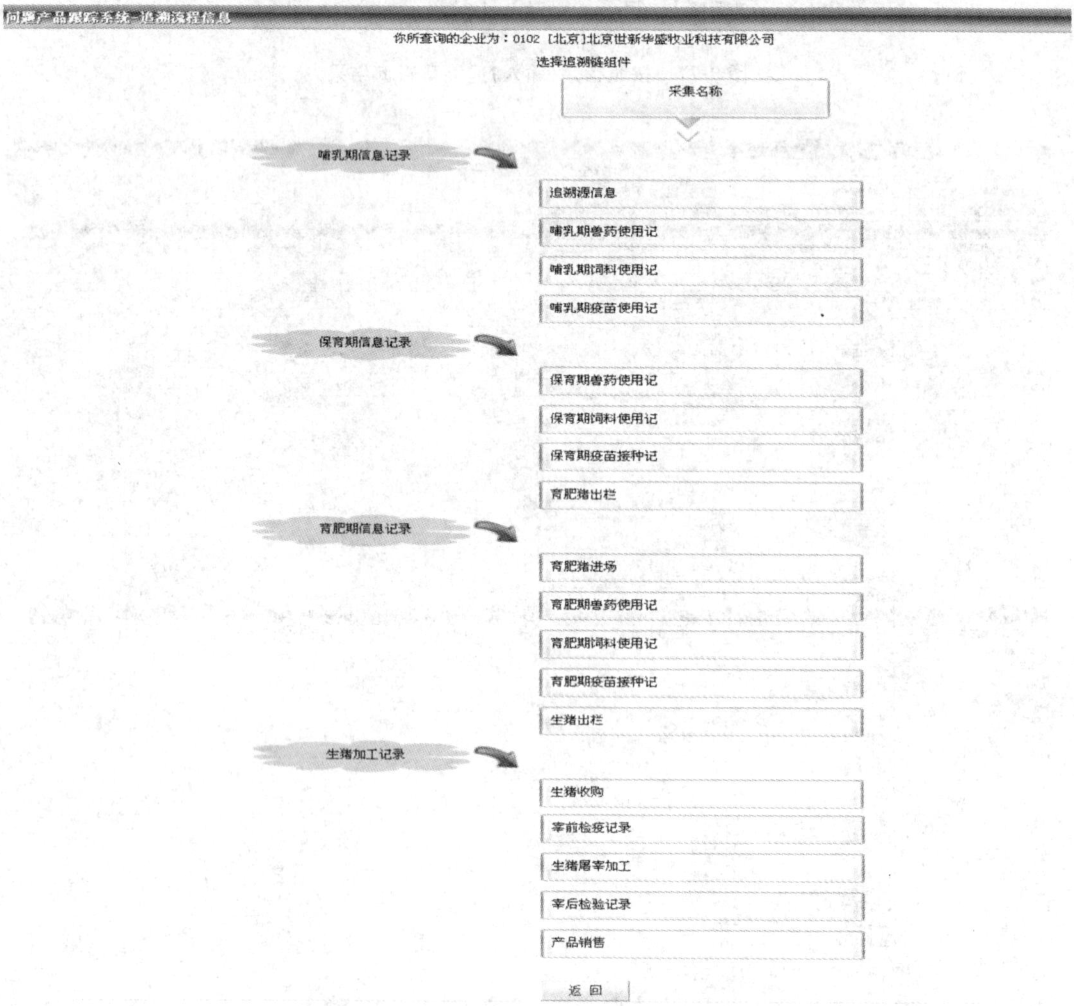

图 7-79 生产过程中对应的追溯信息记录

问题产品跟踪系统-采集信息

日期范围： 至

条件列表：

And：

排序方式： ⊙升序 ○降序

筛 选 返 回

条件值可以使用通配符 %:表示多个字符 _:表示单个字符
条件日期值以：2008-08-08 格式标准
如果条件值为空则表示该字段内容为空

耳缺号	使用日期	药品编码	药品名称	生产企业	登记证号	功能与主治	使用方法	使用剂量	停药期（天）	生产批次	实际使用剂量	兽药供应商	责任人	备注
09024450	2009-7-28	0906	恩诺沙星溶液	北京养元兽药有限公司	兽药字（2007）010451	用于猪的仔猪黄白痢、水肿病	混饮	50-75mg/L水	0	090305	2ml/头	北京养元兽药有限公司	石国华	
09025169	2009-9-15	0906	恩诺沙星溶液	北京养元兽药有限公司	兽药字（2007）010451	用于猪的仔猪黄白痢、水肿病	混饮	50-75mg/L水	0	090721	2ml/头	北京养元兽药有限公司	石国华	
09025181	2009-9-2	0906	恩诺沙星溶液	北京养元兽药有限公司	兽药字（2007）010451	用于猪的仔猪黄白痢、水肿病	混饮	50-75mg/L水	0	090721	1ml/头	北京养元兽药有限公司	石国华	
09025212	2009-9-15	0906	恩诺沙星溶液	北京养元兽药有限公司	兽药字（2007）010451	用于猪的仔猪黄白痢、水肿病	混饮	50-75mg/L水	0	090721	2ml/头	北京养元兽药有限公司	石国华	
09213576	2009-7-21	0906	恩诺沙星溶液	北京养元兽药有限公司	兽药字（2007）010451	用于猪的仔猪黄白痢、水肿病	混饮	50-75mg/L水	0	090305	1ml/头	北京养元兽药有限公司	石国华	
09214251	2009-7-30	0906	恩诺沙星溶液	北京养元兽药有限公司	兽药字（2007）010451	用于猪的仔猪黄白痢、水肿病	混饮	50-75mg/L水	0	090305	2ml/头	北京养元兽药有限公司	石国华	
09214531	2009-7-28	0906	恩诺沙星溶液	北京养元兽药有限公司	兽药字（2007）010451	用于猪的仔猪黄白痢、水肿病	混饮	50-75mg/L水	0	090305	2ml/头	北京养元兽药有限公司	石国华	
09214533	2009-8-6	0906	恩诺沙星溶液	北京养元兽药有限公司	兽药字（2007）010451	用于猪的仔猪黄白痢、水肿病	混饮	50-75mg/L水	0	090305	2ml/头	北京养元兽药有限公司	石国华	
09215268	2009-9-15	0906	恩诺沙星溶液	北京养元兽药有限公司	兽药字（2007）010451	用于猪的仔猪黄白痢、水肿病	混饮	50-75mg/L水	0	090721	2ml/头	北京养元兽药有限公司	石国华	
09222951	2009-6-29	0905	注射用青霉素钾	北京立时达药业有限公司	兽药字（2006）010051	抗生素类药。用于革兰氏阳性菌感染，亦用于	肌内注射	2-3万单位/kg体重	0	09041608	40万单位	北京三元集团畜牧兽医总站	石国华	
09222957	2009-6-29	0905	注射用青霉素钾	北京立时达药业有限公司	兽药字（2006）010051	抗生素类药。用于革兰氏阳性菌感染，亦用于	肌内注射	2-3万单位/kg体重	0	09041608	40万单位	北京三元集团畜牧兽医总站	石国华	
09224150	2009-7-30	0906	恩诺沙星溶液	北京养元兽药有限公司	兽药字（2007）010451	用于猪的仔猪黄白痢、水肿病	混饮	50-75mg/L水	0	090305	2ml/头	北京养元兽药有限公司	石国华	
09224511	2009-8-6	0906	恩诺沙星溶液	北京养元兽药有限公司	兽药字（2007）010451	用于猪的仔猪黄白痢、水肿病	混饮	50-75mg/L水	0	090305	2ml/头	北京养元兽药有限公司	石国华	
09234543	2009-8-6	0906	恩诺沙星溶液	北京养元兽药有限公司	兽药字（2007）010451	用于猪的仔猪黄白痢、水肿病	混饮	50-75mg/L水	0	090305	2ml/头	北京养元兽药有限公司	石国华	

图 7-80 育肥期兽药使用记录

问题产品跟踪系统-相关产品信息

序号	追溯码	产品名称
1	010202011002222342	北京黑猪冷却排酸肉

返 回

图 7-81 使用过某种兽药的产品追溯码

(十)网上填报监管

用于主管部门、项目建设单位对项目创建单位投入品填报情况进行监管。主管部门重点监管投入品填报是否完整，质检机构重点监管投入品使用是否存在安全隐患。

操作步骤：软件操作类似信息填报，不同之处是增加了“意见反馈”按钮，具体操作不再赘述。

五、信息反馈

信息反馈功能就是各级主管部门、质检部门给项目建设单位提供各种反馈意见的功能。通过对反馈信息的浏览，项目建设单位可以及时了解质量安全专家的建议、各级主管部门的工作要求，不断提高本单位的农产品质量安全水平。

操作步骤：

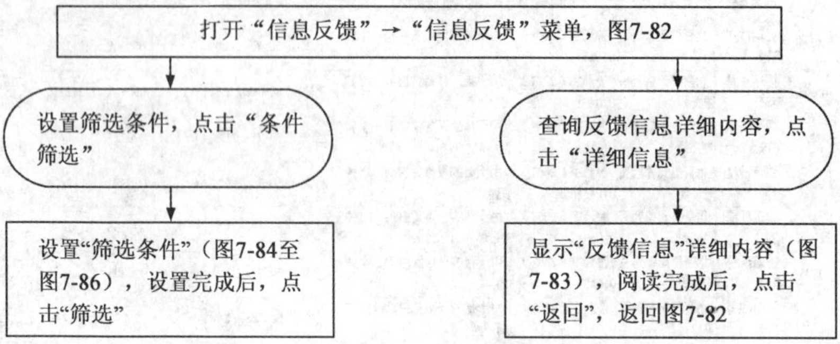

打开“信息反馈”→“信息反馈”菜单，图7-82
设置筛选条件，点击“条件筛选”
查询反馈信息详细内容，点击“详细信息”
设置“筛选条件”（图7-84至图7-86），设置完成后，点击“筛选”
显示“反馈信息”详细内容（图7-83），阅读完成后，点击“返回”，返回图7-82

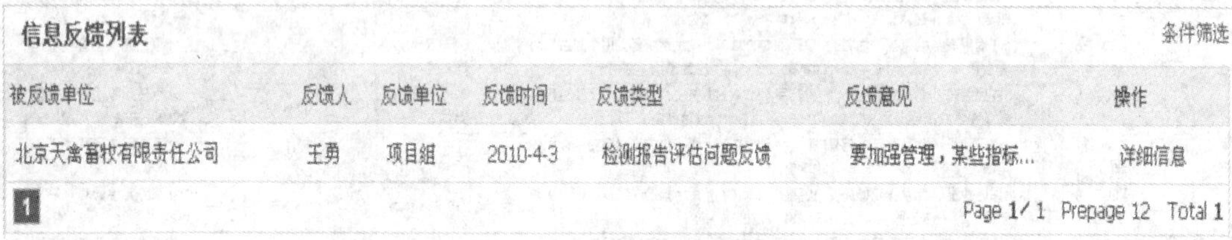

信息反馈列表　　条件筛选

被反馈单位	反馈人	反馈单位	反馈时间	反馈类型	反馈意见	操作
北京天禽畜牧有限责任公司	王勇	项目组	2010-4-3	检测报告评估问题反馈	要加强管理，某些指标…	详细信息

1　　Page 1/1　Prepage 12　Total 1

图 7-82　反馈信息列表

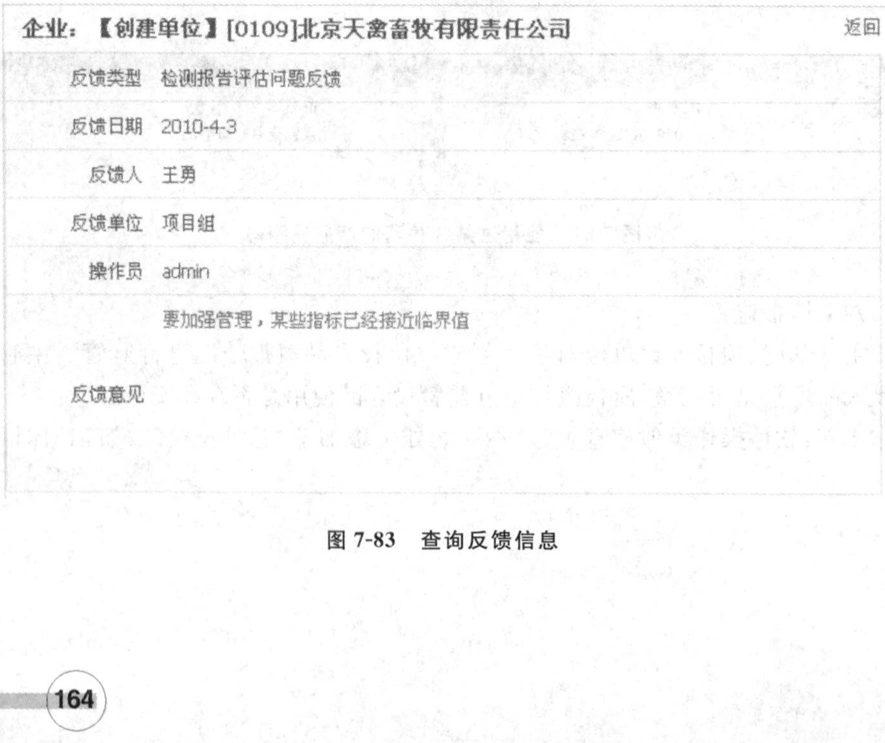

企业：【创建单位】[0109]北京天禽畜牧有限责任公司　　返回

反馈类型	检测报告评估问题反馈
反馈日期	2010-4-3
反馈人	王勇
反馈单位	项目组
操作员	admin
反馈意见	要加强管理，某些指标已经接近临界值

图 7-83　查询反馈信息

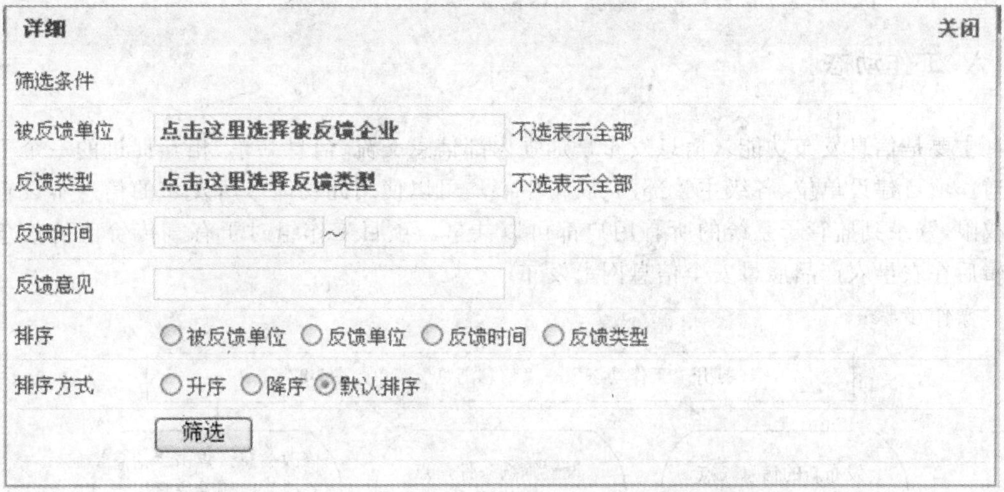

图 7-84　设置筛选条件

图 7-85　选择被反馈单位

图 7-86　选择反馈类型

六、工作动态

主要是信息发布功能。信息发布是加强内部信息交流、信息共享、相互促进的一个重要渠道。项目建设单位、各级主管部门、质检中心均可以使用此功能。所发布的信息不设置浏览权限,登录到监管子系统的所有用户都可以共享。项目工作组对于有宣传价值的信息经编辑后在农垦农产品质量安全信息网上发布。

操作步骤:

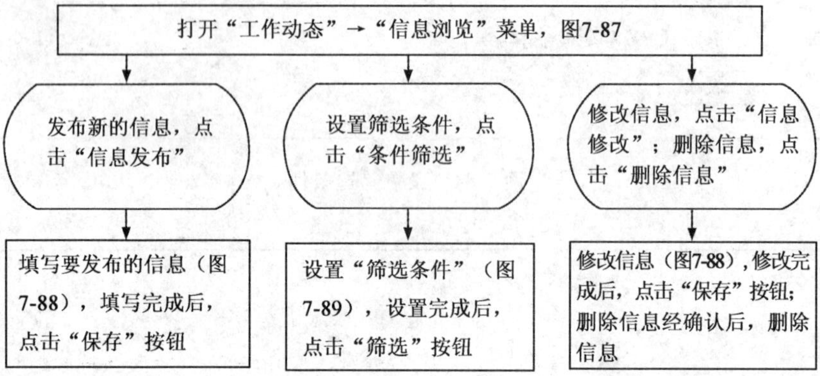

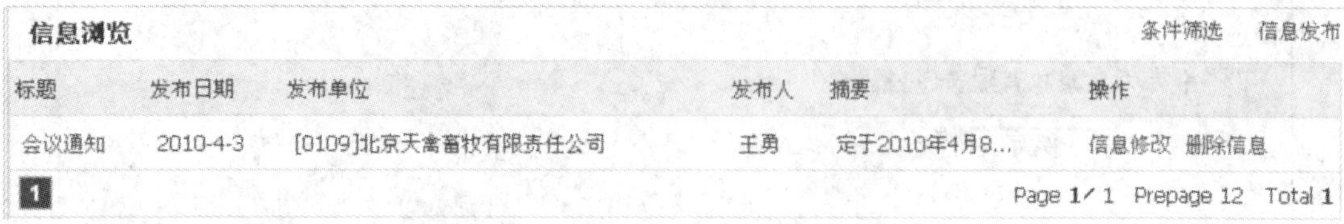

图 7-87　发布信息列表

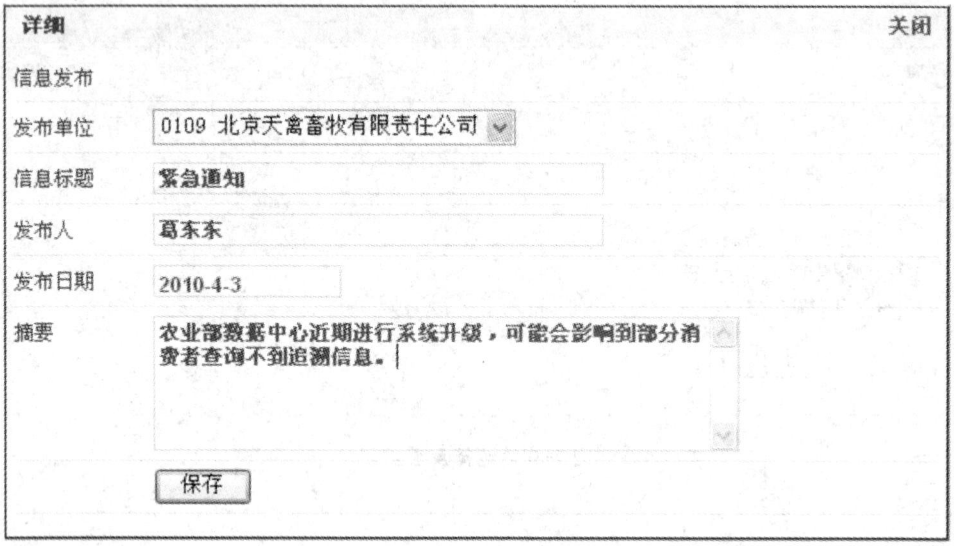

图 7-88　发布新的信息

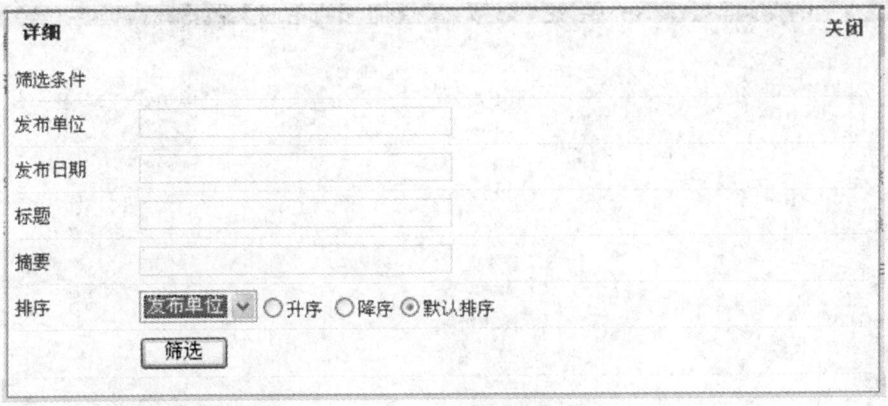

图 7-89　设置筛选条件

七、统计分析

主管部门、质检机构、项目建设单位、项目创建单位均可根据本单位的类型和权限使用统计分析功能。统计分析具有 2 方面功能，一是统计分析产品认证、追溯产品等追溯项目信息，反映项目发展情况，二是提高量化考核动态查询功能，实时反映量化考核结果。

(一)产品认证

操作步骤：点击监管平台左侧“统计分析”→“产品认证”，弹出窗口如图 7-90 所示。操作人员根据统计查询要求，选择认证类型、企业、产品种类，有效认证或过期认证。

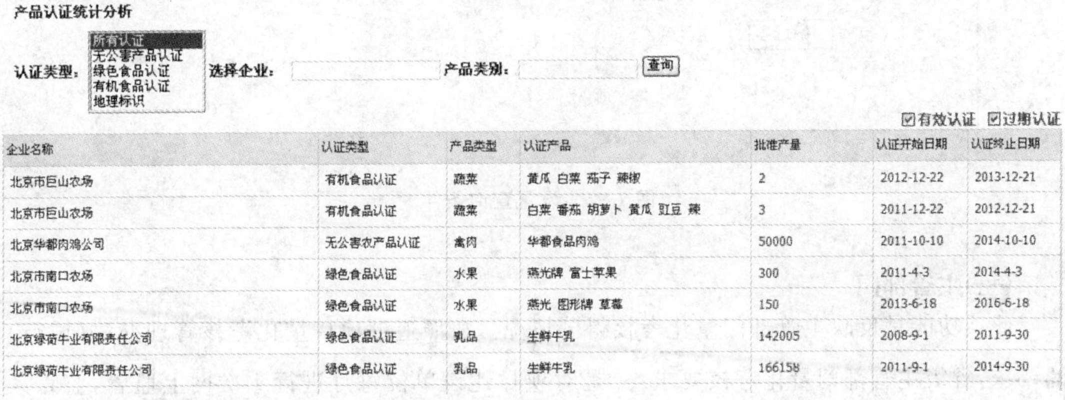

企业名称	认证类型	产品类型	认证产品	批准产量	认证开始日期	认证终止日期
北京市巨山农场	有机食品认证	蔬菜	黄瓜 白菜 茄子 辣椒	2	2012-12-22	2013-12-21
北京市巨山农场	有机食品认证	蔬菜	白菜 番茄 胡萝卜 黄瓜 豇豆 辣	3	2011-12-22	2012-12-21
北京华都肉鸡公司	无公害农产品认证	禽肉	华都食品肉鸡	50000	2011-10-10	2014-10-10
北京市南口农场	绿色食品认证	水果	燕光牌 富士苹果	300	2011-4-3	2014-4-3
北京市南口农场	绿色食品认证	水果	燕光 图形牌 草莓	150	2013-6-18	2016-6-18
北京绿荷牛业有限责任公司	绿色食品认证	乳品	生鲜牛乳	142005	2008-9-1	2011-9-30
北京绿荷牛业有限责任公司	绿色食品认证	乳品	生鲜牛乳	166158	2011-9-1	2014-9-30

图 7-90　产品认证查询

(二)追溯产品

用于对各项目建设单位当前年度合同中追溯产品规模、产量进行统计分析。

操作流程：点击监管平台左侧“统计分析”→“追溯产品”，弹出窗口如图 7-91 所示。操作人员根据统计查询要求，点击“条件筛选”按钮弹出窗口如图 7-92 所示，设置单位编号、合同年度、产品分类、年产量等查询条件，进行定向统计分析。

统计分析->追溯产品

追溯产品统计分析　　　　条件筛选

统计数量：360

建设单位	追溯产品	种养规模	年产量(吨)
北京市巨山农场	各种蔬菜	50	90
北京市巨山农场	各种蔬菜	150	150
北京市巨山农场	各种蔬菜	250	90
北京华都肉鸡公司	鸡肉产品	100	1000
北京华都肉鸡公司	鸡肉产品	100	800
北京华都肉鸡公司	鸡肉产品	150	1500
河北滦平华都食品有限公司	鲜、冻鸡产品	2000	1500
北京市南口农场	苹果	200	100
北京大发正大有限公司	鸡产品	900	2000
承德三元金星鸭业有限责任公司	冻北京鸭系列产品	20	480

图 7-91　追溯产品合同查询

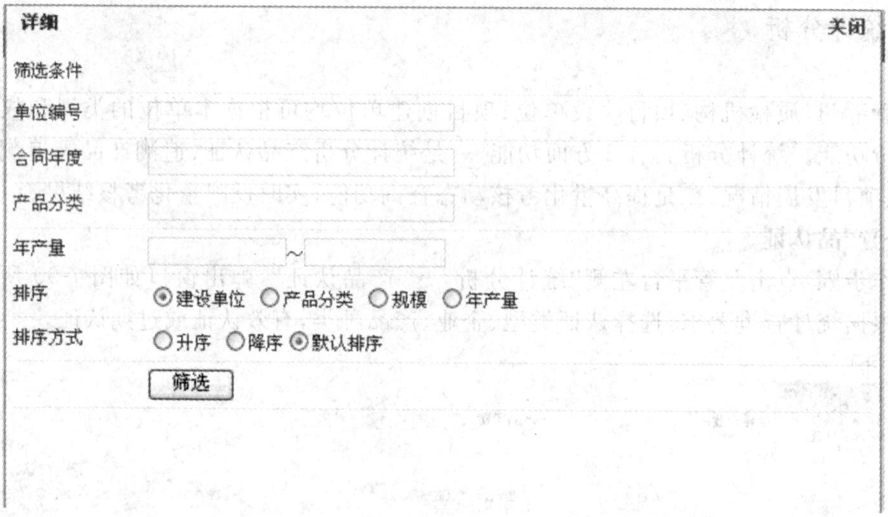

图 7-92　设置查询条件

(三)主管部门

此项功能是反映主管部门量化考核得分情况。按照追溯项目量化考核管理办法(试行)的要求，省级主管部门量化考核要求：一是对项目建设单位每月进行 1 次网上监管，监管人员应运行监管平台“运行监管”中信息上报监管、可追溯编号、标签使用监管以及“质量监管”中全程质量监管功能，了解其信息上报、产品可追溯性和追溯产品生产情况，如实填写信息反馈记录；二是对项目建设单位每年开展 1 次实地核查，重点针对项目建设单位生产档案记录、追溯信息采集、追溯标签标识使用等情况进行实地检查，在“监管平台”上如实填写实地核查意见反馈；三是对创建单位每年至少进行 3 次网上监管，运行监管平台中“信息监管”、“质量监管”中网上填报监管功能，对创建单位网上填报信息和投入品使用记录情况进行重点监管，如实填写信息反馈记录。如何进行监管请参照网上监管有关内容。

操作流程:点击监管平台左侧“统计分析”→“主管部门”,弹出窗口如图 7-93 所示。

统计分析->主管部门工作评价

选择省级主管 01000000 北京市农场管理局 搜索　　考核日期:2014年

一、项目建设单位	追溯产品	网上运行监管					实地核查(3分)	实际得分	得分百分比
		信息审核	可追溯编号	标签使用	全程可追溯	合计			
[01000003]北京市巨山农场	各种蔬菜	1.25	1.25	1.25	1.25	5.00	0.00	5.00	33.33%
[01000004]北京华都肉鸡公司	鸡肉产品	1.25	1.25	1.25	1.25	5.00	3.00	8.00	53.33%
[01000005]河北滦平华都食品有限公司	鲜、冻鸡产品	1.25	1.25	1.25	1.25	5.00	0.00	5.00	33.33%
[01000008]北京市南口农场	苹果	1.25	1.25	1.25	1.25	5.00	0.00	5.00	33.33%
[01000009]北京绿荷牛业有限责任公司	未知	1.25	1.25	1.25	1.25	5.00	3.00	8.00	53.33%
[01000010]北京大发正大有限公司	鸡产品	1.25	1.25	1.25	1.25	5.00	0.00	5.00	33.33%
[01000014]承德三元金星鸭业有限责任公司	冻北京鸭系列产品	1.25	1.25	1.25	1.25	5.00	0.00	5.00	33.33%
[01000101]北京市金星鸭业有限公司	北京鸭	1.25	1.25	1.25	1.25	5.00	0.00	5.00	33.33%
[01000102]北京黑六牧业科技有限公司	冷鲜猪肉	1.25	1.25	1.25	1.25	5.00	0.00	5.00	33.33%
项目建设单位得分合计	9	11.25	11.25	11.25	11.25	45.00	6.00	51.00	--
二、项目创建单位	申报产品	投入品网上填报情况监管(1.5分)						实际得分	得分百分比
[01000016]北京百年栗园生态农业有限公司	/						0.00	0.00	0.00%
[01000017]黑龙江省甘南县双河米业有限责任公司	/						0.00	0.00	0.00%

图 7-93　主管部门量化考核查询

评分解释:省级主管部门最终得分由项目建设单位和创建单位 2 部分构成。评分办法:每个建设单位满分 15 分,网上监管 12 分,实地核查 3 分;当年新增创建单位网上监管满分 1.5 分,每次监管 0.5 分。省级主管部门最终得分为:

(建设单位实际得分+创建单位实际得分)/(建设单位应得分数+创建单位应得分数)×100

(四)质检机构

此项功能是反映质检机构量化考核得分情况。按照追溯项目量化考核管理办法(试行)的要求,质检机构量化考核要求:一是对项目建设单位、当年新增创建单位相关产品每年进行 1 次质量抽检,通过“监管平台”如实填报检测报告;二是对项目建设单位每月进行 1 次网上监管,运行监管平台“质量监管”投入品分析、安全期监管、全程质量监管等功能,查验、分析项目建设单位投入品使用是否合理,如实填写信息反馈记录;三是创建单位每年至少进行 3 次网上监管,运行“监管平台”中“质量监管”功能,对创建单位“网上填报监管”情况进行重点监管,查验、分析创建单位投入品使用是否合理,如实填写信息反馈记录。

操作流程:点击监管平台左侧“统计分析”→“质检机构”,弹出窗口如图 7-94 所示。

统计分析->质检机构工作评价

选择质检部门 51000000 农业部乳品质检中心 搜索 考核日期：2014年

项目建设单位	追溯产品	网上质量安全监管				质量检测（2分）	实际得分	得分百分比
		投入品分析	安全期监管	全程可追溯	合计			
[01000003]北京市巨山农场	各种蔬菜	0.00	0.00	0.00	0.00	2.00	2.00	18.18%
[01000004]北京华都肉鸡公司	鸡肉产品	0.00	0.00	0.00	0.00	2.00	2.00	18.18%
[01000005]河北滦平华都食品有限公司	鲜、冻鸡产品	0.00	0.00	0.00	0.00	2.00	2.00	18.18%
[01000008]北京市南口农场	苹果	0.00	0.00	0.00	0.00	2.00	2.00	18.18%
[01000009]北京绿荷牛业有限责任公司	未知	0.00	0.00	0.00	0.00	2.00	2.00	18.18%
[01000010]北京大发正大有限公司	鸡产品	0.00	0.00	0.00	0.00	2.00	2.00	18.18%
[01000014]承德三元金星鸭业有限责任公司	冻北京鸭系列产品	0.00	0.00	0.00	0.00	2.00	2.00	18.18%
[01000101]北京市金星鸭业有限公司	北京鸭	0.00	0.00	0.00	0.00	2.00	2.00	18.18%
[01000102]北京黑六牧业科技有限公司	冷鲜猪肉	0.00	0.00	0.00	0.00	2.00	2.00	18.18%
[02000001]天津市里自沽农工商实业总公司	甲鱼	0.00	0.00	0.00	0.00	2.00	2.00	18.18%
[03000001]张家口雪川农业发展有限公司	马铃薯	0.00	0.00	0.00	0.00	2.00	2.00	18.18%
[03000002]唐山市汉沽管理区中绿芦笋种植有限公司	绿芦笋	0.00	0.00	0.00	0.00	2.00	2.00	18.18%

图 7-94　质检机构量化考核查询

计分解释：对每个项目建设单位（不包括当年新建项目建设单位），投入品分析、安全期监管、全程质量监管 3 项功能每次每项功能监管 0.25 分，全年 9 分，检测报告 2 分，满分 11 分；针对每个项目创建单位，网上监管 3 次，每次 0.5 分，检测报告 2 分，满分 3.5 分。

最终得分：

（建设单位实际得分＋创建单位实际得分）/（建设单位应得分数＋创建单位应得分数）×100

（五）项目建设单位

量化考核要求：在追溯产品种养、加工、销售季节应每 20 d 上传 1 次生产信息，农产品上市期间实时上传相关信息；规范运行追溯系统，按量、足额使用追溯标签标识。

操作流程：点击监管平台左侧“统计分析”→“建设单位”，弹出窗口如图 7-95 所示。

选择省级主管 01000000 北京市农场管理局 搜索 考核日期：2014年

项目建设单位名称	追溯产品	生产时限	信息报送（15分）		追溯产品产量（85分）			总得分	备注
			报送次数	得分	合同产量(吨)	实际产量(吨)	得分		
[01000003]北京市巨山农场	各种蔬菜	1-12	应报24次/实报4次	0.00	90	6.43	6.07	6.07	无
[01000004]北京华都肉鸡公司	鸡肉产品	1-12	应报24次/实报12次	3.00	1500	106.85	6.05	9.05	无
[01000005]河北滦平华都食品有限公司	鲜、冻鸡产品	1-12	应报24次/实报34次	15.00	1500	502.35	28.47	43.47	无
[01000008]北京市南口农场	苹果	1-12	应报24次/实报13次	4.00	100	7.52	6.39	10.39	无
[01000009]北京绿荷牛业有限责任公司	未知	1-12	应报24次/实报14次	5.00	0	11,240.06	0.00	5.00	无
[01000010]北京大发正大有限公司	鸡产品	1-12	应报24次/实报7次	0.00	2000	1,094.87	46.53	46.53	无
[01000014]承德三元金星鸭业有限责任公司	冻北京鸭系列产品	1-12	应报24次/实报24次	15.00	480	381.02	67.47	82.47	无
[01000101]北京市金星鸭业有限公司	北京鸭	1-12	应报24次/实报64次	15.00	15000	0.00	0.00	15.00	无
[01000102]北京黑六牧业科技有限公司	冷鲜猪肉	1-12	应报24次/实报25次	15.00	300	28.72	8.14	23.14	无
项目建设单位得分合计	9	-	-	72.00	-	-	169.13	241.13	
量化考核得分	241.125377861111/900*100=26.79								

评分说明：总得分=信息报送得分+追溯产品产量得分，其中追溯产品产量得分=实际产量/合同产量*85

图 7-95　项目建设单位量化考核查询

计分方法：项目建设单位按规定时间频次每报送 1 次信息计 1 分，满分 15 分；追溯产品产量按照当年实际标签使用量占合同规定产量比值进行计分，满分 85 分。两项合计满分 100 分。

八、项目管理

(一)项目合同管理

按照年度录入各项目建设单位项目建设合同的主要内容,包括:追溯产品规模、产量,追溯精度,追溯深度,项目建设主要内容等。

操作步骤:

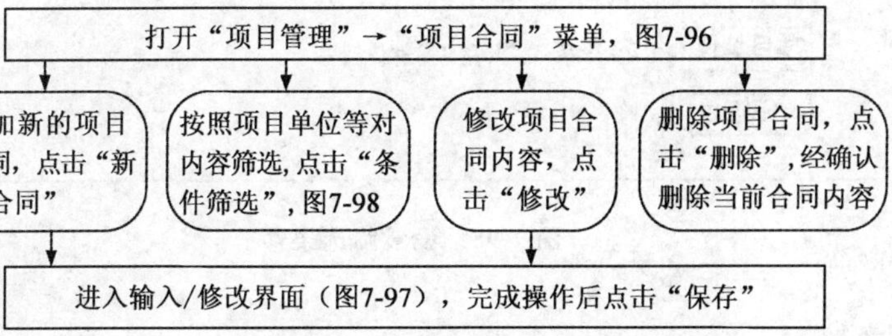

打开“项目管理”→“项目合同”菜单,图7-96
添加新的项目合同,点击“新增合同”
按照项目单位等对内容筛选,点击“条件筛选”,图7-98
修改项目合同内容,点击“修改”
删除项目合同,点击“删除”,经确认删除当前合同内容
进入输入/修改界面(图7-97),完成操作后点击“保存”

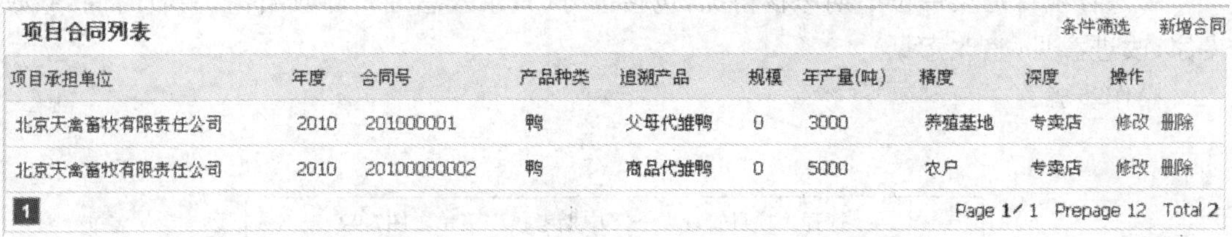

项目合同列表　　条件筛选　新增合同

项目承担单位	年度	合同号	产品种类	追溯产品	规模	年产量(吨)	精度	深度	操作
北京天禽畜牧有限责任公司	2010	201000001	鸭	父母代雏鸭	0	3000	养殖基地	专卖店	修改 删除
北京天禽畜牧有限责任公司	2010	20100000002	鸭	商品代雏鸭	0	5000	农户	专卖店	修改 删除

1　Page 1/ 1　Prepage 12　Total 2

图 7-96　项目合同列表

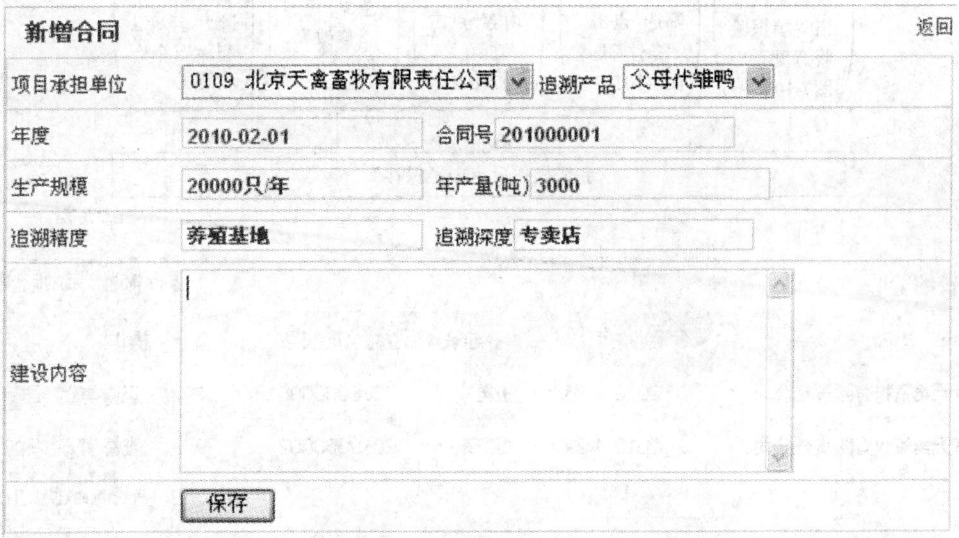

新增合同
返回
项目承担单位
0109 北京天禽畜牧有限责任公司
追溯产品
父母代雏鸭
年度
2010-02-01
合同号
201000001
生产规模
20000只/年
年产量(吨)
3000
追溯精度
养殖基地
追溯深度
专卖店
建设内容
保存

图 7-97　增加新的项目合同

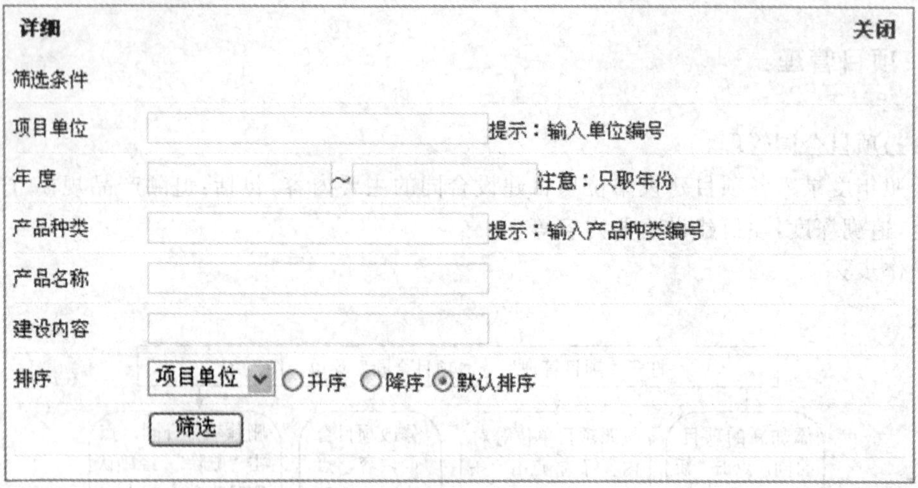
详细
关闭
筛选条件
项目单位
提示：输入单位编号
年 度
~
注意：只取年份
产品种类
提示：输入产品种类编号
产品名称
建设内容
排序
项目单位
升序
降序
默认排序
筛选

图 7-98　设置筛选条件

(二)中期考核

录入各项目建设单位中期考核情况，包括评分(只录入总分)、验收结论、验收时间、验收专家、改进意见(整改意见)。

操作步骤：

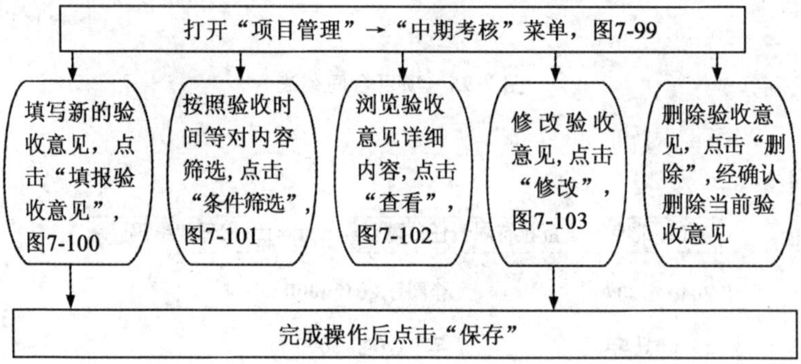
打开“项目管理”→“中期考核”菜单，图7-99
填写新的验收意见，点击“填报验收意见”，图7-100
按照验收时间等对内容筛选，点击“条件筛选”，图7-101
浏览验收意见详细内容，点击“查看”，图7-102
修改验收意见，点击“修改”，图7-103
删除验收意见，点击“删除”，经确认删除当前验收意见
完成操作后点击“保存”

建设期验收　　条件筛选　填报验收意见

项目承担单位	验收时间	专家组长	立项合同编号	得分	操作
北京天禽畜牧有限责任公司	2010-4-30	王勇	20100000001	89	查看 修改 删除
北京天禽畜牧有限责任公司	2010-4-29	葛东东	2010000002	97	查看 修改 删除

1　　Page 1/1　Prepage 12　Total 2

图 7-99　中期考核列表

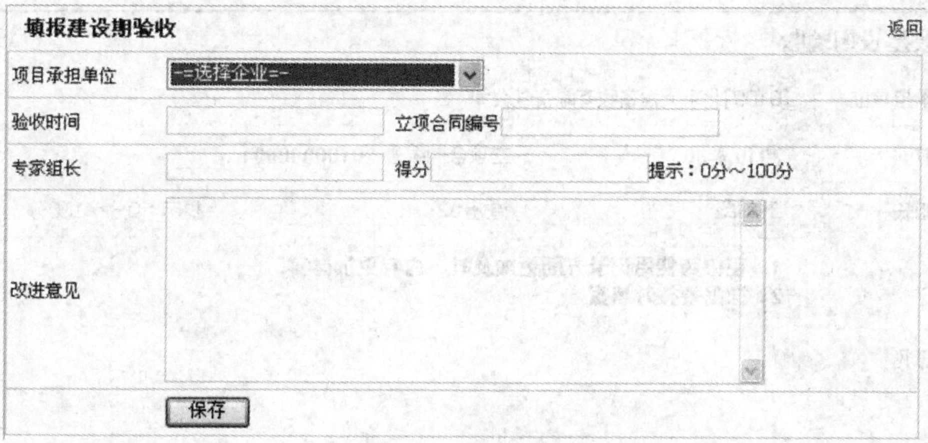

图 7-100　填写中期考核情况

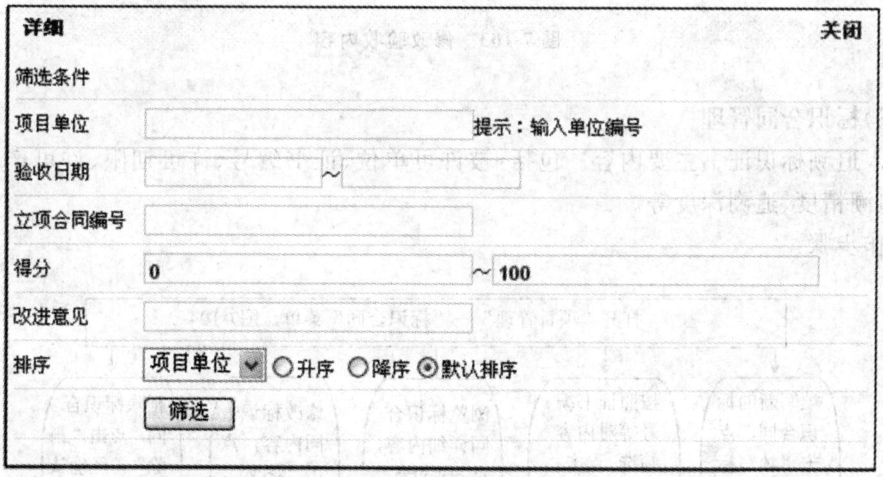

图 7-101　设置筛选条件

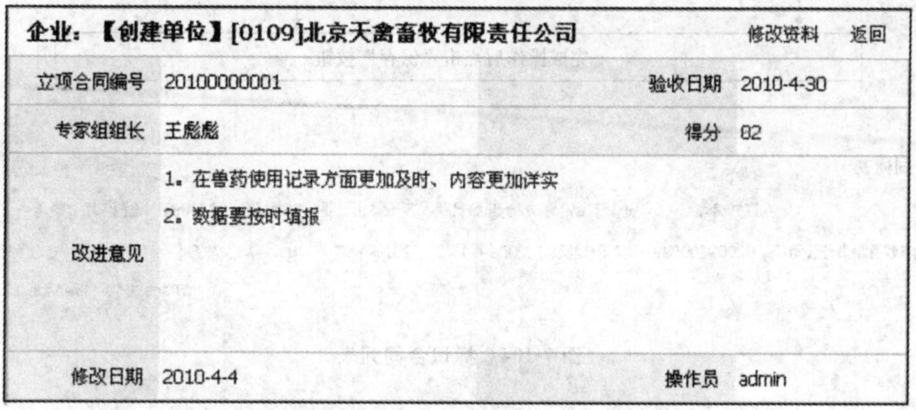

图 7-102　查看验收意见详细内容

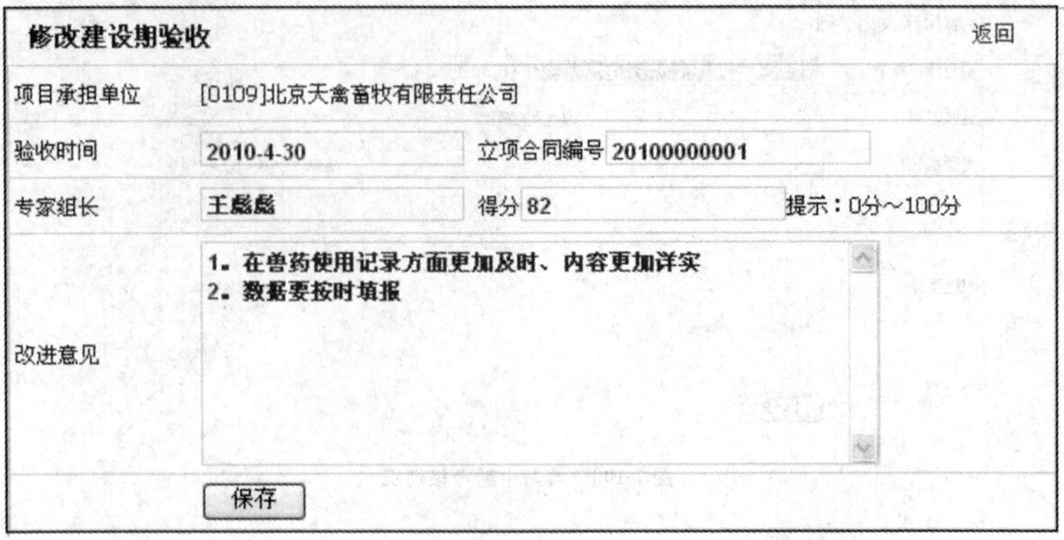

图 7-103　修改验收内容

(三)标识合同管理

录入追溯标识证书主要内容。包括:被许可单位、证书编号、许可期限、许可产品、许可规模、追溯精度、追溯深度等。

操作步骤:

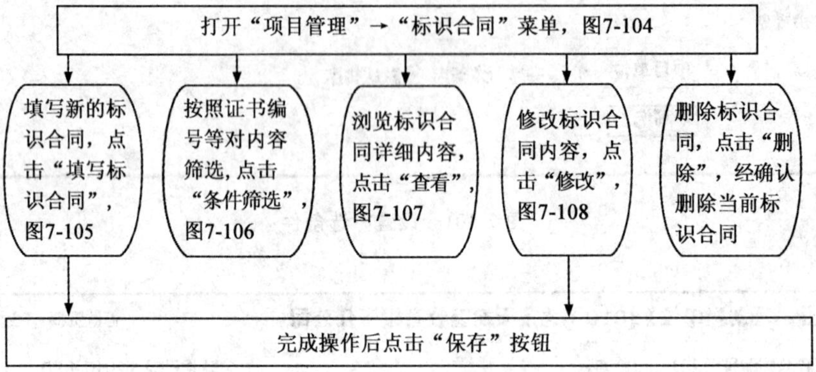

标识合同列表　　条件筛选　填写标识合同

申请单位	证书编号	追溯产品	授予起始日期	授予终止日期	批准规模	追溯精度	追溯深度	操作
北京天禽畜牧有限责任公司	B2009000009	父母代雏鸭	2008-4-1	2010-4-30	0	农户	专卖店	查看 修改 删除

1　　Page 1/ 1　Prepage 12　Total 1

图 7-104　标识合同列表

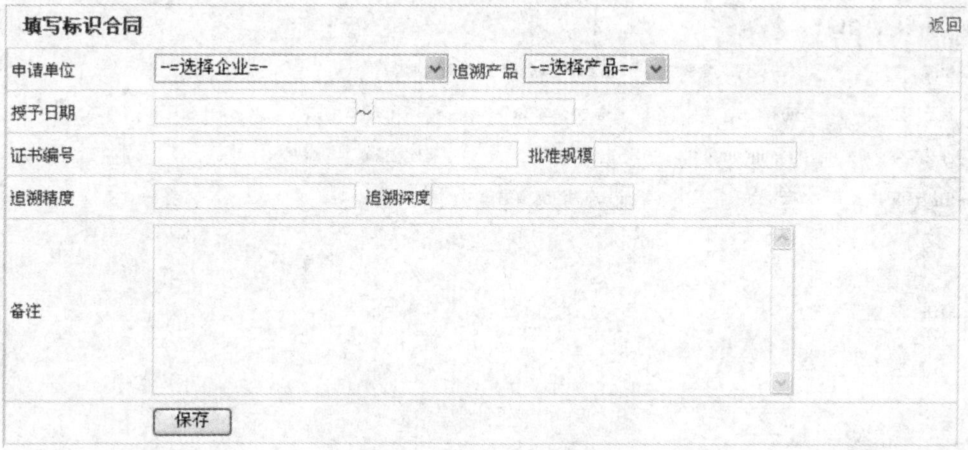

图 7-105　填写新的标识合同

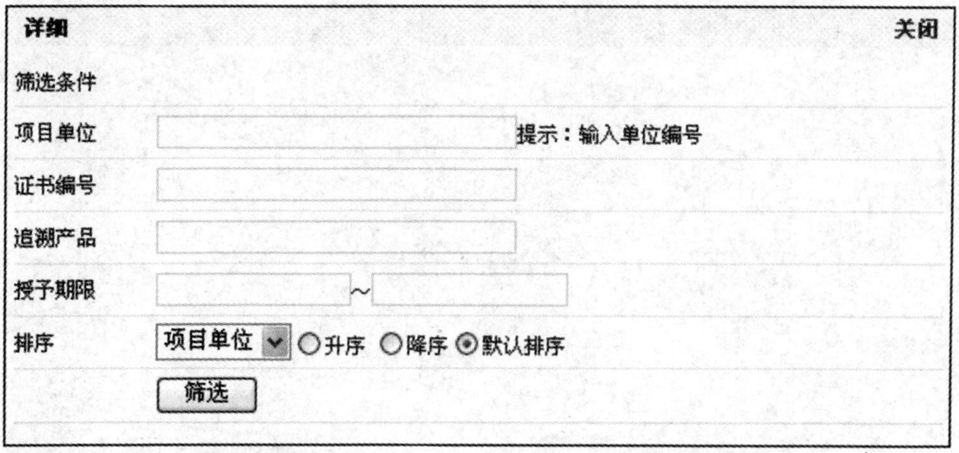

图 7-106　设置筛选条件

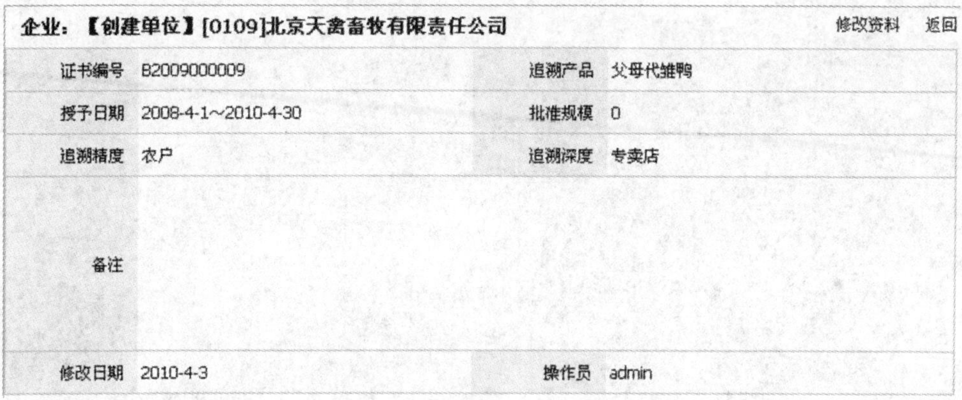

图 7-107　浏览标识合同详细内容

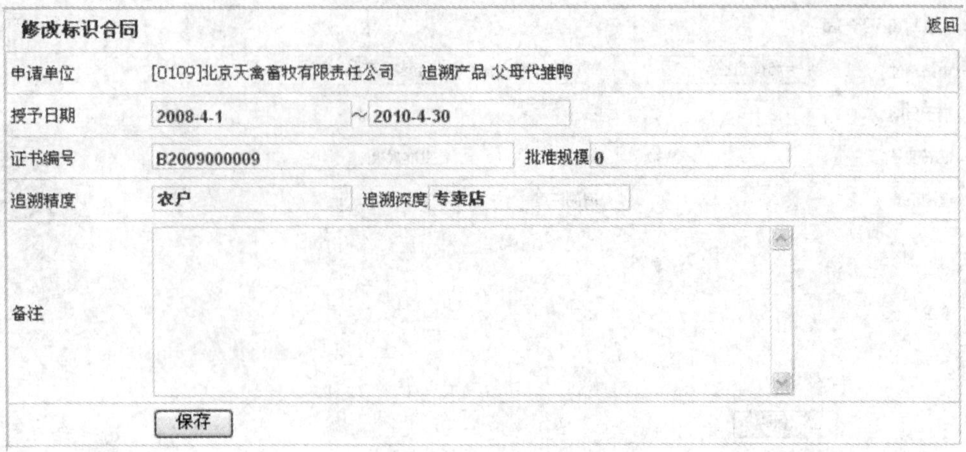

图 7-108　修改标识合同内容

第八章　常见问题及解答

一、安装和系统初始化

1.代码结构修改后原来已经录入信息丢失

注意区分2种情况：①如果在代码中增加了新的字段，那么保存后原来已录入记录将不会丢失；②如果删除了代码原有的字段，这时再保存原有记录将会丢失。所以删除信息表字段时应慎重，最好在删除前做好备份，或者连线请求专家帮忙备份后再操作。

2.软件正式使用前需要做哪些准备工作

软件正式使用前需要做以下工作：①数据清理，即将前期测试用的数据信息全部删除；②分配采集点，即如果不是全部联网操作的，需要在汇总子系统里，先对单机分配采集点，以方便后期的企业数据汇总；③设置操作员和权限，即设定软件的使用人员、口令以及每一个使用人员的操作权限；④测试外部设备工作情况；⑤在各采集点电脑上安装软件开始正式使用。

二、数据采集和汇总

1.采集信息新增后，无法立即显示输入结果

采集信息记录新增保存后，软件是自动进入下一张单据号的新增输入界面的，因此，无法立即显示输入结果。如果希望查看刚才输入的信息，可点击“浏览”按钮后，再点击右上角的“最后”按钮，即可查看到最近输入的一张单据号的数据。

2.什么是“采集对象”，应该如何选择“采集对象”

采集程序中的采集对象是指追溯单元或者中间码的集合，在采集程序界面里，点击“选择追溯码”按钮，打开追溯单元对话框，即可完成“采集对象”的选择。

3.追溯源信息与字典内容是否可以修改

追溯源一旦启用后将不能修改，就好像人的身份证号一样。种植业产品如果一个生产周期完成后，可以通过“数据结转”的方式来更新追溯源与新的周期信息。养殖业并不一定需要进行数据结转。字典编码及内容一旦使用后同样也是不能再进行修改的，例如，一个生产周期内字典编码01代表复合肥肥料，并且该字典内容已经被后面“肥料记录表”使用到了，同时数据已经上报到农垦数据中心，此时就不能够再去修改字典内容，修改后本地数据将与农垦数据中心不同步。

4. 软件复制到桌面会出现无法打印标签等情况

追溯软件(采集子系统与汇总子系统)不要直接复制到桌面上,否则软件会出现无法打印标签等情况。如图 8-1 所示,有些用户经常把追溯软件从其他电脑复制过来粘贴到桌面上,然后就直接开始运行。这种方式是不正确的。

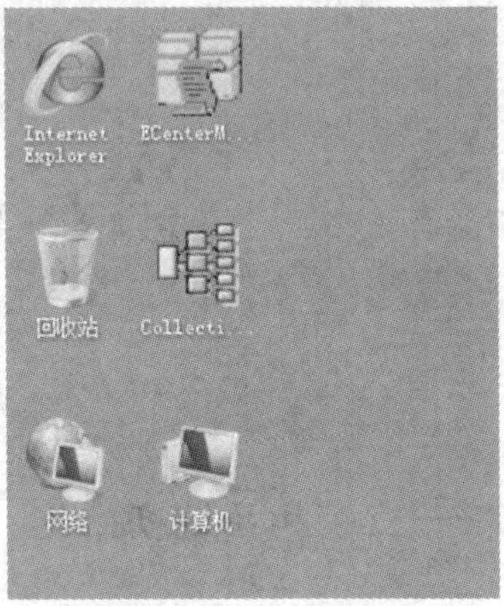

图 8-1 复制追溯软件

正确的方式应该是追溯软件(采集子系统与汇总子系统)必须在追溯软件文件夹里面,和其他追溯软件文件在同一个目录里面。如图 8-2 所示。

5. 如何正确找到追溯软件所在的文件夹

如果追溯软件在桌面建立了快捷方式,先选中快捷方式,然后右键点击"属性",如图 8-3 所示。

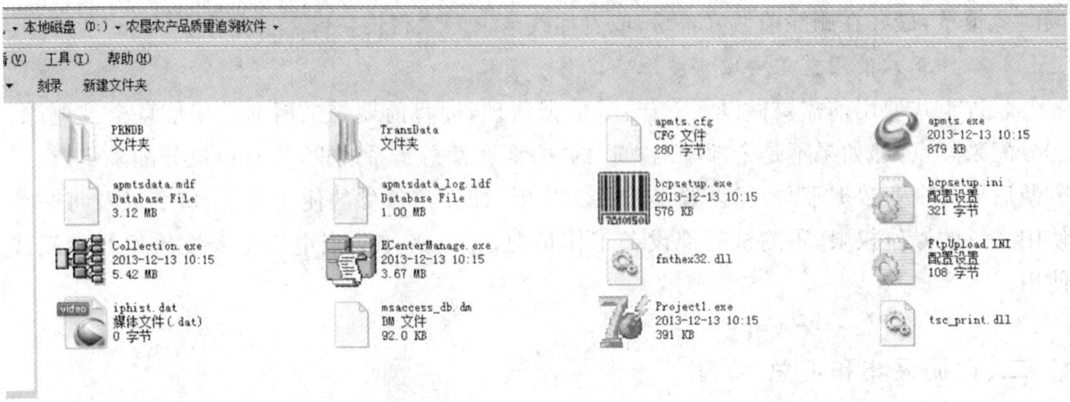

图 8-2 追溯软件位置

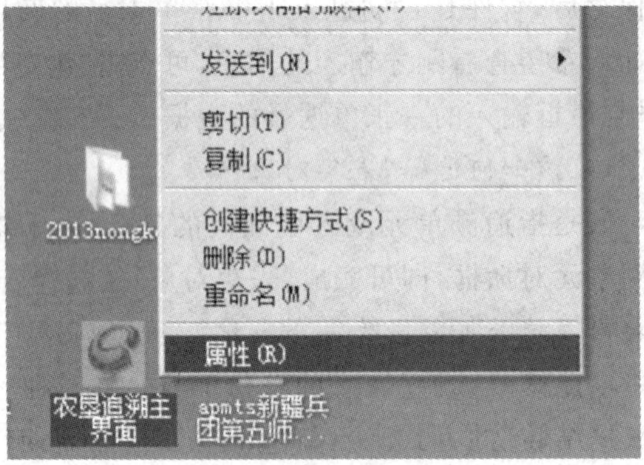

图 8-3 属性

在弹出的窗口(图 8-4)中,点击"打开文件位置"按钮就能找到追溯软件正确的安装路径(位置)。

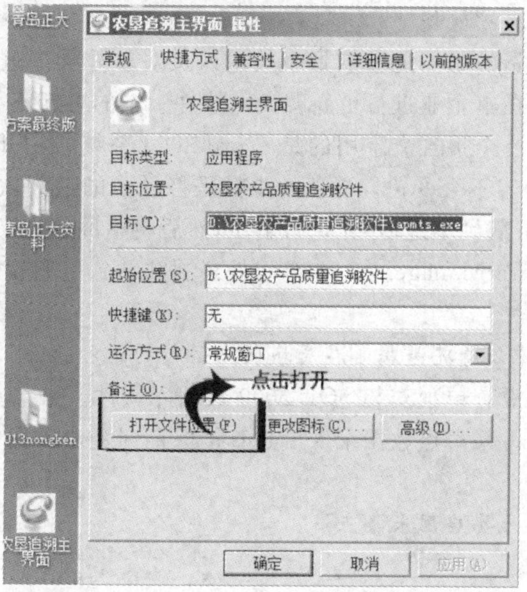

图 8-4　打开文件位置

6. 如何正确打印产生追溯码

在采集子系统，打印标签的记录表格中，不要点击"保存"按钮，直接点击"打印"按钮，否则容易出错。如图 8-5 所示。

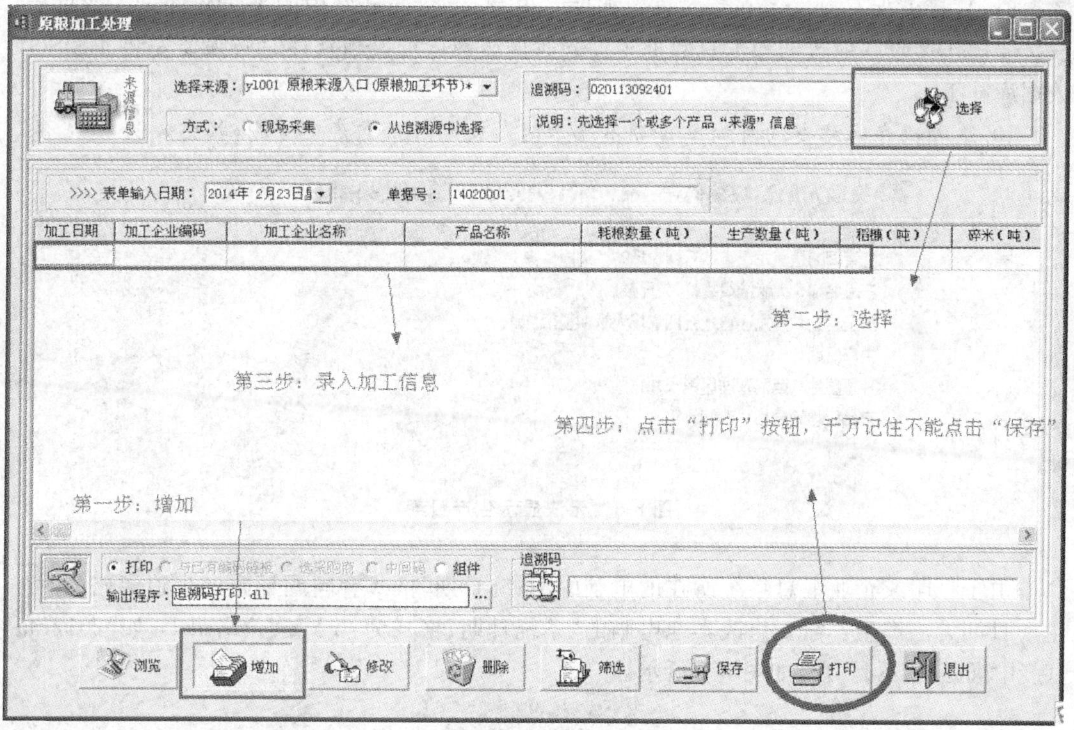

图 8-5　打印追溯码

7.如何升级(更新)追溯软件

此处追溯软件更新指的是当追溯项目组技术人员对软件程序进行了修改升级,用户需要将旧版本的追溯软件在本企业进行更新替换。软件版本的更新不会影响企业已经录入的任何数据。如我们写的一个报告文字用的是 Word 2003 系统,当 Office 更新为 2007 后,原来 Word 2003 里面的内容不会变化。更新的步骤是将最新的追溯软件通过“农垦农产品质量追溯网”(或 QQ 群)下载到本地后,先进行解压,然后将追溯软件(采集子系统 Collection. exe 与汇总子系统 ECenterManage. exe)2 个文件复制粘贴到追溯软件文件夹里面进行覆盖即可。

8.在追溯软件中,什么情况是属于在局域网中运行的追溯软件

各个采集点电脑中没有单独安装 SQL 2000 数据库软件。采集点数据不需要单独每次打包传到企业数据中心。采集点数据录入后是直接保存到企业数据中心的。这种情况视为局域网。

9.局域网为什么没必要启用采集点

分 2 种情况考虑:

(1)广域网情况　启用采集点的目的是用于广域网数据打包、上传数据,并将数据保存到各个基地的数据库里,启用完采集点后,将产生已启用基地对应的数据库,这个数据库就是用于保存从基地上传到企业数据中心的数据。而在执行汇总功能之后,才将各个基地的数据汇总到 apmtsdata 总数据库。

(2)局域网情况　如果是局域网情况,就没有上面广域网情况那么复杂了,当基地录入数据时,直接就保存到 apmtsdata 总数据库。也就是说,局域网内的采集软件录入数据后,没必要操作接收基地数据和汇总数据了。同时局域网运行追溯软件时必须要安装 MS SQL 数据库补丁。

10.追溯码在网站查询时加工日期不显示问题或无法正常产生追溯码(图 8-6)

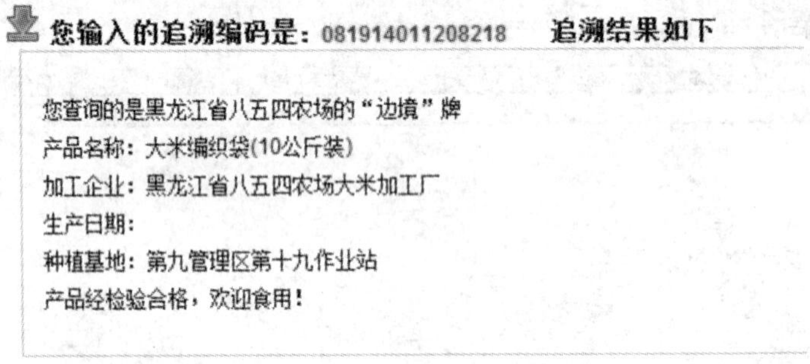
您输入的追溯编码是：081914011208218
追溯结果如下
您查询的是黑龙江省八五四农场的“边境”牌
产品名称：大米编织袋(10公斤装)
加工企业：黑龙江省八五四农场大米加工厂
生产日期：
种植基地：第九管理区第十九作业站
产品经检验合格，欢迎食用！

图 8-6　无法显示生产日期

由于打印或企业汇总系统所在的电脑的“系统日期”格式有问题导致产生追溯码的时候生产日期无法产生。需要修改本地电脑的“系统日期”格式为:YYYY-MM-DD,如“2012-09-10”中间是“-”不是“/”,如图 8-7 所示。

2012-09-04

图 8-7　设置日期格式

修改系统日期方式：在“系统”→“控制面板”→“区域和语言”设置里，选择“区域选项”里的“自定义”→“日期”修改格式。

11. 追溯软件相关文件格式说明（图 8-8）

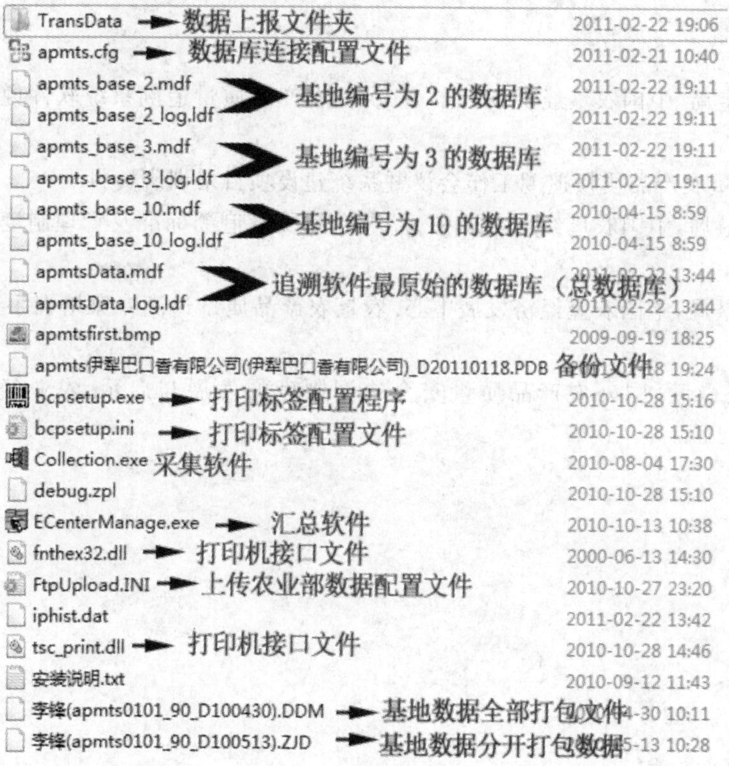

图 8-8　追溯相关文件格式

注意：

①对于已经录入的字典内容并且已经上传到了“农垦数据中心”，这些字典内容不能随便修改，一旦修改后本地数据内容就会和“农垦监管平台”数据不一致。特别是追溯源信息，一旦启用了就不能够任意修改，对应新的追溯源信息只能增加新的编码，千万不要在追溯源字典里面直接修改。例如，2010 年 1 月的时候，本地软件中“农户字典”01 代表一分场张华，而 3 个月以后的时候，此人已经离职或者调岗。此时不能够重新修改“农户字典”里面的 01 代表其他人员，而是保留“01 代表含义”并新增加一个新的代码（编码）。其他投入品农药、化肥、兽药等都是这种情况。

②服务器端汇总软件“采集点管理”启用，对于刚刚在服务器端安装追溯软件的时候，服务器端采集点启用的时候，请先确保追溯源、字典等初始化工作完成后再进行“采集点启用管理”操作，以防出现采集点数据不一致现象。

参考文献

[1] 农业部农垦局,中国农垦经济发展中心.农垦农产品质量追溯系统软件说明书.2013 年 5 月.

[2] 2012 年农垦农产品质量追溯工作会议暨系统建设项目培训班资料.

[3] 农业部农垦局,中国农垦经济发展中心.农产品质量追溯标准及管理制度汇编.2012 年 3 月.

[4] 农业部农垦局,中国农垦经济发展中心.农垦农产品质量追溯专家培训手册.2015 年 12 月.

[5] 修文彦,任爱胜.国外农产品质量安全追溯制度的发展与启示.农业经济问题,2008(增):206-210.